Prozessexzellenz im HR-Management

Ulrich Schönenberg

Prozessexzellenz im HR-Management

Professionelle Prozesse mit dem
HR-Management Maturity Model

Ulrich Schönenberg
Wodanstraße 16
51107 Köln
Deutschland
Ulrich_Schoenenberg@web.de

ISBN 978-3-642-13324-4   e-ISBN 978-3-642-13325-1
DOI 10.1007/978-3-642-13325-1
Springer Heidelberg Dordrecht London New York

Die Deutsche Nationalbibliothek verzeichnet diese Publikation in der Deutschen Nationalbibliografie; detaillierte bibliografische Daten sind im Internet über http://dnb.d-nb.de abrufbar.

© Springer-Verlag Berlin Heidelberg 2010
Dieses Werk ist urheberrechtlich geschützt. Die dadurch begründeten Rechte, insbesondere die der Übersetzung, des Nachdrucks, des Vortrags, der Entnahme von Abbildungen und Tabellen, der Funksendung, der Mikroverfilmung oder der Vervielfältigung auf anderen Wegen und der Speicherung in Datenverarbeitungsanlagen, bleiben, auch bei nur auszugsweiser Verwertung, vorbehalten. Eine Vervielfältigung dieses Werkes oder von Teilen dieses Werkes ist auch im Einzelfall nur in den Grenzen der gesetzlichen Bestimmungen des Urheberrechtsgesetzes der Bundesrepublik Deutschland vom 9. September 1965 in der jeweils geltenden Fassung zulässig. Sie ist grundsätzlich vergütungspflichtig. Zuwiderhandlungen unterliegen den Strafbestimmungen des Urheberrechtsgesetzes.
Die Wiedergabe von Gebrauchsnamen, Handelsnamen, Warenbezeichnungen usw. in diesem Werk berechtigt auch ohne besondere Kennzeichnung nicht zu der Annahme, dass solche Namen im Sinne der Warenzeichen- und Markenschutz-Gesetzgebung als frei zu betrachten wären und daher von jedermann benutzt werden dürften.

Einbandentwurf: WMXDesign GmbH, Heidelberg

Gedruckt auf säurefreiem Papier

Springer ist Teil der Fachverlagsgruppe Springer Science+Business Media (www.springer.com)

Für Elisabeth

Vorwort

Nothing is easier than being busy and nothing more difficult than being effective.

Dieses Zitat von Alec MacKenzie, Zeitmanagementexperte und Autor des Buches „Die Zeitfalle", habe ich an den Anfang dieses Buches gestellt, weil es die Verhältnisse in vielen Organisationen zutreffend beschreibt. Viele haben keine Zeit, die Axt zu schärfen, weil sie so viele Bäume zu fällen haben. Die Dringlichkeit des Tagesgeschäftes wird allzu oft über die Wichtigkeit von Planung, Organisation, Steuerung und Kontrolle gestellt, u. a. weil bei vielen Managern die Fähigkeit oder Bereitschaft zum „Nein" nach oben fehlt. So kommt es, dass die Vision vieler Personalbereiche von einer Rolle als Business Partner oft ein Traum bleibt. Rolf Wunderer charakterisiert die Vision doppeldeutig als ‚Traum mit Reifegraderfordernis', weil Visionen Zeit brauchen, zunächst in den Köpfen und dann in konkreten Handlungen Gestalt anzunehmen.[1] Zu den konkreten Handlungen gehört vor allem, das Personalmanagement mit dem erforderlichen organisatorischen Reifegrad auszustatten.

Mein Anliegen besteht darin, einen Weg aufzuzeigen, wie Human Resources Organisationen die Voraussetzungen für eine Entwicklung zum Business Partner– oder gar darüber hinaus– schaffen können. Dieser Weg führt ausschließlich über mehr Effektivität und Effizienz in den personalwirtschaftlichen Prozessen. Nur wenn die Prozessqualität den erforderlichen Reifegrad erreicht hat, wird der Personalbereich die Anerkennung erfahren können, die er mit einer Ausrichtung als strategischer Partner der Linienbereiche anstrebt. Nicht überschwängliche Erfolgsversprechen, sondern Gestaltungsmöglichkeiten stehen hier im Vordergrund.

Dieses Buch richtet sich daher in erster Linie an Praktiker in Unternehmen sowie interne oder externe Berater, die mit dem Redesign von Personalprozessen befasst sind und sich über geeignete Vorgehensweisen informieren und Hinweise erhalten wollen, welche Prozessaspekte beim Design berücksichtigt werden sollen. Darüber hinaus ist es ein Lehr- und Arbeitsbuch für Studenten der Fachrichtungen Personal und Organisation.

---

[1] Wunderer, Rolf / von Arx, Sabina: Personalmanagement als Wertschöpfungs-Center, Unternehmerische Organisationskonzepte für interne Dienstleister, Wiesbaden 1999, Seite 9

Ein Werk wie dieses ist meistens eine Gemeinschaftsarbeit. Mein Dank gilt allen voran Gisela Osterhold und Dr. Gerd Lenz von **eurosysteam // osterhold, ellebracht, lenz + partner**. In einer unserer zahlreichen Diskussionen über Klientenprobleme, Herangehensweisen und Lösungsansätze wurde die Idee geboren, ein Prozess- und Reifegradmodell für Personalbereiche zu entwickeln. Zwei Ziele betrachteten wir als essentiell für ein derartiges Modell: HR sollte Hilfen und Anleitungen erhalten, wie es möglich ist, sich stärker auf die Unternehmensstrategie auszurichten und erkennbare Beiträge zur Weiterentwicklung der Unternehmenskultur zu leisten. Darüber hinaus sollte HR eine Orientierung erhalten, wie eine Bürokratisierung der Prozesse vermieden werden kann und durch bessere Prozesse qualitativ bessere Leistungen erzeugt werden können. Unsere Überzeugung ist, dass das Ergebnis immer noch wichtiger ist als der Prozess. Aber die Erfahrung lehrt uns auch, dass schlechte Prozesse meist auch zu schlechten Ergebnissen führen.

Darüber hinaus danke ich sehr herzlich Wolfgang Hackenberg, der mit großer Sorgfalt und viel Sachverstand das Manuskript Korrektur las und mit seinen Anregungen die Verständlichkeit und das Layout der Darstellung förderte.

Köln, Deutschland,   Ulrich Schönenberg
März 2010

Inhaltsverzeichnis

1 Operationale Exzellenz, das Fundament einer wertschöpfenden HR-Rolle 1
   1.1 Die Herausforderung des Personalmanagement 1
   1.2 Das HR Business Partner-Konzept als vermeintliche Lösung ... 2
   1.3 Der Weg aus der Effizienzfalle 4
   1.4 Kennzeichen ‚exzellenter' Prozesse 7
   1.5 Organisationsvorhaben, bei denen dieses Buch hilft 7

2 Prozessmanagement und Qualitätsmanagement 11
   2.1 Prozessmanagement als Wettbewerbsvorteil 11
   2.2 Qualitätsmanagement mit Maturity Modellen 12
   2.3 Vorbilder des HR Management Maturity Model 15

3 Die Prozesslandschaft in HR 19
   3.1 Prozesshierarchie 19
   3.2 Abgrenzung der Personalmanagement-Prozesse 21
      3.2.1 HR-Kernprozesse 21
      3.2.2 Managementprozesse 35
      3.2.3 Infrastruktur- und Serviceprozesse 40
   3.3 Prozessverknüpfungen 43

4 Fähigkeitsgrad von Prozessen 47
   4.1 Fähigkeitsgrade 47
   4.2 Generische Prozessattribute 50
      4.2.1 Unvollständige Prozesse (Level 1) 51
      4.2.2 Strukturierte Prozesse (Level 2) 51
      4.2.3 Standardisierte Prozesse (Level 3) 59
      4.2.4 Quantitativ gesteuerte Prozesse (Level 4) 64
      4.2.5 Optimierte Prozesse (Level 5) 70
   4.3 Zielfähigkeiten von HR-Prozessen 74

5 HR-Rollen 77
   5.1 Rollendefinition und Professionalitätsstufen 77
   5.2 Rollenattribute 79

6 Ermittlung des organisatorischen Reifegrades mit dem HR Management Maturity Model (HR-3M) ... 83
- 6.1 Reifegrad der HR-Organisation ... 83
- 6.2 Bewertungsskala ... 85

7 Rollenattribute und spezifische Prozessattribute ... 87
- 7.1 HR-Kernprozesse ... 87
  - 7.1.1 Rekrutierung & Einsatz ... 87
  - 7.1.2 Beurteilung und Honorierung ... 90
  - 7.1.3 Training und Entwicklung ... 92
  - 7.1.4 Talentmanagement ... 94
  - 7.1.5 Organisations-/Teamentwicklung ... 97
  - 7.1.6 Trennungsmanagement ... 100
- 7.2 Managementprozesse ... 102
  - 7.2.1 HR-Strategie/Governance ... 102
  - 7.2.2 HR-Controlling ... 105
  - 7.2.3 HR-Organisationsmanagement ... 109
  - 7.2.4 HR-Produktentwicklung ... 112
  - 7.2.5 Labour Relations Management ... 114
- 7.3 Infrastruktur- und Serviceprozesse ... 116
  - 7.3.1 Lieferantenmanagement ... 117
  - 7.3.2 HR-Informationsmanagement ... 119
  - 7.3.3 HR-Administration ... 122

8 Business Process Outsourcing ... 125
- 8.1 Formen des Outsourcing ... 125
- 8.2 Ziele des Outsourcing ... 127
- 8.3 Der Outsourcing-Prozess ... 130
  - 8.3.1 Definition der Outsourcing-Strategie ... 132
  - 8.3.2 Planung und Vorbereitung des Outsourcing ... 137
  - 8.3.3 Gestaltung des Outsourcing-Vertrages ... 142
  - 8.3.4 Management der Übertragung ... 146
  - 8.3.5 Service-Governance/Outsourcing Management ... 148

9 Prozessmanagement-Module für die Gestaltung und Strukturierung der HR-Prozesse ... 153
- 9.1 Policies ... 153
- 9.2 Funktionendiagramm/Kompetenzverteilungs-Code ... 155
- 9.3 Prozessdarstellungen ... 156
  - 9.3.1 Ereignis-gesteuerte-Prozessketten (EPK) ... 156
  - 9.3.2 Folgeplan ... 159
  - 9.3.3 Tabellarische Prozessdarstellung ... 159
- 9.4 Arbeitsanweisungen ... 160
- 9.5 Checklisten ... 161
- 9.6 Formulare und Formatvorlagen ... 162

10	**Vorgehensmodell für HR-Prozessprojekte**		165
	10.1	Initiierung, Planung und Vorbereitung	165
	10.2	Prozessanalyse und Diagnose von Reifegrad/Fähigkeitsgrad	168
	10.3	Maßnahmenplanung und -entwicklung	170
	10.4	Umsetzung	172
	10.5	Risiken und Nebenwirkungen	173
11	**HR-Aufbauorganisation – ein Modell**		175
12	**Anhang**		179
	12.1	Projektauftrag	179
	12.2	Prozess Assessment	182
	12.3	Interviewprotokoll	183
	12.4	Prozess-Bewertung	184
	12.5	Maßnahmenverfolgung	187
Literaturverzeichnis			189
Sachverzeichnis			193
Der Autor			197

Abbildungsverzeichnis

1.1	HR Business Partner (nach Dave Ulrich, 1997)	3
1.2	HR Business Partner Comic	4
1.3	HR Struktur-Pyramide	4
1.4	Systemelemente von HR-3M	6
2.1	Modell eines prozessorientierten Qualitätsmanagementsystems	13
2.2	EFQM-Modell für Excellence	14
2.3	Abgrenzung HR-3M zu People-CMM® und CMMI for Development®	16
3.1	Prozess	19
3.2	Betriebliches Prozessmodell (Prinzipdarstellung)	20
3.3	HR-Prozessmodell	20
3.4	Prozess-Gliederungsebenen	22
3.5	Beispiel eines Change-Programms	33
3.6	Prozessverknüpfungen	45
4.1	Fähigkeitsgrade von Prozessen	48
4.2	Prozesstransparenz auf verschiedenen Fähigkeitsstufen	50
4.3	Generische Prozessattribute	50
4.4	Ansatzpunkte für Prozesskennzahlen	66
4.5	Verbesserungsprozess	70
4.6	Formblatt FMEA	73
4.7	Fähigkeiten optimierter HR-Prozesse	75
4.8	Generische und spezifische Prozessattribute (Beispiel)	75
5.1	Professionalitätsstufen von HR	79
5.2	Rollenattribute der Managementprozesse	82
6.1	HR Management Maturity Model (HR-3M)	84
7.1	Rollenattribute Rekrutierung und Einsatz	87
7.2	Rollenattribute Beurteilung und Honorierung	90
7.3	Rollenattribute Training und Entwicklung	93
7.4	Rollenattribute Talentmanagement	96
7.5	Rollenattribute Organisations- und Teamentwicklung	99
7.6	Rollenattribute Trennungsmanagement	101
7.7	Rollenattribute Strategie- und Governanceprozess	102
7.8	Rollenattribute HR-Controllingprozess	105

7.9	Rollenattribute HR-Organisationsmanagement	109
7.10	Rollenattribute HR-Produktentwicklung	113
7.11	Rollenattribute Labour Relations	114
7.12	Rollenattribute Lieferantenmanagement	118
7.13	Rollenattribute HR-Informationsmanagement	120
7.14	Rollenattribute HR-Administration	123
8.1	Erscheinungsformen des BPO	126
8.2	Gründe für HR-Business Process Outsourcing	127
8.3	BPO-Vollkosten-Modell	129
8.4	Kalkulation des maximalen Servicepreises (Beispiel)	129
8.5	Der Outsourcing-Prozess	131
8.6	Unternehmenskontext bei „Make or Buy"-Entscheidungen	132
8.7	Eignungskriterien für Outsourcing	134
9.1	Standardisierte Policy-Struktur	154
9.2	Funktionendiagramm	156
9.3	Symbole der EPK	157
9.4	Beispiel einer EPK	158
9.5	Symbole des einfachen Folgeplans	159
9.6	Folgeplan (Übersicht)	160
9.7	Prozesstabelle	160
9.8	Arbeitsanweisung	161
9.9	Beispiel einer Checkliste	162
9.10	Ergebnisprotokoll	163
9.11	Struktur einer Entscheidungsvorlage	164
11.1	Organisationsformen des Personalmanagement	176
11.2	HR Service Delivery Modell	176

Tabellenverzeichnis

1.1	Kennzeichen exzellenter Prozesse	8
3.1	Prozessübersicht Rekrutierung und Einsatz	25
3.2	Prozessübersicht Beurteilung und Honorierung	28
3.3	Prozessübersicht Training und Entwicklung	29
3.4	Prozessübersicht Talentmanagement	31
3.5	Prozessübersicht Organisations- und Teamentwicklung	32
3.6	Beraterrollen	34
3.7	Prozessübersicht Trennungsmanagement	35
3.8	Prozessübersicht Strategie und Governance	36
3.9	Prozessübersicht HR-Controlling	37
3.10	Prozessübersicht HR-Organisations-Management	38
3.11	Prozessübersicht HR-Produktentwicklung	39
3.12	Prozessübersicht Labour Relations Management	40
3.13	Prozessübersicht Lieferantenmanagement	41
3.14	Prozessübersicht HR-Informationsmanagement	42
3.15	Prozessübersicht HR-Administration	44
4.1	Kriterien für die Auswahl standardisierbarer Prozesse	61
4.2	Prozessbezogene Informationsbedürfnisse	65
4.3	Früh-Indikatoren der Prozesssteuerung	67
5.1	HR-Rollen	80
6.1	Bewertungsskala	85
8.1	Teilphasen der Planung und Vorbereitung des Outsourcing	137
10.1	Prozess der Initiierung, Planung und Vorbereitung des Prozessprojektes	166
10.2	Prozess der Analyse und Diagnose von Fähigkeitsgrad/Reifegrad	168
10.3	Prozess der Maßnahmenplanung und -entwicklung	171
10.4	Prozess der Umsetzung	172

Kapitel 1
Operationale Exzellenz, das Fundament einer wertschöpfenden HR-Rolle

Über die Zukunft zu reden, ist der beste Vorwand, sich vor der Gegenwart zu drücken.

Mark Twain, Schriftsteller

1.1 Die Herausforderung des Personalmanagement

Der Druck auf die Personalbereiche der Unternehmen nimmt seit Jahren zu. Mal ist es Kostendruck, verbunden mit der Erwartung des Unternehmens, die Personalkapazitäten innerhalb der Personalbereiche zu reduzieren oder administrative Funktionen an externe Dienstleister auszulagern, mal kommt der Druck von den operativen Geschäftseinheiten, den ausländischen Betriebsstellen und Regionalgesellschaften, die sich den unmittelbaren Zugriff auf „ihre" Personaler sichern wollen. Die Geschäftsleitung erhöht den Druck, zeitnah aktuelle personalwirtschaftliche Kennzahlen zur Verfügung zu stellen und zeitgemäße Personalinstrumente zur Rekrutierung, Bindung und Vergütung immer knapper werdender Fachkräfte bereitzustellen. Mitarbeiter erwarten marktgerechte Personalleistungen und haben steigende Ansprüche an Transparenz, relative Gerechtigkeit und kurze Responsezeiten.

Kurz: Personalbereiche stehen vor der Quadratur des Kreises, steigende Wertbeiträge (quantitativ und qualitativ) bei gleichzeitig reduzierten Ressourcen und sinkenden Budgets liefern zu müssen. Die Notwendigkeit einer Neuausrichtung der HR-Funktion liegt also auf der Hand.

Vor diesem Hintergrund sind die Personalverantwortlichen permanent auf der Suche nach unverbrauchten Argumenten, die die Bedeutung der Personalarbeit unterstreichen, Budgetkürzungen vermeidet und die gleichzeitig geeignet sind, dem Personalbereich eine gewichtige Rolle im Unternehmenskontext zu sichern. Da wurde das bereits 1997 entwickelte Modell des ‚HR Business Partner'[1], das Anfang dieses Jahrzehnts im Wesentlichen über die europäischen Ableger amerikanischer

---

[1] Ulrich, Dave: Human Resource Champions, 1997, HR Business Partner Model.

Konzerne und anglo-amerikanische Tochtergesellschaften europäischer Unternehmen in Europa bekannt wurde, dankbar aufgegriffen. Jeder Personalverantwortliche, der seine Bedeutung unterstreichen wollte, bezeichnete sich fortan selbstbewusst als HR Business Partner. In der Folge tauchte dieser Begriff bis heute mit unverändertem Gewicht als ‚Fokusthema' oder ‚Herausforderung der Personalbereiche' in den Studien verschiedener internationaler Beratungsgesellschaften auf (z. B. Capgemini Consulting, Hewitt Associates, Mercer, Kienbaum). [2]

Wenn dieses Thema sich also seit nunmehr 7 bis 8 Jahren unverändert hoher Aufmerksamkeit erfreut, [3] drängt sich u. a. die Vermutung auf, dass dieser unverändert hohe Stellenwert mit mangelndem Realisierungsfortschritt zu tun hat.

1.2 Das HR Business Partner-Konzept als vermeintliche Lösung

Der Begriff des HR Business Partner wird in der Praxis keineswegs einheitlich verstanden und gebraucht. Während die einen darunter die Rolle des Kundenmanagement verstehen, das als ‚Single Point of Contact' sich um die Personalfragen ihrer internen Kunden kümmert, beziehen andere diesen Begriff auf den Personalbereich als Ganzes. Das Rollenmodell des HR Business Partner bezog Dave Ulrich prinzipiell auf das gesamte HR-Management, differenzierte innerhalb des Personalmanagement jedoch 4 Rollen mit unterschiedlichen Schwerpunktaufgaben und mit unterschiedlichem Fokus des Handelns (Abb. 1.1).

Das Rollenkonzept ist darauf ausgerichtet, aufzuzeigen, welche Leistungspakete ein HR-Management zukünftig bereitstellen muss, um einen Beitrag zur Erreichung der strategischen Unternehmensziele zu erbringen und damit Mehrwert für das Unternehmen zu generieren.

Einen höheren Beitrag zur Unternehmensentwicklung leistet das Personalmanagement, wenn es

1. für eine wachsende Identifikation der Mitarbeiter mit dem Unternehmen und ein hohes Engagement sorgt und dafür geeignete personalwirtschaftliche Instrumente und Verfahren zur Verfügung stellt (**Mitarbeiter Champion**),

---

[2]Capgemini: HR-Barometer 2007 und 2009, veröffentlicht unter http://www.de.capgemini.com/studien_referenzen/studien/dienstleistungen/tc/, Seitenabruf am 18.12.2009. Hewitt Associates & European Club for Human Resources: 3rd European HR-Barometer, veröffentlicht unter http://www.hewittassociates.com/Lib/assets/EU/en-EU/pdfs/echr_third_european_barometer.pdf, Seitenabruf am 18.12.2009. Mercer: HR Transformation in Europe 2006, veröffentlicht unter http://www.mercer.com/globalhrtransformation, Seitenabruf am 18.12.2009. Kienbaum: HR-Trendstudie 2008, veröffentlicht unter http://www.kienbaum.de/Portaldata/3/Resources/documents/downloadcenter/studien/andere_studien/Auswertung_HR_Trendstudie_2008_final.pdf, Seitenabruf am 18.12.2009.

[3]Nach einer eigenen Auswertung der Fokusthemen der Personalbereiche anhand des HR-Barometer von Capgemini Consulting erfährt das HR-Rollenmodell des Business Partner von den befragten Personalleitern eine Zustimmung zwischen 29 und 39% und platziert sich damit in der Rangliste der jeweils 25 Fokusthemen in den Jahren 2004 bis 2008 auf den Plätzen 3 bis 6.

1.2 Das HR Business Partner-Konzept als vermeintliche Lösung

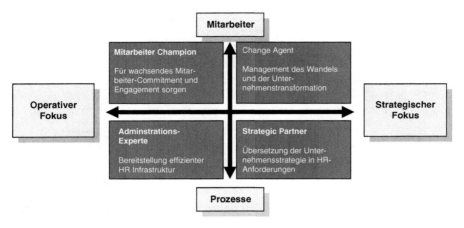

Abb. 1.1 HR Business Partner (nach Dave Ulrich, 1997)

2. durch geeignete Kommunikations-, Beteiligungs- und Trainingsmaßnamen Mitarbeiter für die Mitwirkung bei der Umsetzung veränderter Strategien, Organisationsstrukturen, Vorgehenskonzepte usw. aufschließt und befähigt (**Change Agent**),
3. die operativen Geschäftseinheiten bereits in der Konzeptionsphase der Strategieentwicklung oder – fortschreibung berät, welche Auswirkungen die veränderte Strategie auf das Personal hat und welche personalwirtschaftlichen Maßnahmen die Strategieumsetzung begleiten sollten (**Strategic Partner**),
4. die abwickelnden, verwaltenden, kontrollierenden und die Steuerung unterstützenden Aufgaben des Personalbereichs (z. B. Gehalts-/Reisekostenabrechnung, betriebliche Altersversorgung, HR Data Management, Personalcontrolling) mit hoher Effizienz und gleich bleibend guter Qualität durchführt (**Administrations Experte**).

Dieses Leistungsportfolio beschreibt die funktionalen Dimensionen des Personalmanagement, es beschreibt weder personelle Kompetenzen noch versieht es die Leistungspakete mit unterschiedlichen Wertigkeiten im Sinne von „wichtig" und „weniger wichtig".

Dies passiert leider nicht nur in der Karikatur (Abb. 1.2), sondern allzu häufig auch in der Praxis und trifft vor allem die Rolle des ‚Administrations Experten'.

Und das ist der Anfang vom Ende der Akzeptanz der veränderten Rolle des HR-Bereichs im Unternehmen. Solange es nicht gelingt die administrativen Routineprozesse zeitnah, regelgerecht und in einer gleich bleibend hohen Qualität durchzuführen, wird sich der Personalbereich immer wieder mit dem Argument der Geschäftseinheiten auseinandersetzen müssen, dass er doch erst einmal seine Hausaufgaben machen solle, bevor er sich in Strategiethemen der operativen Bereiche einzumischen versucht. Organisations-, insbesondere Prozessmängel, zu lange Responsezeiten und Mängel in der Abwicklungsqualität lenken den Fokus der

Abb. 1.2 HR Business Partner Comic[4]

Diskussion mit den Geschäftseinheiten immer wieder zurück auf Aufgaben, deren Gewicht die HR-Bereiche gerne verändern und mit denen sie möglichst wenig zu tun haben möchten.

1.3 Der Weg aus der Effizienzfalle

Bei der Umsetzung des neuen Rollenmodells versuchen viele Personalbereiche das klassische Prinzip ‚Structure follows Strategy' anzuwenden; vor dem Hintergrund der angestrebten Rolle entwickeln sie also zunächst – und allzu oft ohne angemessene Beteiligung der wesentlichen Stakeholder (Management, Kunden, Betriebsrat) – eine Personalstrategie. Dazu passend wird dann eine HR-Organisation konzipiert, die aber in den meisten Fällen auf die Aufbauorganisation (Strukturorganisation) fokussiert, während die Prozesse und personalwirtschaftlichen Instrumente erst einmal unverändert bleiben. Dass diese Vorgehensweise auf einem wackeligen Fundament steht, wird mit einem Blick auf die HR-Struktur-Pyramide (Abb. 1.3)

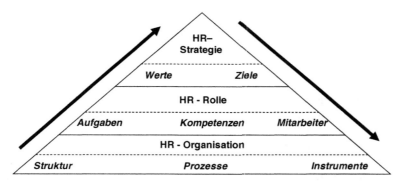

Abb. 1.3 HR Struktur-Pyramide

---

[4]http://www.personaler-online.de/typo3/hauptbereich/personaler-comic/comic-hr-business-partner.html, Seitenabruf am 18.12.2009.

1.3 Der Weg aus der Effizienzfalle

deutlich. Wesentlich Erfolg versprechender ist es, den klassischen Ansatz vom Kopf auf die Füße zu stellen, sich zunächst einmal Klarheit über den Effizienzgrad seiner Prozesse und Instrumente zu verschaffen, Prozesse und Aufbauorganisation z. B. durch Beseitigung oder Klärung von Schnittstellen zu professionalisieren, dann auf der Basis eines weniger angreifbaren Leistungserstellungsprozesses die Rollen- und Strategiediskussion zu beginnen und letztlich Strategie, Rolle und Organisation in einem revolvierenden Prozess zu überprüfen und aufeinander abzustimmen. Ohne operationale Exzellenz – zumindest in den Routineprozessen – ist eine Umsetzung des HR-Business Partner Konzepts nicht machbar.

Erfolgsfaktor jedes neuen Rollenmodells, das auf strategische Wertbeiträge des Personalmanagements zum Unternehmenserfolg ausgerichtet ist, ist eine angemessene Professionalität der Prozesse und ausreichende organisatorische Reife. Die Einführung von ‚State of the Art' personalwirtschaftlichen Instrumenten allein bedeutet noch nicht, dass damit auch ein Beitrag zur strategischen Zielerreichung des Unternehmens geleistet wird und dass das Instrument kompatibel mit der Kultur des Unternehmens ist.

An dieser Stelle drängt sich nun die Frage auf, woran man eigentlich die Prozessqualität der Personalmanagementorganisation erkennt, und mit welchen Maßnahmen sich die organisatorische Professionalität systematisch und gezielt im Sinne der Unternehmensstrategie und Unternehmenskultur (weiter-) entwickeln lässt.

Das vor Ihnen liegende Buch setzt genau bei dieser Fragestellung an und stellt als Hilfe zur Selbsthilfe das HR-Management Maturity Model (HR-3M) vor.

HR-3M ist ein systemischer Ansatz (Abb. 1.4) zur schrittweisen, evolutionären Weiterentwicklung der operationalen Exzellenz im Personalmanagement. Zu diesem Zweck werden 3 Sichten systematisch miteinander verknüpft:

- die objektiven Organisationsanforderungen an Prozesse unterschiedlicher Fähigkeitslevel (generische und spezifische Prozessattribute),
- der aus dem strategischen Positionierungsanspruch des Personalmanagement resultierende Professionalitätsgrad der HR-Rolle,
- der tatsächlich vorhandene Reifegrad der HR-Organisation als Ergebnis des Vergleichs der Anforderungen mit der tatsächlich etablierten Organisation.

In den folgenden Kapiteln lernen Sie die Details dieses Modells kennen und erhalten Antworten auf folgende Fragen:

1. *Welche Prozesse sind im HR-Management eines Unternehmens relevant und welche Aktivitäten sind Bestandteil dieser Prozesse? (Kap. 3)*
   Dabei umfasst das Personalmanagement nicht nur die Aktivitäten des (zentralen) Personalbereiches sondern auch solche, die von dezentralen Personalmanagern, Linienvorgesetzten oder externen Partnern durchgeführt werden.
2. *Welche Anforderungen müssen Prozesse generell auf verschiedenen Anforderungsstufen (Fähigkeitslevel) erfüllen und was ist zu tun, um diese generellen Anforderungen zu erfüllen? (Kap. 4)*

1 Operationale Exzellenz, das Fundament einer wertschöpfenden HR-Rolle

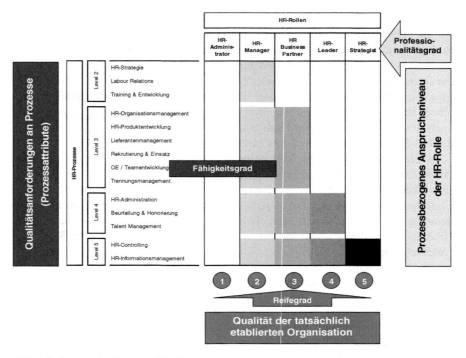

Abb. 1.4 Systemelemente von HR-3M

Diese sog. generischen Prozessattribute und Umsetzungspraktiken (To Do's) sind allgemein gültig und gelten für alle Prozesse jeglicher Art.

3. *Durch welche Charakteristika (Rollenattribute) ist die Rolle des HR-Managements im Unternehmen auf verschiedenen Entwicklungsstufen gekennzeichnet? (Kap. 5 und 7)*
   Die von vielen HR-Verantwortlichen angestrebte Rolle des HR Business Partner ist nur eine von 5 möglichen Rollenausprägungen im HR-3M. Es gibt Stufen mit einer geringeren organisatorischen Professionalität (HR-Administrator, HR-Manager) aber auch Entwicklungsstände, die über den des HR Business Partner deutlich hinausgehen (HR-Leader, HR-Strategist).

4. *Welche speziellen Anforderungen sind an die HR-Prozesse zu stellen, und was ist zu tun, um diese speziellen Anforderungen zu erfüllen? (Kap. 7)*
   Diese sog. spezifischen Prozessattribute und Umsetzungspraktiken (To Do's) beziehen sich immer nur auf einen speziellen Prozess des HR-Prozessmodells und berücksichtigen, welche Zielfähigkeit (Anforderungslevel) der Prozess erfüllen muss.

5. *Wie ist im Rahmen der Optimierung des HR-Management der Outsourcingprozess zu gestalten? (Kap. 8)*
   Um eine Effizienzsteigerung durch Auslagerung von Personalmanagementaufgaben zu erzielen, muss der Outsourcingprozess verschiedene Anforderungen

erfüllen. Es wird aufgezeigt, welche Umsetzungspraktiken (To Do's) ein erfolgreiches Outsourcing sicherstellen können.
6. *Wie wird der organisatorische Reifegrad des HR-Management ermittelt und ein Prozessoptimierungsprojekt durchgeführt? (Kap. 6, 9 und 10)*
Bei der Feststellung des Reifegrads des Personalmanagements wird bewertet, welche generischen und speziellen Prozessattribute das Personalmanagement eines Unternehmens in der gelebten Praxis erfüllt. Aus der Schwachstellenanalyse und dem Vergleich des organisatorischen Status Quo mit dem angestrebten Reifegrad ergibt sich der Optimierungsbedarf.
7. *Wie könnte das Service-Modell eines optimierten HR-Management aussehen? (Kap. 11)*
Da Prozessoptimierungen oft aufbauorganisatorische Anpassungen erfordern, wird hier ein Strukturmodell vorgestellt, aus dem die optimierte Aufbauorganisation des Personalmanagements abgeleitet werden kann.

Primäres Ziel von HR-3M ist es, einen Weg aufzuzeigen, wie eine HR-Organisation zu einem höheren organisatorischen Reifegrad geführt werden kann. Nicht die Diagnose des Reifegrads der Organisation oder des Fähigkeitslevels einzelner Prozesse steht hier im Vordergrund, sondern die Anleitung zur systematischen und kontinuierlichen Entwicklung von operationaler Qualität. Das Modell schreibt keine Lösungen vor, aber es zeigt auf, was zu tun ist, um einen höheren Level an Professionalität zu erreichen. Maxime für alle zu treffenden organisatorischen Regelungen ist, ‚soviel Regelung wie nötig und so wenig Regelung wie möglich' zu etablieren. Was wirklich notwendig ist, muss aus der Unternehmensstrategie, der Führungskultur des Unternehmens und seinen Anforderungen an Steuerbarkeit und Effizienz abgeleitet werden.

1.4 Kennzeichen ‚exzellenter' Prozesse

Ob Handlungsbedarf im HR-Management Ihres Unternehmens besteht, können Sie selbst einschätzen. Bewerten Sie, inwieweit Ihre Prozesse die Exzellenzmerkmale der Tabelle 1.1. erfüllen.

Prozesse, die Exzellenzmerkmale nicht oder nur teilweise erfüllen, weisen auf Schwachstellen im Prozessnetzwerk hin. Hier sollte mit Hilfe des HR-3 M ein Prozessverbesserungsprojekt aufgesetzt werden.

1.5 Organisationsvorhaben, bei denen dieses Buch hilft

Das vorliegende Buch ist ein Lehr- und Arbeitsbuch, das entsprechend der jeweiligen individuellen Zielsetzung seiner Leser unterschiedlich genutzt werden kann. Ein Fachbuch vom Anfang bis zum Ende zu lesen, ist sicherlich die Ausnahme. Wahrscheinlicher ist es, dass der Wunsch besteht, gezielt einzelne Kapitel oder Abschnitte zu lesen, die helfen ein konkretes Organisationsproblem zu lösen. Typische Anwendungsszenarien für dieses Buch sind folgende Organisationsvorhaben:

Tabelle 1.1 Kennzeichen exzellenter Prozesse

Kennzeichen	Beschreibung	nicht erfüllt	teilweise erfüllt	weitgehend erfüllt	vollständig erfüllt
Orientierung	Der Prozess orientiert sich an der Unternehmensstrategie und der Personalpolitik				
Ziele	Der Prozess hat eindeutig festgelegte und messbare Ziele				
Regeln	Der Prozess ist beschrieben und wird nach klar definierten und übersichtlichen Regeln durchgeführt				
Ressourcen	Finanzielle, pesonelle, organisatorische und technische Ressourcen sind für die Prozessdurchführung bereitgestellt, ihre Verfügbarkeit ist sichergestellt				
Verantwortung	Aufgaben, Verantwortung und Befugnisse der Prozessdurchführung sind eindeutig, abgestimmt und veröffentlicht				
Schulung	Die Mitarbeiter sind für die Prozessdurchführung qualifiziert				
Risiken	Die Prozessrisiken und Störgrößen sind bekannt und werden im Prozess nach "Notfallplänen" gemanagt				
Stakeholder	Die Anforderungen von Kunden, Lieferanten und sonstigen Stakeholdern an die Prozessdurchführung und an das gewünschte Arbeitsergebnis sind bekannt und werden im Prozess berücksichtigt				

1.5 Organisationsvorhaben, bei denen dieses Buch hilft

Tabelle 1.1 (Fortsetzung)

Kennzeichen	Beschreibung	nicht erfüllt	teilweise erfüllt	weitgehend erfüllt	vollständig erfüllt
Kunden- und Lieferanten-integration	Kunden und Lieferanten sind mit ihren Mitwirkungspflichten im Prozess vertraut gemacht				
Schnittstellen	An den Prozessschnittstellen existieren abgestimmte Leistungsvereinbarungen				
Kennzahlen	Kennzahlen zur Überprüfung der Prozessziele sind festgelegt.				
Ergebniskontrollen	Der Prozess überprüft regelmäßig die Erreichung der festgelegten Prozessziele und das Arbeitsergebnis				
Kontinuierliche Verbesserung	Abläufe und Arbeitsergebnisse werden Prozessaudits bzw. – Reviews unterzogen, Verbesserungen werden geplant, erarbeitet und umgesetzt				
Qualität	Der Prozess strebt nach Zuverlässigkeit und Störungsfreiheit				
Effizienz	Der Prozess erstellt die Leistung anforderungs- und termingerecht mit einem Optimum an Kosten, Ressourcen und Zeit				
Management-unterstützung	Prozessleistung und Arbeitsergebnis werden regelmäßig mit der nächst höheren Managementebene diskutiert.				
Benchmarking	Ein Erfahrungsaustausch und Kennzahlenvergleich mit anderen Unternehmen wird durchgeführt; Verbesserungspotentiale werden daraus abgeleitet				
Nutzen/Wertschöpfung	Der Prozess hat einen nachweisbaren Nutzen für den Kunden und das Unternehmen				

- *Optimierung ausgewählter Prozesse des HR-Management*
  Lesen Sie dazu zunächst Kap. 3 und stellen Sie fest, welche Prozessverknüpfungen die zu optimierenden Prozesse haben. Lesen Sie anschließend Kap. 4, insbesondere Kap. 4.2, um sich einen Überblick über die Anforderungen an professionelle Prozesse und die entsprechenden Umsetzungspraktiken zu verschaffen. Im Anschluss daran informieren Sie sich in Kap. 7 über die spezifischen Anforderungen der Prozesse, die zu optimieren sind. Für die Neustrukturierung und Regelung der HR-Prozesse erhalten Sie Hilfen in Kap. 9. Über Planung, Durchführung und Umsetzung eines Prozessprojektes können Sie sich anschließend in Kap. 10 informieren.
- *Outsourcing einzelner Personalmanagementfunktionen zur Erzielung von Effizienzvorteilen*
  Lesen Sie dazu zunächst Kap. 8 über das Business Process Outsourcing. Da i. d. R. davon ausgegangen werden kann, dass interne Effizienzsteigerungspotentiale noch nicht vollständig gehoben wurden, sollten Sie zunächst eine Optimierung des für ein Outsourcing vorgesehenen Prozesses und seines Prozessumfeldes (siehe Prozessverknüpfungen, Abschn. 3.3) vorsehen. Um diese durchzuführen, verfahren Sie, wie unter dem vorhergehenden Aufzählungspunkt beschrieben. Ansonsten folgen Sie den Empfehlungen des Kap. 8.
- *Vereinheitlichung/Standardisierung der HR-Prozesse an verschiedenen Standorten des Unternehmens (Niederlassungen, Tochtergesellschaften)*
  Informieren Sie sich analog der Empfehlung des ersten Aufzählungspunkts. Der Fokus Ihres Vorhabens liegt jedoch auf Abschn. 4.2.3.
- *Verbesserung der organisatorischen Professionalität/Reife des HR-Management insgesamt*
  In diesem Fall sollten Sie das Buch komplett lesen, denn speziell für diesen Fall wurde es verfasst. Solange ein Outsourcing (noch) nicht zur Diskussion steht, können Sie natürlich das Kap. 8 überspringen.

Kapitel 2
Prozessmanagement und Qualitätsmanagement

2.1 Prozessmanagement als Wettbewerbsvorteil

Die Gesetze des Wettbewerbs zwischen Unternehmen sind prinzipiell übertragbar auf die unternehmensinternen Verhältnisse und damit auf die Situation der Personalbereiche. Unternehmen differenzieren sich von den Wettbewerbern durch ihre Produkte/Leistungen und alle Fähigkeiten, die es in die Lage versetzen, signifikanten Kundennutzen zu generieren.[1] Damit ist vor allem das kollektive Wissen der Organisation gemeint, also das technische, systemische und organisatorische Wissen, sowie die Fähigkeit der Mitglieder der Organisation, dieses Wissen weiter zu entwickeln.

Während Produkte, insbesondere Dienstleistungen wegen des fehlenden Patentschutzes, leicht und relativ kurzfristig imitiert werden können, bieten effiziente Prozesse und die Fähigkeit zur kontinuierlichen Verbesserung der Organisation deutliche Wettbewerbsvorteile und Schutz vor schneller Imitation. Was heißt das nun für das Personalmanagement?

Ein effizientes Prozessmanagement im HR-Bereich erfüllt nicht nur die Forderungen von Management und Mitarbeitern nach hoher Produktivität, Kosteneffizienz und kurzen Responsezeiten, sondern schafft auch Vorteile gegenüber interner und externer Konkurrenz. Damit haben HR-Bereiche gute Argumente in einer Diskussion über die Dezentralisierung von Personalmanagementaufgaben im Unternehmen/Konzern und das partielle Outsourcing von HR-Aufgaben. Die Dezentralisierung und das Outsourcing von Personalmanagementaufgaben werden kommen, aber die Personalbereiche sollten die Chance haben Einfluss zu nehmen, wie sie kommen. Nicht alles, was dezentral gemacht werden kann, ist dort sinnvoll angesiedelt. Bei Anhalten des zu beobachtenden Trends zum virtuellen Personalmanagement, in dem Führungskräfte, dezentrale Personalmanager, zentrale Personalbereiche und externe Dienstleister Bestandteil des HR Delivery Modells sind (siehe Kap. 11), wird das Prozessmanagement immer wichtiger, da ansonsten das Unternehmen Gefahr läuft, eine einheitliche Personalpolitik nicht umsetzen zu

---

[1] Prahalad C.K./Hamel, Gary: The Core Competence of the Corporation, in: Harvard Business Review, May–June 1990.

können. Ein effizientes Prozessmanagement ist eine Kernkompetenz, die zu den von den Kunden wahrgenommenen Vorzügen des Endprodukts erheblich beiträgt und nur schwer zu imitieren ist.

2.2 Qualitätsmanagement mit Maturity Modellen

Bei Maturity Modellen (Reifegrad-Modelle) in der Organisationslehre handelt es sich um Prozessmodelle zur Beurteilung und Verbesserung der Qualität ('Reife') von Abläufen in Organisationen. Dabei werden die Stärken und Schwächen einer Organisation oder eines Teilbereiches der Organisation (z.B. Softwareentwicklung) entlang eines Katalogs von Prozessanforderungen objektiv analysiert. So können Verbesserungsmaßnahmen bestimmt und in eine sinnvolle Reihenfolge gebracht werden. Im Gegensatz zu einer konkreten Prozessbeschreibung definieren Prozessmodelle, die als Reifegrad-Modell ausgelegt sind, die Anforderungen an einen effizienten Prozess (das 'Was') auf verschiedenen Effizienzstufen (Fähigkeitsgrade oder Reifegrade), aber nicht die konkrete Ausgestaltung (das 'Wie') des Prozesses. Primäres Ziel derartiger Maturity Modelle ist es, die Prozesse, auf die das Modell ausgerichtet ist, schrittweise zu verbessern. Sekundär ist eine offizielle Überprüfung eines Reifegrades, eine in der Industrie de-facto anerkannte Auszeichnung; sie ermöglicht einen unternehmensübergreifenden Vergleich der Prozesseffizienz.

Beispiele für derartige Prozessmodelle sind *DIN ISO 9001* und das *EFQM-Modell für Excellence*.

ISO 9001 ist ein allgemeines, die gesamte Breite der Organisation abdeckendes, prozessorientiertes Qualitätsmanagementsystem (QM-System).

Es stellt die generischen Bestandteile eines QM-Systems in einen strukturellen Zusammenhang und basiert auf vier Schlüsselprozessen:

- Verantwortung der Leitung (Managementprozesse),
- Ressourcenmanagement,
- Produktrealisierung,
- Messung, Analyse und Verbesserung.

Die Abbildung 2.1 verknüpft diese Prozesse zu einem inneren Regelkreis und richtet sie aus auf die Erfüllung der Kundenanforderungen mit dem Ziel, eine hohe Kundenzufriedenheit sicherzustellen.

Die Verantwortung der Leitung bezieht sich auf die Managementprozesse, also die Festlegung von Qualitätszielen, die Planung des QM-Systems, die Kontrolle der Prozessabläufe und die Sicherstellung der Kundenorientierung und der internen Kommunikation. Im Ressourcenmanagement werden alle für den Wertschöpfungsprozess erforderlichen Mittel zur Verfügung gestellt. Dazu gehören ausreichend qualifiziertes und motiviertes Personal, die Produktionsmittel und eine angemessene Arbeitsumgebung. Entsprechend den Anforderungen aus dem äußeren

2.2 Qualitätsmanagement mit Maturity Modellen

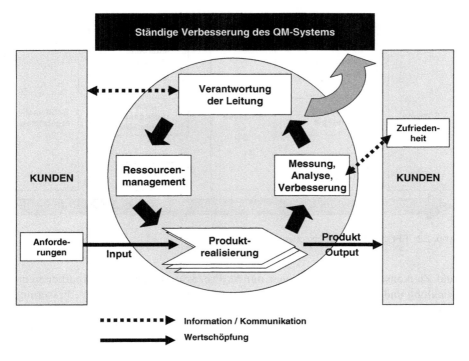

Abb. 2.1 Modell eines prozessorientierten Qualitätsmanagementsystems

Regelkreis werden die Produkte oder Dienstleistungen realisiert. Die dafür erforderlichen Prozesse umfassen Planung, Kommunikation mit den Kunden, Entwicklung, Beschaffung, Produktion und Dienstleistungserbringung einschließlich der Prozessvalidierung. Alle Prozesse der Produktrealisierung werden durch Prozesse der Messung und Überwachung unterstützt. Aus der Datenanalyse leiten sich sowohl unmittelbar Verbesserungen für die Leistungen und Prozesse ab, als auch verdichtete Informationen für das Management zur Lenkung und ständigen Verbesserung des QM-Systems.[2]

Das *EFQM-Modell für Excellence* stellt eine unverbindliche Rahmenstruktur dar, die aus neun Kriterien besteht, die in einer Prämisse miteinander verknüpft werden:

Exzellente Ergebnisse im Hinblick auf Leistung, Kunden, Mitarbeiter und Gesellschaft werden durch eine Führung erzielt, die Politik und Strategie, Mitarbeiter, Partnerschaften, Ressourcen und Prozesse auf ein hohes Qualitätsniveau hebt (Abb. 2.2).

Das Modell beruht auf 8 Grundkonzepten, mit denen nachhaltige Exzellenz geschaffen werden kann: Ergebnisorientierung, Ausrichtung auf den Kunden, Führung

---

[2]Vgl. DQS im Dialog, Kundenzeitschrift der DQS-Gruppe: Beiträge zur ISO 9000:2000 ff.

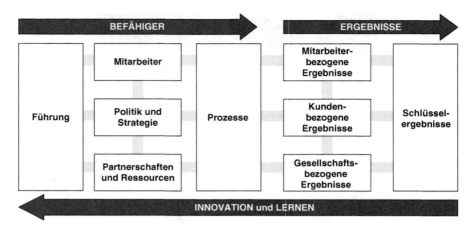

Abb. 2.2 EFQM-Modell für Excellence

und Zielkonsequenz, Management mittels Prozessen und Fakten, Mitarbeiterentwicklung und –beteiligung, kontinuierliches Lernen, Innovation und Verbesserung, Entwicklung von Partnerschaften, soziale Verantwortung.

Die Prozess-bezogene Exzellenz zielt dabei darauf ab, die Organisation durch ein Netzwerk untereinander abhängiger und miteinander verbundener Systeme, Prozesse und Fakten zu steuern.

> Exzellente Organisationen besitzen ein Managementsystem, das auf den Bedürfnissen und Erwartungen aller Interessengruppen (Stakeholder) basiert und auf deren Erfüllung ausgerichtet ist. Die systematische Umsetzung von Politik, Strategien, operativen Zielen und Planungen der Organisation wird durch ein klar strukturiertes und integriertes Netzwerk von Prozessen sichergestellt und bewerkstelligt. Diese Prozesse werden im Tagesgeschäft effektiv umgesetzt, gemanagt und laufend verbessert. Entscheidungen beruhen auf faktenbasierten, verlässlichen Informationen, die sich auf derzeitige und geplante Leistung, Prozess- und Systemfähigkeit, Bedürfnisse, Erwartungen und Erfahrungen der Interessengruppen sowie auf die Leistungen anderer Organisationen einschließlich, soweit angemessen, der Wettbewerber beziehen. Auf Basis von verlässlichen Kennzahlen werden Risiken identifiziert und effektiv gemanagt. In einer hoch professionellen Weise, die alle internen und externen Anforderungen erfüllt und übertrifft, wird die Organisation kontrolliert. Geeignete Vorbeugemaßnahmen werden entwickelt und eingeführt, die bei den Interessengruppen Vertrauen auf hohem Niveau schaffen und erhalten.[3]

Das EFQM-Modell wurde bereits Mitte der 90er Jahre von Rolf Wunderer[4] als „sehr geeigneter Qualitätsbewertungsansatz für den Personalbereich sowie für das Human Ressourcen Management" bezeichnet. Dieser Ansatz wurde zwar in einigen Fachartikeln (z.B. Personalwirtschaft 6/1995) beleuchtet, aber nie so umsetzungsorientiert beschrieben, dass er von den Personalbereichen aufgegriffen und in nennenswerter Zahl realisiert worden wäre.

---

[3]EFQM: Grundkonzepte der Excellence, 1999–2003, Seite 6.
[4]Wunderer, Rolf: Personalmanagement als Wertschöpfungscenter, Wiesbaden 1999, Seite 41 ff.

2.3 Vorbilder des HR Management Maturity Model

In der Informations-Technologie begann gegen Ende der 90er Jahre die Entwicklung spezialisierter, auf die Bedürfnisse der IT, z.B. der Software-Entwicklung, ausgerichteter Prozessmodelle. Hierbei übernahm *The Software Engineering Institute (SEI), Pittsburgh,* ein Institut der *Carnegie Mellon University,* unter der Sponsorschaft des amerikanischen Verteidigungsministeriums eine Vorreiterrolle. Dieses Institut hat vor allem zwei Konzepte entwickelt, die als Vorbild dienten für die Entwicklung des in diesem Werk beschriebenen HRM-Maturity Model:

- CMMI® for Development, Capabilty Maturity Model Integration for Development, Version 1.2 von 2006[5]
- P-CMM®, People Capability Maturity Model, Version 2.0 von 2001[6]

CMMI® (Capability Maturity Model® Integration) is a process improvement maturity model for the development of products and services. It consists of best practices that address development and maintenance activities that cover the product lifecycle from conception through delivery and maintenance.[7]

The People Capability Maturity Model® (People CMM®) is a tool that helps you successfully address the critical people issues in your organization. The People CMM employs the process maturity framework of the highly successful *Capability Maturity Model® for Software* (SWCMM®) as a foundation for a model of best practices for managing and developing an organization's workforce.[8]

P-CMM beschreibt also erprobte Praktiken für das Management und die Entwicklung der Mitarbeiter einer Organisation. Dabei fokussiert es auf Best Practices bei personalwirtschaftlichen Instrumenten/Systemen (z.B. Beurteilungssysteme, Vergütungssysteme) bzw. ausgewählten personalwirtschaftlichen Prozessen (z.B. Performance Management, Kommunikation und Koordination, Karriere-Entwicklung). Damit kann P-CMM nur partielle Hilfe für die Prozessorganisation eines Personalbereiches liefern. Wesentliche Prozesse des Managements eines Personalbereiches (z.B. HR-Data Management, Labour Relations, HR-Informationsmanagement) werden durch P-CMM nicht behandelt.

Das hier vorgelegte Konzept HRM-Maturity Model (HR-3M) schließt nicht nur die Lücken, die P-CMM lässt, sondern verbindet Erkenntnisse aus CMMI® for Development mit den speziellen Erfordernissen einer operationalen Exzellenz für das Personalmanagement in einem geschlossenen Prozessmodell für HR-Funktionen (Abb. 2.3):

---

[5] Veröffentlicht unter http://www.sei.cmu.edu/reports/06tr008.pdf, Seitenabruf am 18.12.2009.
[6] Veröffentlicht unter http://www.sei.cmu.edu/reports/09tr003.pdf, Seitenabruf am 18.12.2009.
[7] CMMI for Development Version 1.2, Preface I.
[8] P-CMM Version 2.0, Preface VI.

Abb. 2.3 Abgrenzung HR-3M zu People-CMM® und CMMI for Development®

- HR-3M definiert **Anforderungen an HR-Prozesse und HR-Instrumente** auf verschiedenen Effizienzstufen (Fähigkeitsgrade) und prozessbezogene Charakteristika der HR-Rolle auf verschiedenen Professionalitätsstufen.
- Primäres Ziel von HR-3M ist es, eine **systematische Prozessverbesserung** zu unterstützen, indem Anforderungen (Ziele) und Umsetzungspraktiken (To Do's) für eine professionelle HR-Prozesslandschaft definiert werden.
- Im Fokus von HR-3M stehen personalwirtschaftliche Prozesse, unabhängig von der aufbauorganisatorischen Zuordnung der Durchführungsverantwortung. Es werden somit nicht nur Abläufe innerhalb der Personalbereiche sondern auch in den vor- oder nachgelagerten Organisationseinheiten in die Optimierungsüberlegungen mit einbezogen.
- **HR-3M ist flexibel**, da lediglich beschrieben wird, 'Was' bei einer effektiven und effizienten Arbeit zu tun ist. Das 'Wie', also die konkrete Ausgestaltung der Prozesse kann unterschiedlich vorgenommen werden und so unterschiedlichen Organisationen und Organisationsgrößen Rechnung tragen. Das Prozessmodell dient als Referenz, es hilft also, keine wichtigen Dinge zu übersehen und lässt gleichzeitig Freiheiten für eine unternehmensadäquate Umsetzung.
- Bei der Beurteilung der Prozesseffizienz sind nicht die dokumentierten sondern die in der Organisation **gelebten Prozesse entscheidend**.
- Die Prozesseffizienz der Organisation wird mit einem **Reifegrad** gekennzeichnet. Ein Effizienzvergleich mit anderen Organisationen ist über den Vergleich der Reifegrade zwar möglich, aber nicht die eigentliche Zielsetzung von HR-3M.

Da viele HR-Prozesse 'abteilungsübergreifend' angelegt sind, also nicht nur den (zentralen) Personalbereich, sondern auch Geschäftsbereiche/Regionalbereiche mit Führungskräften und dezentralen Personalmanagern oder Unternehmensexterne (z.B. Dienstleister, Berater, Trainingsanbieter) involviert, wird im folgenden unterschieden zwischen HR-Management (Personalmanagement) und HR-Bereich

(Personalbereich). HR-Management meint die HR-Funktion unabhängig von ihren aufbauorganisatorischen Grenzen und Zuschnitten. Mit dem HR-Bereich ist die zentralisierte oder divisionalisierte organisatorische Einheit gemeint, der die wahrzunehmenden HR-Funktionen zugeordnet sind.

Kapitel 3
Die Prozesslandschaft in HR

3.1 Prozesshierarchie

Als Prozess wird üblicherweise eine Folge von sachlogisch und zeitlich aufeinander aufbauenden Tätigkeiten (Teilprozesse, Aktivitäten) verstanden, die Eingaben (Inputs) in Ergebnisse (Outputs) umwandeln und ‚end-to-end', also vom Kunden zum Kunden, strukturiert sind (Abb. 3.1).

Die Strukturierung vom Kunden zum Kunden gilt auch für Prozesse, die einen innerbetrieblichen Auftraggeber und Abnehmer haben. Dieses Prozessdenken bedeutet auch, dass die betriebliche Wertschöpfungskette als Ganzes einen Prozess darstellt, der wiederum ein Glied der überbetrieblichen Wertkette ist. Der betriebliche Wertschöpfungsprozess umfasst die klassischen Aufgabengebiete Entwicklung, Beschaffung, Produktion und Absatz. Jeder dieser Aufgabenbereiche repräsentiert einen eigenständigen Prozess, der wiederum aus zusammengehörenden Teilprozessen und Aktivitäten besteht. Jede Wertschöpfung erfordert Unterstützung durch indirekt wertschöpfende und administrative Tätigkeiten, wie z.B. Planung, Steuerung und Kontrolle, Auftragsabwicklung, Instandhaltung (Abb. 3.2).[1]

Dem entsprechend wird die Prozesslandschaft des Unternehmens im Wesentlichen in (wertschöpfende) Kernprozesse und querschnittliche (indirekt wertschöpfende) Führungs-/Managementprozesse bzw. Unterstützungs-/Supportprozesse eingeteilt. Praktische Relevanz bekommt ein derartiges betriebliches Prozessmodell

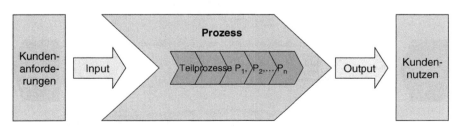

Abb. 3.1 Prozess

---

[1] Bogaschewsky//Rollberg, Prozessorientiertes Management, Berlin 1998, Seite 185 f.

20   3 Die Prozesslandschaft in HR

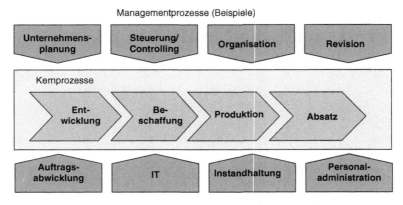

Abb. 3.2 Betriebliches Prozessmodell (Prinzipdarstellung)

jedoch erst durch die unternehmensbezogene Individualisierung und die Detaillierung über mehrere Gliederungsebenen (Prozessebenen), d. h. unternehmensspezifische Prozesse müssen bedarfsorientiert detailliert und untergliedert werden.

Übertragen auf den Personalbereich könnte ein Prozessmodell wie folgt aussehen (Abb. 3.3):

Gegenstand der Managementprozesse sind

- die strategische, personalpolitische Zielsetzung unter Berücksichtigung der betrieblichen und gesellschaftlichen Rahmenbedingungen,
- die Planung und Steuerung der HR-Aktivitäten auf der Grundlage der mehrjährigen Personalstrategie/-politik des Unternehmens nach innen und außen.

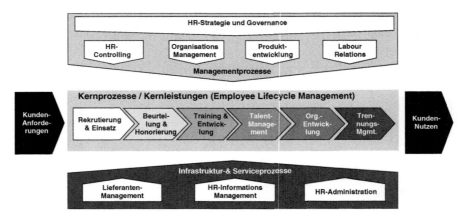

Abb. 3.3 HR-Prozessmodell

3.2 Abgrenzung der Personalmanagement-Prozesse

Inhalt der Kernprozesse des Personalmanagements sind die unmittelbar auf den Mitarbeiter ausgerichteten Prozesse des betrieblichen Lebenszyklus eines Mitarbeiters von der Rekrutierung bis zur Trennung. Hier wird besonders deutlich, dass HR-Prozesse nicht ausschließlich innerhalb des HR-Bereiches ablaufen, sondern den in- oder externen Kunden involvieren. Der Kunde führt bestimmte Aufgaben durch (z.B. Beurteilung von Mitarbeitern), liefert Input (z.B. ausgefülltes Beurteilungsformular) oder empfängt Output aus dem HR-Bereich (z.B. den Beurteilungsreport). Diese bereichsübergreifende Prozesssicht gilt natürlich entsprechend für Unterstützungsprozesse und Managementprozesse. Der HR-Bereich muss als Verantwortlicher für HR-Prozesse daher nicht nur sich selbst organisieren, sondern auch die Schnittstellen des Bereichs zu Prozessbeteiligten außerhalb des HR-Bereiches managen.

Die Unterstützungsprozesse (Supportprozesse) werden hier treffender als Infrastruktur- und Serviceprozesse bezeichnet. Sie beinhalten die Gestaltung der für die Kernleistungen erforderlichen Infrastruktur sowie die Durchführung verwaltender, abwickelnder Servicefunktionen zur Unterstützung der Kernprozesse/Kernleistungen.

Dieses Prozessmodell wird allen weiteren Ausführungen zugrunde gelegt. Selbstverständlich ist es möglich, die Prozessbezeichnungen und Prozessabgrenzungen auf Unternehmensebene davon abweichend zu gestalten. Auch durch Outsourcing von Prozessen oder Teilprozessen ergeben sich Anpassungsnotwendigkeiten dieses Prozessmodells. Eine in der Praxis vielfach vorzufindende Beschränkung auf die Gestaltung und Optimierung der Kernprozesse ist jedoch deutlich zu kurz gesprungen, da die unzureichende Berücksichtigung von Management-, Infrastruktur- und Serviceprozessen eine ganz wesentliche Ursache für Ineffizienzen im HR-Management ist.

Weder in Wissenschaft noch Praxis (incl. HR-Beratung) besteht Einigkeit, was Kernleistung von HR ist. Unstrittig zu den Kernleistungen gehören Mitarbeitergewinnung (Recruiting) und Personaleinsatz, das Performance Management und die Personalentwicklung. Solange allerdings nicht klar ist, was unter den jeweiligen plakativen Prozessbezeichnungen verstanden wird, ist es schwierig zu beurteilen, innerhalb welchen Prozesses welche Leistung erbracht wird. Daher erfolgt in den folgenden Abschn. 3.2.1 bis 3.2.3 eine Untergliederung der Prozesse in Teilprozesse und Aktivitäten.

3.2 Abgrenzung der Personalmanagement-Prozesse

3.2.1 HR-Kernprozesse

Das hier verwendete HR-Prozessmodell basiert auf 6 HR-Kernprozessen:

- Rekrutierung & Einsatz,
- Beurteilung und Honorierung,

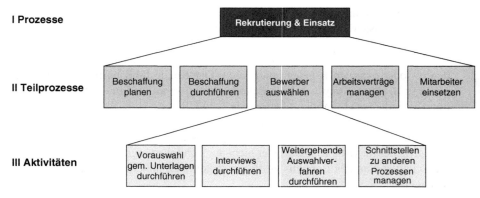

Abb. 3.4 Prozess-Gliederungsebenen

- Training und Entwicklung,
- Talentmanagement,
- Organisations-/ Teamentwicklung,
- Trennungsmanagement.

Alle diese Kernprozesse beinhalten die operative Ausführung der Funktion; sie beinhalten nicht übergeordnete Planungsaufgaben (z.B. Kapazitätsplanung), die Konzeption der Instrumente (z.B. Beurteilungssystem, Vergütungssystem) oder die konzeptionelle Gestaltung des Ablaufes/der Prozesse. Diese Funktionen sind den Managementprozessen zugeordnet, da sie genereller Natur sind, also unabhängig vom operativen Einzelfall erfolgen müssen.

Die oben genannten Kernprozesse werden im Sinne einer strukturierten Stoffsammlung bis zur dritten Ebene gegliedert (Abb. 3.4).

In Abhängigkeit davon, welche Teilprozesse oder Aktivitäten restrukturiert und optimiert werden sollen, ist eine Detaillierung auf niedrigere Gliederungsebenen erforderlich. Da Gliederungen ab der 4. Ebene sehr unternehmensspezifisch werden (z.B. in Abhängigkeit von der eingesetzten IT-Infrastruktur) wird hier darauf verzichtet.

Mit der Zuordnung von Aktivitäten zu Prozessen bzw. Teilprozessen ist keine automatische Entscheidung über die Ausführungszuständigkeit getroffen; dies ist eine Frage der Schnittstellenoptimierung. Auf der Basis dieser Prozessstruktur können für Zwecke der Ablaufoptimierung detailliertere Ablaufdarstellungen erstellt werden.

Die Prozesse des Prozessmodells werden in folgender Struktur einheitlich beschrieben:

- Prozessbezeichnung,
- Prozesszweck,

3.2 Abgrenzung der Personalmanagement-Prozesse

- Teilprozesse bzw. Aufgaben (Bezeichnung durch Nennung des Objektes und der Objekt-bezogenen Verrichtung) bis maximal zur 3. Gliederungsebene,
- Prozess-Input (Beispiele für Startereignisse, die den Prozess auslösen),
- Prozess-Output (Ergebnisse).

Input und Output können hier nur exemplarisch angegeben werden, da bei gegebener Gliederungstiefe eine eindeutige Angabe der Input-/Outputgröße nicht möglich ist.

Soweit bei den beschriebenen Prozessen ein Outsourcing von (Teil-) Prozessen oder Aufgaben (= Outtasking) üblich oder denkbar ist, wird auf die prozessualen Auswirkungen hingewiesen. Als Outsourcing ist hier die Abgabe von Unternehmensaufgaben an Drittunternehmen zu verstehen, unabhängig von der Frage, ob diese Aufgabe/Leistung bisher intern wahrgenommen/erstellt wurde. Wie das Outsourcing von Prozessen (Business Process Outsourcing) vorzubereiten ist, wie der externe Partner zu steuern ist und welche Chancen und Risiken sich durch Outsourcing ergeben, wird in Kap. 8 ausführlicher erläutert. Darüber hinaus sind in jedem Fall die Ziele und Anwendungspraktiken des Lieferantenmanagement anwendbar.

Vorab ist jedoch wichtig zu wissen, dass Geschäftsprozesse prinzipiell immer dann ausgliederungsreif sind, wenn sie folgende Merkmale aufweisen[2]:

1. Der Prozess zählt nicht zu den Kernprozessen des Unternehmens.
2. Der Prozess weist im Vergleich zu den operativen Risiken eine geringe Wertschöpfung auf.
3. Der Prozess erfordert hohe und/oder fortlaufende Investitionen, um einen mit Drittanbietern vergleichbaren Qualitäts-, Kosten- und Performancelevel zu erreichen.
4. Der Prozess kann technisch unterstützt werden und ist in hohem Maße standardisierbar.

Damit sind prinzipiell nahezu alle HR-Prozesse auslagerbar, da HR-Kernprozesse nicht verwechselt werden dürfen mit den Kernprozessen des Unternehmens. Aus Unternehmenssicht sind die HR-Prozesse überwiegend Unterstützungsprozesse. Lediglich einige Kernleistungen, die Steuerungsfunktion haben und zur Differenzierung gegenüber Wettbewerbern beitragen können, sind für ein Outsourcing nicht geeignet. Dazu gehören[3]:

- Festlegung der HR-Strategie und Aufstellung von Grundsätzen der Personalpolitik,
- Vereinheitlichung des Personalmarketing, insbesondere Schaffung eines Employer Branding,

---

[2]Dittrich, Jörg//Braun, Mark: Business Process Outsourcing, Entscheidungsleitfaden für das Out- und Insourcing von Geschäftsprozessen, Stuttgart 2004, zitiert nach Elsik, Wolfgang//Baumgart, Kurt: Outsourcing von HR-Prozessen in Österreich, T-Systems Austria GesmbH, Seite 5.
[3]Jung, Hans: Personalwirtschaft, München 2008, Seite 49 f., ergänzt um den letzten Aufzählungspunkt.

- Labour Relations incl. Vermittlung zwischen Geschäftsführung und Arbeitnehmervertretung,
- Sicherstellung der Durchführung von gesetzlichen Vorschriften bezüglich Arbeitnehmerschutz, Arbeitssicherheit und betriebsärztlicher Versorgung,
- Aufstellung von Policies/Richtlinien für die HR-Kernprozesse bzw. deren Produkte,
- Sicherung von Führungskompetenz und von Top Talenten zur Besetzung strategisch erfolgskritischer Positionen im Unternehmen durch Talentmanagement.

Nun zu den HR-Kernprozessen im Einzelnen.

3.2.1.1 Rekrutierung & Einsatz

Dieser Prozess soll sicherstellen, dass dem Unternehmen Arbeitskräfte in der erforderlichen Zahl und Qualität zu den erwarteten Zeitpunkten zur Verfügung stehen. Dies beinhaltet sowohl die Erstbeschaffung als auch die weiteren Maßnahmen des Einsatzes im Lebenszyklus eines Mitarbeiters (Tabelle 3.1).

Outsourcing hat im HR Management teilweise unbemerkt zumindest in der Form des Outtasking bereits seit Jahren Einzug gehalten. Die Einschaltung von Personalberatern bei der Beschaffung von Führungskräften oder hochkarätigen Spezialisten, die Durchführung von eignungsdiagnostischen Maßnahmen (z.B. Assessment für Hochschulabsolventen oder Management Audit) oder die Einholung von juristischem Beistand bei der Formulierung von Arbeitsverträgen außerhalb des Standards, sind hier nur einige Beispiele.

Die führenden Anbieter für HR BPO haben ihr Angebotsspektrum inzwischen aufgerüstet und um Leistungspakete wie ‚Personalsuche und Einstellung', ‚Recruiting Service', ‚Recruting and Staffing' oder ‚Bewerberverwaltung' erweitert.

In der weitesten Abgrenzung umfassen diese Services[4]

- die Bedarfsanalyse,
- Definition der Beschaffungskanäle und Ansprache der Kandidaten,
- das Screening,
- die Interviews und Vorauswahl,
- das Angebotsmanagement,
- Reporting und die Complianceaufgaben.

Darüber hinaus bieten einzelne Outsourcing-Anbieter einen Administrationsservice bzw. eine Mitarbeiterverwaltung an, die sämtliche Vorgänge im Mitarbeiterlebenszyklus, einschließlich der Begleitung von strukturellen Änderungen und Personalanpassungen und der Abwicklung rechtlicher Maßnahmen[5] umfasst.

---

[4] Angebot von Hewitt Associates: http://www.hewittassociates.com/Intl/EU/de-DE/OurServices/Outsourcing/HRBPO.aspx, Seitenabruf am 18.12.2009 ähnliche Angebote bei Excellerate HRO, Accenture, TDS, Convergys und anderen.
[5] Angebot von Hewitt Associates und Accenture.

3.2 Abgrenzung der Personalmanagement-Prozesse

Tabelle 3.1 Prozessübersicht Rekrutierung und Einsatz

Input	Teilprozess/Aufgabe	Output
Personalplanung	Arbeitgeberimage pflegen/Arbeitgebermarke aufbauen ■ Personalmarketingkonzept erstellen ■ Web Page (Karriere-Seite) pflegen ■ Image-Anzeigen schalten ■ Hochschulkontakte pflegen ■ An Imagewettbewerben für Arbeitgeber teilnehmen ■ Zielgruppenspezifische Maßnahmen durchführen ■ Marketingmaßnahmen mit anderen Stellen des Unternehmens koordinieren	Employer Branding
Personalbedarf	Personal anfordern ■ Stelle/Anforderungsprofil beschreiben ■ Personalanforderung stellen	Stellenbeschreibung Anforderungsprofil genehmigte Personalanforderung
Genehmigte Personalanforderung	Beschaffung planen ■ Personalanforderung prüfen ■ Beschaffungsweg auswählen	Beschaffungsauftrag
Beschaffungsauftrag	Beschaffung durchführen ■ Externe ansprechen (Printanzeige, e-Recruiting über eigene Homepage, Job-Börse, Personalberater, Initiativbewerbungen, Zeitarbeitsfirmen) ■ Interne ansprechen (Stellenausschreibung, Direktansprache, Übernahme von Auszubildenden oder Trainees)	Anzeige Stellenausschreibung Suchauftrag
Bewerbungen Longlist	Bewerber auswählen ■ Bewerbungsunterlagen sichten ■ Interviews durchführen ■ Sonstige Auswahlverfahren durchführen (Gruppen- oder Einzel-AC, Test) ■ Entscheidung herbeiführen	Shortlist Identifizierter Kandidat
Erwartungen des Kandidaten AG-Angebot	Arbeitsvertrag abschließen ■ Vertragskonditionen verhandeln ■ Mitbestimmungsprozess durchführen ■ Vertragsangebot herauslegen ■ Angebotsrücklauf bearbeiten	Unterschriebener Vertrag Einsatzmitteilung
Neueinstellungen Organisationsänderungen	Mitarbeitereinsatz gestalten ■ Probezeit überwachen ■ Versetzungen durchführen	Umsetzungen Versetzungen Entsendungen

Tabelle 3.1 (Fortsetzung)

Input	Teilprozess/Aufgabe	Output
Änderungswünsche des MA Beförderungsvorschläge Anträge von FK Anträge von Mitarbeitern oder Vorgesetzten	▪ Organisationsveränderungen personell umsetzen ▪ Betriebsübergänge personell managen ▪ Internationale Mitarbeitereinsätze durchführen ▪ Vertragsänderungen bzw. Ergänzungen durchführen (z.B. Änderung der vereinbarten Arbeitszeit, Telearbeit, Neubewertung des Arbeitsplatzes, Änderungskündigung, Statusänderung TA/AT, Nebentätigkeit, Mandate) ▪ Vollmachten erteilen/entziehen ▪ Sonderzeiten managen (Mutterschutz, Elternzeit, Eingliederung nach § 84 SGB IX, Wehr-/Ersatzdienst, Sabbatical) ▪ Mehrarbeitsanträge bearbeiten ▪ Rufbereitschaft organisieren ▪ Disziplinarmaßnahmen durchführen (Verweis, Abmahnung)	Vertragsänderung, Bevollmächtigung Genehmigte Mehrarbeit Vertragsänderungen getroffene Regelungen und Entscheidungen Abmahnung

Die Prozessschnittstellen (organisatorisch und IT-technisch), die In- und Outputleistungen und die Service Levels können sehr unterschiedlich sein und müssen daher unternehmensspezifisch definiert und vereinbart werden. Im Extremfall kann der gesamte Prozess outgesourct werden, lediglich die definitive Einstellungsentscheidung, ggf. definierte Punkte des Angebotsmanagements liegen dann noch beim Auftraggeber.

Wenn Leistungen des Rekrutierungsprozesses outgesourct werden, sollte insbesondere für folgende potentielle Problembereiche durch eindeutige Regelungen Vorsorge getroffen werden:

- Festlegung eines Single Point of Contact
  Aufgabe dieser Stelle ist insbesondere die Bündelung aller Suchanfragen, der Abgleich der Anfrage gegen vorhandene geeignete interne oder externe Bewerber (Initiativbewerbungen), Weiterleitung an den am besten geeigneten Personalvermittler/Headhunter, die Regulierung der Honorarrechnung. Da es kaum verhindert werden kann, dass Headhunter aus alter Verbundenheit von Führungskräften, insbesondere Vorständen, direkt (am Personalbereich vorbei) kontaktiert werden, sollten alle externen Partner für diesen Fall verpflichtet werden, den Personalbereich über den Auftrag zu informieren. Der externe Partner wird diesem Wunsch i.d.R. nachkommen, es sei denn, er hat den Auftrag, den Nachfolger des Personalchefs zu suchen.
- Verbot der Direktansprache von Mitarbeitern des Auftraggebers durch den Personalvermittler/-berater
  Es dürfte sich von selbst verstehen, dass Personalberater nicht Personalbeschaffer und Abwerber beim gleichen Unternehmen sein können. Oft machen Headhunter

diese Selbstverständlichkeit aber an bestimmten Umsatzgrenzen fest. Eine entsprechende Vereinbarung sollte in jedem Fall unabhängig vom Umsatz schriftlich getroffen werden.
- Sicherstellung von ‚Chinese Walls' bei Nutzung verschiedener Leistungen eines HR-Dienstleisters
Bei Inanspruchnahme verschiedener HR-Leistungen bei einem externen Partner ist immer zu prüfen, ob es akzeptabel ist, dass die mit der jeweiligen Leistungserbringung verbundenen Informationen über den Auftraggeber bzw. dessen Mitarbeiter beim Auftragnehmer gematcht werden können. Wenn ein Berater sowohl Executive Search als auch Management Audits als Dienstleistung anbietet, sollte man sich fragen, ob man dem Headhunter mit dem Auftrag zur Durchführung eines Management Audit nicht seine gesamte Führungsmannschaft auf dem Silbertablett serviert. Lassen Sie sich ausführlich erläutern, wie ein Austausch vertraulicher Informationen zwischen den beiden Funktionsbereichen des Beraters unterbunden wird und auch nach Vertragsende für einen angemessenen Zeitraum gewährleistet ist. Entscheiden Sie sich im Zweifelsfall für einen Berater, der den Interessenkonflikt nicht bereits im Leistungsangebot eingebaut hat.

3.2.1.2 Beurteilung und Honorierung

Der Prozess soll die Ausrichtung der Mitarbeiter auf die strategischen und operativen Unternehmensziele sicherstellen, die Zielerreichung bewerten und eine Honorierung der Mitarbeiter entsprechend den Grundsätzen des Unternehmens herbeiführen (Tabelle 3.2).

Die Teile des Prozesses, die vom HR-Bereich durchzuführen sind, können grundsätzlich outgesourct werden. Dabei handelt es sich einerseits um Projektaufgaben wie die Entwicklung der erforderlichen Verfahren/Instrumente (z.B. Beurteilungsverfahren, Vergütungsinstrumente) oder die Überprüfung der Stellenbewertungen. Andererseits sind es meist jährlich wiederkehrende Aufgaben, für die der Personalbereich das Prozessmanagement verantwortet: die Durchführung des Vergütungs-Benchmarking und die damit im Zusammenhang stehenden Auswertungen, die Zielvereinbarung und die Beurteilungs- und Compensation Review-Runde. Nicht übertragbar an einen externen Partner sind demnach alle Aufgaben, die von den Führungskräften des Unternehmens selbst wahrzunehmen sind: Zielvereinbarung, Beurteilung, Vergütungsentscheidungen innerhalb der geltenden Rahmenvorgaben.

Bei der Entscheidung für eine Fremdvergabe der o.g. Prozessmanagementaufgaben ist zu berücksichtigen, dass damit der externe Partner volle Transparenz über Leistung und Vergütung aller Mitarbeiter bekommt.

3.2.1.3 Training und Entwicklung

Der Prozess soll die Erhaltung oder Verbesserung der Qualifikation der Mitarbeiter und Führungskräfte für die Bewältigung der gegenwärtigen und zukünftigen Anforderungen sicherstellen und für geeigneten Berufsnachwuchs sorgen (Tabelle 3.3).

Tabelle 3.2 Prozessübersicht Beurteilung und Honorierung

Input	Teilprozess/Aufgabe	Output
Leistungsziele der OE	Ziele vereinbaren	Persönliche Leistungsziele Verhaltensziele
Vereinbarte Ziele Leistung und Verhalten	Beurteilungen durchführen • Regelbeurteilung durchführen (Zielerreichungsgrad, Kompetenz) • Sonderbeurteilungen durchführen (Probezeitbeurteilung, 360° Feedback, Peer-Review, Vorgesetztenbeurteilung) • Potentialbeurteilung durchführen	Ausgefüllter Beurteilungsbogen
Comp-Sheet Unternehmensergebnisse Bonuspool	Compensation & Benefits Reviews durchführen • Reviews vorbereiten • Fest-Vergütungen überprüfen (individuelle und kollektive Anpassungen, z.B. Kaufkraftausgleich) • Short-Term-Bonus festlegen • Long-Term-Incentive festlegen (z.B. Aktien, Optionen, synthetische Anteile) • Retention Zahlung festlegen • Benefits vergeben (z.B. Dienstwagen) • Titel verleihen	Vergütungsvorschläge Titelbeförderungen
Referenz-Stellenplan Vergütungsreport, Benchmark Gap-Analyse	Vergütungs-Benchmarking durchführen • Positions Mapping durchführen • Benchmarking Reports auswerten • Konsequenzen für die internen Vergütungsstrukturen ableiten	Reale Stellen sind dem Referenzplan zugeordnet Abweichungen von der Benchmark Stellungnahme, Empfehlung für die GL
Anforderung einer Sonderauswertung Standardauswertung für Jahresplanung	Vergütungsreports erstellen • Reports konzipieren • Daten generieren • Daten auswerten • Ergebnis kommentieren	Kommentierte Vergütungsdaten
Ablauf Vertragszeit	Tarifverhandlungen führen	Tarifvertrag
Hinweise auf Änderungsbedarf (z.B. Benchmarking)	Stellenwertigkeit überprüfen (Vergütungsrahmen der Stelle überprüfen) Beurteilungsverfahren konzipieren (siehe HR-Produktentwicklung) Vergütungsinstrumente konzipieren (siehe HR-Produktentwicklung) Verfahren der Stellenbewertung entwickeln (siehe HR-Produktentwicklung)	Überprüfter Rahmenplan

3.2 Abgrenzung der Personalmanagement-Prozesse

Tabelle 3.3 Prozessübersicht Training und Entwicklung

Input	Teilprozess/Aufgabe	Output
Gesetzliche Anforderungen Bewerbung Zusage	Berufsausbildungsmaßnahmen durchführen ■ Eignung der Ausbildungsstätte sicherstellen ■ Bewerber auswählen ■ Vertragsmanagement durchführen	Ausbildungsplan Ausbildungsergebnisse
Ausgebildeter	■ Ablauf der Ausbildung organisieren (Ausbildungsplan, Anmeldung Berufsschule und Kammer, Anmeldung zu Prüfungen) ■ Ausbildungsfortschritt kontrollieren ■ Übernahme-Entscheidungen treffen	Überleitung in Prozess Rekrutierung oder Trennungsmanagement
Anforderungen der Fachbereiche	Fach- und Verhaltentraining durchführen ■ Bedarfsanalyse durchführen ■ Make or Buy Entscheidungen treffen ■ das Trainingsportfolio organisieren (Inhalte, Trainer/Veranstalter, Termine, Qualitätskontrolle) ■ Trainings administrieren (Genehmigung, Anmeldung, Teilnehmerevidenz, Zahlung) ■ Seminare durchführen	Bedarfsanalyse Seminarkatalog Gebuchte Seminare durchgeführte Seminare Abrechnungen
Bedarfsanalyse	Entwicklungsprogramme bereitstellen ■ Management Development Programme konzipieren (siehe HR-Produktentwicklung) ■ Management Development Programme durchführen ■ Spezialistenprogramme (z.B. für Projektmanager) konzipieren (siehe HR-Produktentwicklung) ■ Spezialistenprogramme (z.B. für Projektmanager) durchführen	durchgeführte Programme
Anforderungen des Controllingkonzepts	Erfolgskontrollen planen und durchführen	Erfolgskontrollen ausgewertete Ergebnisse

In Training und Entwicklung, mit Ausnahme der Berufsausbildung, arbeiten die Unternehmen traditionell umfänglich mit externen Partnern zusammen. Soweit nicht externe Seminarangebote für die Fortbildung eigener Mitarbeiter genutzt werden, werden oft externe Trainer für Konzeption und Durchführung interner Seminare oder Programme verpflichtet. Dies setzt zwar eine ausreichend große interne Seminarzielgruppe voraus, hat aber auch den Vorteil, Einfluss auf Inhalt und Organisation der Veranstaltung nehmen zu können. Daneben wird häufig die Veranstaltungsadministration ausgelagert.

Vom Markt können prinzipiell zwei Leistungspakete eingekauft werden:

Im Rahmen der Beratung werden einzelfallbezogen z.B. die Konzeption und Durchführung von zielgruppenorientierten Entwicklungsprogrammen oder

einzelnen Trainings beauftragt. Hier handelt es sich um Outtasking, das insbesondere von Kapazitäts- und Know how-Engpässen getrieben ist
Ein umfängliches Outsourcing findet statt als „Managed Training Services". Dabei reduziert HR seine Rolle auf die eines PE-Managers, der

- die PE-Leitlinien vorgibt,
- die Veranstaltungen definiert,
- den Managed Training Services-Provider steuert,
- die vom Provider erhaltenen Informationen zum Bildungscontrolling auswertet und als neue Steuerungsimpulse verwendet.

Der Managed Training Services Provider übernimmt seinerseits die Verantwortung für

- Bildungsbedarfsanalyse,
- Trainerauswahl und –steuerung, incl. Vertragsabschluss, Vereinbarung von Preisen und Inhalten, Contententwicklung,
- Trainings-/Veranstaltungslogistik, Trainingsadministration incl. Abrechnung,
- Erfolgskontrolle, Bildungscontrolling.

Die Rolle des Managed Training Services Provider wird in Großkonzernen oft von einer Akademie oder ‚Corporate University' übernommen. Ein entsprechendes Leistungsangebot kann jedoch auch frei am Markt kontrahiert werden (z.B. Telekom Training).

Mit der Entscheidung für ein Outsourcing der PE wird, einen entsprechend flexiblen Vertragsabschluss vorausgesetzt, den i. d. R. zyklischen PE-Budgets Rechnung getragen. Das outsourcende Unternehmen partizipiert an den Skaleneffekten der Administrationsprozesse, kann seine jährlichen PE-Kosten situationsorientiert flexibel anpassen und kann bei richtiger Providerauswahl seine Personalentwicklungsaktivitäten global outsourcen ohne mit einer Vielzahl von Providern kontrahieren zu müssen.

3.2.1.4 Talentmanagement

Talentmanagement ist das Identifizieren, Selektieren, Fördern, adäquate Einsetzen und Binden von Mitarbeitern mit besonderen Fähigkeiten und Begabungen in einer Organisation, mit dem Ziel, mit diesen Mitarbeitern die Nachfolge für erfolgskritische Positionen zu sichern.

Der Prozess ist nicht fokussiert auf junge Nachwuchskräfte sondern erfasst alle Mitarbeiter mit hohem Potential (High Potentials), um diese auf die Übernahme von Positionen vorzubereiten, die kritisch für den Erfolg des Unternehmens sind. Die Nachfolgeplanung für andere Positionen ist Teil des Prozesses ‚Rekrutierung & Einsatz' (Tabelle 3.4).

Talentmanagement zählt zu den Kernleistungen von HR für das Unternehmen, weil es einen Beitrag zur strategischen Zukunftssicherung des Unternehmens

3.2 Abgrenzung der Personalmanagement-Prozesse

Tabelle 3.4 Prozessübersicht Talentmanagement

Input	Teilprozess/Aufgabe	Output
Strategische Herausforderungen des Unternehmens	Potentialkandidaten identifizieren ■ Kompetenzprofile definieren ■ Prozess planen ■ Daten generieren ■ Auswahlworkshop/Personalkonferenz durchführen ■ Entscheidung kommunizieren ■ Talentpipeline absichern	Strategische Kompetenzprofile
Identifizierte Kandidaten	Talent Pool managen ■ Talent Pool segmentieren ■ Poolmitglieder entwickeln ■ Poolmitglieder platzieren ■ Poolmitglieder ausphasen (bei nicht adäquater Entwicklung)	Strategisch relevante Teilpools
Strategie Bereichsbezogene mittel-/langfristige Personalplanung	Entwicklungspfade individuell planen ■ Ziele festlegen ■ Inhalte bestimmen ■ Methoden festlegen	Blueprints für Entwicklungspfade
Auswertungen über Pensionierungen erfolgskritische Stellen	Stellennachfolge planen ■ Nachfolgestellen identifizieren ■ Potentielle Nachfolger identifizieren ■ Nachfolge vorbereiten	Individueller Entwicklungsplan
Abwanderungsgefährdete Potentialkandidaten	Mitarbeiter binden ■ Nicht-monetäre Anreize vereinbaren ■ Monetäre Anreize vereinbaren	Individueller Entwicklungsplan

leistet, die darin besteht, dass Talentmanagement die Führungsfähigkeit des Unternehmens an den auch zukünftig wettbewerbsrelevanten und erfolgskritischen Stellen sicherstellt. Für HR-Kernleistungen mit differenzierender Wirkung gegenüber dem Wettbewerb empfiehlt sich ein Outsourcing nicht, obwohl das Gegenteil von Beratern[6] und in Medien[7] propagiert wird. Das liegt jedoch teilweise an der Abgrenzung/dem Zuschnitt des Talentmanagementprozesses, teilweise bezieht es sich auf bestimmte Unterstützungsleistungen bei der Durchführung des Kernprozesses. Als unkritisch ist einzustufen, wenn Unternehmen Beratungsleistungen für das Prozessdesign, die Konzeption erforderlicher Werkzeuge und Instrumente oder die

---

[6] z.B. Hewitt Associates: http://www.hewittassociates.com/Intl/EU/de-DE/OurServices/Outsourcing/HRBPO.aspx, Seitenabruf 18.12.2009; "Unser Dienstleistungsspektrum umfasst... Talentmanagement: Recruitingservice...., Trainings- und Personalentwicklungsservices....., Performancemanagementservices...., Nachfolgeplanungsservices..."

[7] HR Today 12/2008: Outsourcing von Talentmanagement spart Zeit und steigert die Effizienz.

Moderation einer Personalkonferenz einkaufen. Damit wird der Prozess als Ganzes nicht aus der Hand gegeben.

3.2.1.5 Organisations-/Teamentwicklung

Organisationsentwicklung zielt auf eine planmäßige, mittel- bis langfristig wirksame Veränderung der

- individuellen Verhaltensmuster, Einstellungen und Fähigkeiten von Organisationsmitgliedern,
- Organisationskultur und des Organisationsklimas,
- Organisations- und Kommunikationsstrukturen sowie der strukturellen Regelungen im weitesten Sinn (z.B. Arbeitszeit, Lohnformen).

Hierzu sollen bei der Organisation bzw. ihren Mitgliedern Lernprozesse eingeleitet und durch geeignete Methoden bzw. Instrumente der Veränderung unterstützt werden (Tabelle 3.5).[8]

Tabelle 3.5 Prozessübersicht Organisations- und Teamentwicklung

Input	Teilprozess/Aufgabe	Output
Beschlossene Strategie-/ Organisationsänderung	■ Betriebliche Veränderungsprozesse managen[a] ■ Transformationsbedarf feststellen ■ Change Promotoren aktivieren ■ Transformationsziele festlegen ■ Maßnahmenprogramme entwickeln ■ Transformationskonzept kommunizieren ■ Changebedingungen schaffen ■ Transformationsprojekte durchführen ■ Transformationsergebnisse verankern ■ Wandlungsbereitschaft- und -fähigkeit stabilisieren	Changeprogramme
Teamkonflikte	Zusammenarbeit von Teams verbessern ■ Teamsituation analysieren ■ Ziele des Teamentwicklungsprozesses festlegen ■ Maßnahmen konzipieren ■ Maßnahmen umsetzen ■ Verhaltensweisen stabilisieren	Beseitigte oder kanalisierte Konflikte

[a]Krüger, Wilfried: Excellence in Change, Wege zur strategischen Erneuerung, Wiesbaden 2000, Seite 56 ff.

---

[8]Staehle, Wolfgang H.: Management, Eine verhaltenswissenschaftliche Perspektive, München 1989, Seite 830.

3.2 Abgrenzung der Personalmanagement-Prozesse

Der Teamentwicklungsprozess zielt darauf, die Kohäsion und Effizienz einer neuen oder bestehenden Arbeitsgruppe zu steigern.
Changeprogramme bzw. Transformationsprozesse zielen auf die Veränderung oder Weiterentwicklung einer Organisation und bündeln zu diesem Zweck folgende Prozesse:

- Projektprozesse im engeren Sinn,
- Führungsprozesse,
- Qualifizierungs- und Teamprozesse,
- Kommunikationsprozess.

Die Möglichkeiten zum Outsourcing werden hier determiniert einerseits durch die zeitliche Befristung des Änderungsprojektes im engeren Sinn, andererseits durch die Aufgaben, die das Management des Unternehmens hinsichtlich Führung, Teambildung und Kommunikation zu erfüllen hat.

Während sich bei anderen Outsourcingmaßnahmen der Auftraggeber im Wesentlichen auf die Steuerung des externen Partners zurückziehen konnte, muss bei OE-Vorhaben die Führungsmannschaft in vielfältiger Weise selbst tätig werden (siehe Abb. 3.5). Outsourcing-Leistungen im Rahmen der OE sind also im Wesentlichen Beratungsleistungen. Berater können jedoch in diesem Prozess in verschiedenen Rollen tätig werden.

Der Auftraggeber muss sich demnach genau überlegen, für welche Leistung er konkret die externe Unterstützung benötigt (Tabelle 3.6).

Wenn es richtig ist, dass nichts beständiger ist als der Wandel, dann empfiehlt es sich, Change Management Kompetenz entlang der genannten Rollen im Unternehmen aufzubauen und vorzuhalten.

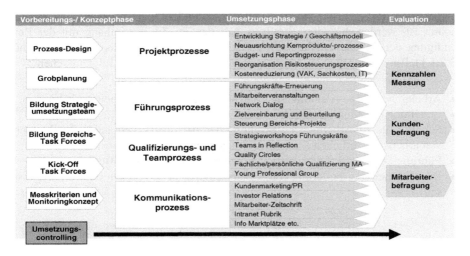

Abb. 3.5 Beispiel eines Change-Programms

Tabelle 3.6 Beraterrollen

	Beraterrollen[a]			
	Moderator	Business Consultant	Coach	Trainer
Skills	Prozess-Experte	Projekt-Management Experte	Leadership-Experte	Prozess-Experte
Inhaltliche Ausrichtung	Inhaltlich neutral	Experte	Mit den Inhalten vertraut	Experte
Entscheidung	Kein Einfluss auf Entscheidungen	Entscheidungs-vorbereitung	Beeinflusst die Entscheidungsrichtung	Indirekter Einfluss auf Entscheidungen

[a]Gallos, Joan V.: Organization Development, San Francisco 2006, Seite 410.

3.2.1.6 Trennungsmanagement

Das Trennungsmanagement umfasst alle Maßnahmen, die einzelne oder mehrere Arbeitsverhältnisse durch Willenserklärung (einseitig oder zweiseitig) oder durch Zeitablauf beenden, sowie alle Maßnahmen zur Vermeidung/Abfederung negativer Folgen der Trennung für Unternehmen und ehemaligen Mitarbeiter (Tabelle 3.7).

Im Trennungsmanagement wird häufig externe Unterstützung in Form von Rechtsberatung und für die Durchführung von Outplacement-Maßnahmen in Anspruch genommen. Im Falle von geplanten Massenentlassungen werden insbesondere bei erstmaliger Durchführung externe Berater für die Vorbereitung der Sozialauswahl eingeschaltet.

Falls der Rekrutierungsprozess und die laufende Mitarbeiterbetreuung outgesourct ist, werden die administrativen Arbeiten im Zusammenhang mit der Beendigung der Arbeitsverhältnisse vom externen Dienstleister übernommen (siehe 3.2.1.1). Ein entsprechendes Leistungsangebot könnte dann wie folgt aussehen[9]:

- Arbeitgeberseitige oder einvernehmliche Beendigung von Arbeitsverhältnissen,
- Erstellung der Kündigungsschreiben,
- Schnittstelle zu Arbeitgeber-Anwälten oder Arbeitgeberverbänden im Rahmen von arbeitsgerichtlichen Auseinandersetzungen,
- Führung der notwendigen Gespräche mit Mitarbeitern/innen, Betriebsrat etc.,
- Rechtssichere Formulierung von Arbeitszeugnissen (Zwischen- und Endzeugnissen).

---

[9]Personalia GmbH: http://www.personalia-gmbh.de/administration_/administration/modul_3.htm, Seitenabruf 18.12.2009.

3.2 Abgrenzung der Personalmanagement-Prozesse

Tabelle 3.7 Prozessübersicht Trennungsmanagement

Input	Teilprozess/Aufgabe	Output
Kündigung des Mitarbeiters Wegfall des Arbeitsplatzes Fehlverhalten	Einzelkündigungen bearbeiten ■ Eigenkündigungen bearbeiten ■ Ordentliche Arbeitgeberkündigungen bearbeiten ■ Außerordentliche Arbeitgeberkündigungen bearbeiten	Beendete Arbeitsverhältnisse
Sanierungsplan Organisationsänderung	Betriebsbedingte Kündigungen/Massenentlassungen bearbeiten ■ Sozialauswahl vorbereiten ■ Interessenausgleich/Sozialplan konzipieren ■ Interessenausgleich/Sozialplan verhandeln ■ Sozialauswahl durchführen ■ Kündigungen durchführen ■ Ausgleichmaßnahmen umsetzen (z.B. Abfindung zahlen, Outplacement, Überleitung in Beschäftigungsgesellschaft	Stellen-Vergleichsgruppen Liste der Leistungsträger Sozial-Punktwerte je MA Verhandlungsergebnis Namensliste Kündigungsschreiben
Eintritt letzter Arbeitstag	Arbeitsverhältnis beenden (Zeugnis, Räumung Arbeitsplatz, Rückgabe Betriebsausweis, Schlüssel, Handy usw., Schließung der IT-Berechtigungen, Ausgleichsquittung, Abgrenzung der Stammdaten)	Zeugnis geräumter Arbeitsplatz
Identifizierte MA	Aufhebungsverträge abschließen	Aufhebungsvertrag Abwicklungsvereinbarung
Erreichen der Altersgrenze Antrag auf Altersteilzeit	Arbeitsverhältnisse altersbedingt beenden ■ Altersteilzeitregelungen durchführen ■ Pensionierungen durchführen	MA in Altersteilzeit MA im Ruhestand

Die Sinnhaftigkeit der Auslagerung einzelner Aufgaben ist allerdings zweifelhaft, insbesondere die Führung von Gesprächen mit Betriebsrat und Mitarbeitern. Diese Aufgaben muss das Unternehmen selbst wahrnehmen.

3.2.2 Managementprozesse

3.2.2.1 HR-Strategie/Governance

Der HR-Strategie- und Governance-Prozess umfasst die Festlegung der langfristigen Ziele des Personalbereiches und der Personalpolitik, die Definition der Mittel und Wege zur Erreichung der Ziele sowie die Schaffung des strukturellen Rahmens für die Leistungsverbesserung des eingesetzten Humankapitals (Tabelle 3.8).

Tabelle 3.8 Prozessübersicht Strategie und Governance

Input	Teilprozess/Aufgabe	Output
Geschäftsstrategie HR-Trends Kundenbefragung Stakeholder-Erwartungen	HR-Strategieprozess managen • Strategieprozess initiieren • Marktanalyse durchführen • Trends und Best Practices erheben • SWOT-Analyse von HR durchführen • Vision und Langfristziele festlegen	Transformations-tabelle SWOT-Profil HR-Vision HR-Langfristziele
HR-Vision HR-Langfristziele	HR-Governance gestalten • Grundsätze der Personalpolitik festlegen • Strategische Maßnahmen priorisieren • Messwerte und Zielwerte festlegen • HR-Struktur konzipieren	Personalpolitische Grundsätze Maßnahmenkatalog Mess-/Zielwerte Organigramm
HR-Vision HR-Langfristziele	• Umsetzung planen • Planung realisieren/implementieren • Zielerreichung messen	Umsetzungsplan Umsetzungsbe-schluss Strategische Controllingreports Umgesetzte Struktur

Der Strategie und Governance-Prozess kann während der Projektphase durch externe Berater unterstützt werden. Ein dauerhaftes Outsourcing verbietet sich, da es sich um eine HR-Kernleistung handelt.

3.2.2.2 HR-Controlling

Ziel des HR-Controlling-Prozesses[10] ist es,

- Controllingsysteme zu gestalten und zu pflegen,
- in sich wiederholenden Schritten von Planung, Steuerung, Abweichungskontrolle und Ursachenanalyse für Kosten-, Ergebnis- Risiko- und Prozesstransparenz zu sorgen,
- Entscheidungsträger bei der Navigation zur Zielerreichung zu unterstützen (Tabelle 3.9).[11]

Externe Dienstleister bieten die Erstellung von Personalstatistiken an, insbesondere wenn die Pflege der Personaldaten im Personalinformationssystem (PIS) an sie

---

[10] Definitionen von Personalcontrolling decken in der Praxis oft nur Teilaspekte des Controlling ab: z.B. Maßnahmen zur zielgerichteten Steuerung personalwirtschaftlicher Prozesse, Instrument zur Unterstützung der Personalarbeit, dient der Steigerung der Wettbewerbsfähigkeit, ist Steuerung der Wertschöpfung, vgl. DGFP (Hrsg.): Personalcontrolling in der Praxis, Stuttgart 2001, Seite 19

[11] vgl. International Group of Controlling (IGC): Controlling-Wörterbuch, Stuttgart 2001, Seite 42 ff.

3.2 Abgrenzung der Personalmanagement-Prozesse

Tabelle 3.9 Prozessübersicht HR-Controlling

Input	Teilprozess/Aufgabe	Output
HR-Strategie Informationsanforderungen	Controlling-Konzept entwickeln ■ Ziele festlegen ■ Steuerungsgrößen und Zielwerte definieren ■ Methoden und Instrumente designen ■ Reichweite des Konzeptes festlegen ■ Reporting-Formate, Zeitpunkte, Empfänger bestimmen	Controllingkonzept Einführungs-/Umsetzungsplan
Einführungsplan Controllingkonzept Rohdaten/ Auswertungen	Controlling-Regelkreis etablieren ■ Personalplanung durchführen ■ Personal-Risiko-Management durchführen ■ Prozess-Controlling (Mengen, Zeiten, Kosten, Qualität) durchführen ■ Periodisches Kosten- und Kapazitätscontrolling durchführen ■ Wertschöpfungsmessung durchführen ■ Jahresabschlussinformationen ermitteln und liefern Controlling Konzept evaluieren Controlling-Prozess evaluieren	Stellenstrukturplan, Kapazitätsplanung, Kostenplanung Prozesskennziffern MA-Zahlen, Rückstellungen, Ausgleichsabgabe

ausgelagert wurde. Da Controlling im eigentlichen Wortsinne ‚Steuerung' bedeutet, verbietet sich die Auslagerung der Controllingfunktion. Die Erstellung von Auswertungen nach Vorgabe und die Beschaffung von qualitätsgesichertem Datenmaterial durch Externe ist akzeptabel, solange die Interpretation der Daten, die Ableitung von Handlungsempfehlungen und die entsprechenden Entscheidungen im Unternehmen bleiben.

3.2.2.3 HR-Organisationsmanagement

Der HR-Organisations-Management-Prozess zielt auf die Bereitstellung standardisierter Hilfsmittel für die Durchführung von Projekten und die Gestaltung von Prozessen. In Personalprojekte involvierte und mit dem Prozessdesign befasste Mitarbeiter werden in der Anwendung des Regelwerkes und Instrumentariums geschult und gecoacht (Tabelle 3.10).

Stillstand ist Rückschritt, was besagt, dass die Organisation einer permanenten Pflege bedarf. Projekte können durch externe Berater durchgeführt werden. Es wird jedoch chaotisch, wenn jeder Berater z.B. seine eigenen Reporting-, Controlling- und Kommunikationsstandards mitbringt. Der Auftraggeber muss hier einen Rahmen setzen und diesen permanent auf Aktualität und Zweckmäßigkeit prüfen und ggf. anpassen.

Prozesse unterliegen einer permanenten Änderung und damit Anpassungsnotwendigkeit, da einerseits externe (z.B. rechtliche Änderungen) oder interne

Tabelle 3.10 Prozessübersicht HR-Organisations-Management

Input	Teilprozess/Aufgabe	Output
Projektauftrag	Projektmanagement-Regeln entwickeln ▪ Projektinitialisierung strukturieren ▪ Projektplanung standardisieren ▪ Projektdurchführungsphase regeln Projektmonitoring & -controlling regeln	Projektskizze Projektstrukturplan Projektablaufplan Ressourcenplan Projektorganisation Kostenplanung Dokumentationsregeln Projektreports Kommunikationsstandards Qualitätssicherungsverfahren Controllingberichte
Projektauftrag	Prozess-Management-Module entwickeln ▪ Analysephase gestalten ▪ Designphase regeln ▪ Implementierungsphase regeln	Prozessanalyse-Werkzeuge Standards für Prozessbeschreibungen Policyformate Prozess-Checklisten Konzept der Prozessverantwortung Prozesskennzahlen Formblätter für Maßnahmenplanung/Prozess-Aktionspläne Prozessmanagement-Handbuch Netzwerk-Directory mit Templates
Entwickelte Konzepte und Regeln	Mitarbeiter mit der Anwendung des Instrumentariums vertraut machen	Geschulte Mitarbeiter

Faktoren (z.B. IT-Systemänderungen) und andererseits Verbesserungsideen zu berücksichtigen sind. Oft sind dies kleinere Anpassungen. Dafür jeweils einen Externen zu betrauen erscheint etwas ineffizient. Damit eine kontinuierliche Verbesserung der Prozesse tatsächlich auch vorgenommen wird, muss eine Prozessverantwortung für den gesamten Prozess über aufbauorganisatorische Grenzen hinweg etabliert werden. Die Prozessverantwortung kann auf gar keinen Fall outgesourct werden; beim Doing stellt sich im Einzelfall die Effizienzfrage.

3.2.2.4 HR-Produktentwicklung

Der HR-Produktentwicklungsprozess zielt auf die systematische Bereitstellung anforderungsgerecht entwickelter Produkte einschließlich einer Zielgruppenadäquaten Produktinformation um damit maximalen Nutzen für die Organisation und Ihre Mitglieder zu erzielen. Das schließt Produktlebenszyklus-orientierte Anpassungen des Produktes ein (Regelkreis) (Tabelle 3.11).

3.2 Abgrenzung der Personalmanagement-Prozesse

Tabelle 3.11 Prozessübersicht HR-Produktentwicklung

Input	Teilprozess/Aufgabe	Output
Umfeldanalyse Nutzerinformationen Change Request	Produktanforderungen managen ■ Produktanforderungen definieren ■ Qualitätskriterien identifizieren ■ Freigabekriterien definieren	Lastenheft Anforderungskatalog
Lastenheft Anforderungskatalog	Produkte designen ■ Realisierungsideen bewerten ■ Produktkomponenten entwickeln ■ Komponenten integrieren ■ Produkt dokumentieren ■ Produktqualität prüfen ■ Produkttests durchführen ■ Einführung planen	Produktbeschreibung Prozessbeschreibung Qualitätsprüfungs-Protokoll Protokoll des Customer Acceptance Test Roll out Plan
Produkt-/ Prozessbeschreibung Zielgruppenauswertung	Produkttrainings durchführen ■ Trainings planen ■ Trainings konzipieren ■ Zielgruppen trainieren	Teilnehmerliste Trainingskonzept Geschulte Anwender
Einführungsplan	Produkte einführen ■ Produkt bekannt machen ■ Produkt bereitstellen ■ Produktnutzung unterstützen ■ Produktnutzung auswerten	Produktinformation Produkt steht Anwendern zur Verfügung Hotline-Support

Die Entwicklung von HR-Produkten und personalwirtschaftlichen Instrumenten kann bedarfsorientiert als Projekt outgesourct werden. Die Verantwortung, ein marktgerechtes Instrumentarium bereit zu halten ist eine nicht auslagerbare Verantwortung des Unternehmens.

3.2.2.5 Labour Relations Management

Das Labour Relations Management gestaltet die Beziehungen einschließlich der Kommunikationsbeziehungen zwischen dem Arbeitgeber bzw. seinen Beauftragten einerseits und einzelnen Arbeitnehmern bzw. den relevanten in- und externen Arbeitnehmervertretungen andererseits (Vertretungsorgane nach BetrVG, LPVG, SprAuG, § 94 SGB IX, Diversity Beauftragte, Gewerkschaften). Das Beziehungsmanagement ist unmittelbares Spiegelbild des im Unternehmen gelebten Wertesystems (Tabelle 3.12).

Das Labour Relations Management ist für Outsourcing ungeeignet. Ein Unternehmen, das nicht mehr selbst mit seinen Arbeitnehmern und Arbeitnehmervertretungen spricht, sondern einen externen Dienstleister sprechen lässt, disqualifiziert sich selbst.

Tabelle 3.12 Prozessübersicht Labour Relations Management

Input	Teilprozess/Aufgabe	Output
BetrVG/LPVG SprAuG SGB IX	Zusammenarbeit organisieren ▪ Gesetzliche Informationserfordernisse sicherstellen (Betriebsrat, Vertretung der Leitenden Angestellten, Wirtschaftsausschuss, Vertrauensperson behinderter Menschen) ▪ Beratungsverfahren durchführen ▪ Mitbestimmungsverfahren durchführen	Policy Prozessbeschreibung Vereinbarungen
HR-Ziele HR-Strategie HR-Vorhaben	Interne HR-Kommunikation gestalten ▪ Kommunikationskonzept erstellen (siehe HR-Produktentwicklung) ▪ Kommunikationskanäle bedienen ▪ Wirkung kontrollieren	Kommunikationskonzept Beiträge und Veranstaltungen
MA-Befragung Best Practice-Beispiele Unternehmensleitbild	Führungsgrundsätze/-leitlinien etablieren ▪ Leitlinien konzipieren ▪ Leitlinien veröffentlichen ▪ Führungskräfte schulen ▪ Informationsmärkte für MA durchführen ▪ Einhaltung kontrollieren (siehe „Beurteilung & Honorierung")	Veröffentlichte Grundsätze/Policy Geschulte FK Informierte MA Ergebnisse der Umsetzungsmessung
Führungsgrundsätze	Beschwerdeprozess implementieren	Beschwerde Policy Etablierte Strukturen

Dies dürfte nach allgemeiner Auffassung nicht dem Grundsatz der vertrauensvollen Zusammenarbeit (BetrVG § 2, 1) entsprechen. Die Zulieferung einzelner Leistungen auf Projektbasis widerspricht dem nicht.

3.2.3 Infrastruktur- und Serviceprozesse

3.2.3.1 Lieferantenmanagement

Das Lieferantenmanagement umfasst die Aufgabe, Lieferantenportfolios zu entwickeln, Abnehmer-Lieferanten-Beziehungen systematisch zu steuern, die Lieferanten zu entwickeln und zu integrieren und die Risiken des Vertragsverhältnisses beherrschbar zu machen (Tabelle 3.13).

Dieser Prozess nimmt in dem Maße an Bedeutung zu, in dem administrative Leistungen (z.B. Gehaltsabrechnung, Reisekostenabrechnung) oder Teile der HR-Kernprozesse (z.B. Bewerberservice, Seminare/Trainings-, Fortbildungsadministration, Vergütungs-Benchmarks, arbeitsrechtliche Gutachten) von externen Dienstleistern bezogen werden. Lieferanten aus dem Konzern (andere Konzerngesellschaften) sind prinzipiell in den Lieferantenmanagement Prozess einzubeziehen.

Wie Eingangs bereits dargestellt steigt die Bedeutung dieses Prozesses mit dem Umfang der ausgelagerten HR-Aktivitäten. Das Lieferantenmanagement ist

3.2 Abgrenzung der Personalmanagement-Prozesse

Tabelle 3.13 Prozessübersicht Lieferantenmanagement

Input	Teilprozess/Aufgabe	Output
Lieferantenauswertung	Vorhandene Lieferantenbasis gestalten ■ Bewertungsprozess und -kriterien festlegen ■ Leistungsfähigkeit bewerten ■ Vorzugs-Dienstleister auswählen ■ Lieferantenfähigkeiten auf-/ausbauen ■ Lieferanten ein-/ausphasen	Lieferantenbeurteilung Lieferantenportfolio
Beschaffungsauftrag	Dienstleistungen einkaufen ■ Leistungsbeschreibung erstellen ■ Leistungen ausschreiben ■ Beauty Contests durchführen ■ Dienstleister auswählen	Leistungsbeschreibung Ausschreibung Ausgewählter Dienstleister
Ausgewählter Dienstleister	Verträge mit Dienstleistern managen ■ Verträge verhandeln ■ Verträge abschließen ■ Service Level Agreements kontrollieren ■ Abweichungen reklamieren ■ Eskalationsprozess durchführen ■ Verträge erfüllen	Abgeschlossener Vertrag
SLA-Abweichung Eskalation Neuer Vertrag Unternehmensmeldung	Risiken managen ■ Risiken identifizieren ■ Risiken quantifizieren ■ Gegensteuerungsmaßnahmen einleiten ■ Risiken überwachen	Qualitäts-, Prozess-, Zuverlässigkeits-, Preis-, Insolvenzrisiko, Mitarbeiterrisiko

eine Steuerungsfunktion und sollte grundsätzlich in der Hand des Unternehmens verbleiben. Gleichwohl wird auch die Übernahme dieser Funktion von HR-Outsourcing-Dienstleistern angeboten.[12] Wenn ein Unternehmen das Management seiner externen Dienstleister im Rahmen eines ‚Third Party Management' auslagert, ist jedoch darauf zu achten, dass der beauftragte Dienstleister nach den Grundsätzen des Lieferantenmanagement gesteuert wird und entsprechende Rahmenvorgaben erhält.

3.2.3.2 HR-Informationsmanagement

Das HR-Informationsmanagement ist zuständig für Planung, Gestaltung und Steuerung von Informationen und Kommunikation in der Organisation als Unterstützungsmaßnahme der strategischen HR-Zielerreichung.

---

[12] http://www.excelleratehro.com/services/hroutsourcing/downloads/hroutsourcing_a4.pdf, Seitenabruf 21.12.2009.

In diesem Zusammenhang sind

- der Informationsbedarf zu erfassen (Präzisierung des erforderlichen Informationsinhaltes, der Darstellungsform, des Zeitpunktes des Bedarfs und des Aufgabenzusammenhangs),
- das Informationsangebot zu planen (Erfassen der Informationsbestände und -quellen),
- die benötigten Informationen verfügbar zu machen (geeignete physische und logische Aufbereitung der Information, Sicherstellung des Zugriff auf Informationsquellen in technischer und rechtlicher Hinsicht),
- die Informationsversorgung zu organisieren (Verantwortung für Datenpflege regeln, Informationsnutzung regeln) (Tabelle 3.14).

Der Informationsmanagementprozess muss, soweit eine Steuerungsfunktion wahrgenommen wird, im Unternehmen bleiben, selbst wenn das Unternehmen fremde IT-Systeme im Wege des Application Service Providing (ASP) nutzt, d. h.

Tabelle 3.14 Prozessübersicht HR-Informationsmanagement

Input	Teilprozess/Aufgabe	Output
Erfordernis einer neuen Funktionalität Neue IT-Anwendung	HR IT-Systeme fachlich betreuen - fachliche IT-Anforderungen definieren - Fachtests durchführen - Second Level Support bereitstellen	Lastenheft Getestete Software
Arbeitsvertrag Vertragsergänzungen Entscheidungsvorlagen	Physische Dokumente archivieren - Personalakten führen - Ablage sonstiger Dokumente durchführen	Geordnete Ablage
Initiative zur Straffung der Informationsprozesse, Auftrag zur Verbesserung der Prozessreife	Informationsaustausch HR-intern organisieren - Shared Information festlegen - Directory-Struktur im PC-Netzwerk definieren - Berechtigungsstrukturen für IT-Systeme festlegen - Elektronisches Bereichshandbuch etablieren	Wissendatenbank, beschriebene Prozesse, Methoden, Instrumente
Initiative zur Verbesserung der Datenqualität	HR-Data Management durchführen - Datenfeld-Inhalte definieren - Daten erfassen und pflegen - Reports produzieren - Datenqualität managen - Verfahren und Berechtigung zur Datennutzung festlegen	Aktuelle, korrekte, konsistente Daten

dass ein Dienstleiser das System hostet und es nach Anforderung seiner Kunden weiterentwickelt. Die Möglichkeiten zur Bestimmung der fachlichen Anforderungen sind zwar bei ASP eingeschränkt aber im Rahmen der Absprache mit anderen Nutzern möglich.

Für eine Fremdvergabe geeignet sind die physische Aktenarchivierung, die Digitalisierung physischer Dokumente, die Datenerfassung/-pflege, Produktion von Reports nach Vorgabe, die Einrichtung von Zugriffsberechtigungen in den Systemen oder eine projektbezogene Beratung.

3.2.3.3 HR-Administration

Im HR-Administrationsprozess werden die sich aus den Mitarbeiterverträgen ergebenden, verwaltenden, buchhaltungsorientierten Routineaufgaben abgewickelt. Die HR-Administrationsprozesse beinhalten eine Geld- oder Sachleistung oder zumindest die Begründung eines Anspruchs, der zu einem späteren Zeitpunkt auszugleichen ist. Kennzeichen der wahrzunehmenden Aufgaben ist eine hohe in- und externe Regelungsdichte (z.b. steuerliche, sozialversicherungsrechtliche Bestimmungen, Regelungen der betrieblichen Sozialleistungen), die zu einer hohen Verwaltungskomplexität führen kann (Tabelle 3.15).

Der HR-Administrationsprozess ist der Ursprung und nach wie vor der Schwerpunkt des HR-Outsourcing. Neben den generalistisch aufgestellten Outsourcing Anbietern (z.b. Hewitt Associates, Excellerate HRO, TDS, Accenture) hat sich am Markt eine Reihe von spezialisierten Anbietern, insbesondere für die Administration der betrieblichen Altersvorsorge, etabliert (z.b. Mercer, Watson Wyatt).

Wie bereits zu Beginn des Kapitels erwähnt, sind die vorstehend dargestellten Strukturen geordnete Stoffsammlungen, welche Funktionen, Teilprozesse, Aktivitäten einem Prozess zugeordnet werden sollen. Wenn ein bestehender Prozess in seinem detaillierten Ablauf dokumentiert werden soll oder ein Prozess völlig neu zu modellieren ist, bieten sich andere Darstellungsformen an, die in Kap. 9 detailliert vorgestellt werden.

3.3 Prozessverknüpfungen

Bevor man die Optimierung einzelner Prozesse betreibt, ist es ratsam, sich die Beziehungen und Verknüpfungen des zu verbessernden Prozesses zu anderen Prozessen zu vergegenwärtigen und zu entscheiden, welche angrenzenden Prozesse in das Optimierungsprojekt einzubeziehen sind. Warum ist das erforderlich?

Jeder Prozess, auch jeder rein innerbetriebliche Prozess, beginnt mit einem Input. Input wird oft geliefert durch Bereitstellung von Daten, die dann weiter zu verarbeiten sind. Für ein reibungsloses Ineinandergreifen der Prozesse ist eine Absprache erforderlich, wer, wann, welche Daten, in welchem Format und welcher Qualität (z.B. Aktualitätsstatus) anliefert und wie dieser Output im nächsten Prozess als Input übernommen wird.

Tabelle 3.15 Prozessübersicht HR-Administration

Input	Teilprozess/Aufgabe	Output
Vertragliche Vereinbarung, Tarifänderung, Gehaltsänderung, Änderung von Beitragssätzen, Pfändungsbeschluss	Vergütung (Gehalt, Betriebsrente) abrechnen ▪ Bruttovergütung ermitteln ▪ Netto-Abrechnung erstellen ▪ Zahlungen anstoßen ▪ Meldungen bearbeiten ▪ Steuern und Sozialabgaben abführen ▪ Konten führen & abstimmen ▪ Pfändungen bearbeiten	Überwiesene Gehälter Lohnsteuervoranmeldung Beitragsnachweise Jahresmeldung SV
Gesetzliche Vorgabe Antrag des AN	Bescheinigungen ausstellen	Jahreslohnbescheinigung
Neueintritt Austritt	Mitarbeiter bei der Kranken-/ Sozialversicherung an-/abmelden	Erfolgte An- bzw. Abmeldung
Dienstreise Erstattungsantrag	Reisekosten abrechnen ▪ Dienstreise genehmigen ▪ Reisedaten erfassen ▪ Reisedaten und Belege plausibilisieren ▪ Abrechnung freigeben ▪ Zahlung veranlassen	Erstattete Reisekosten
Vom AN erfasste Arbeitszeit	Arbeitszeit administrieren ▪ Lebensarbeitszeitkonten incl. Insolvenzsicherung ▪ Kurzzeitkonten	Aktuelle Zeitkonten
Antrag des MA Antrag der FK	Benefits administrieren ▪ Kantine/Essensgutscheine ▪ Job-Ticket ▪ Firmenwagen ▪ Parkplatz ▪ Mitarbeiterdarlehen ▪ Familiy Service ▪ Sabbatical ▪ Sonstige	Genehmigter Antrag
Antrag des MA Antrag der FK Zeitablauf	Betriebliche Altersversorgung administrieren ▪ Direktzusage ▪ Unterstützungskasse ▪ Entgeltumwandlung ▪ Direktversicherung ▪ Pensionsfonds/Pensionskasse ▪ Insolvenzsicherung der BAV	Zusage einer AV Zahlung

Liefert der Vorprozess also qualitativ fragwürdigen Output, besteht eine hohe Wahrscheinlichkeit, dass auch der Folgeprozess trotz erfolgter Prozessoptimierung qualitativ mangelhafte Leistungen/Produkte erzeugt. Hier gilt der einfache Grundsatz: „garbage in, garbage out", d. h. wenn ich Müll einspeise, kommt auch

3.3 Prozessverknüpfungen

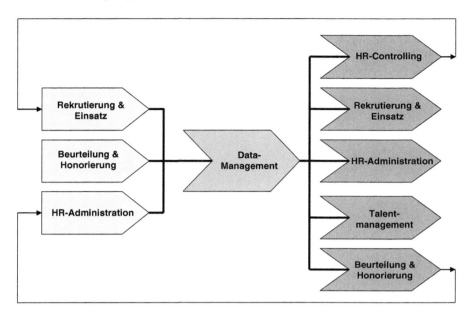

Abb. 3.6 Prozessverknüpfungen

Müll aus dem Prozess heraus. Erfolgskritisch ist somit die Qualität der jeweiligen Vorprozesse in der Prozesskette.

Ein besonders einleuchtendes Beispiel dürfte der Teilprozess, HR-Data-Management' aus dem HR-Informationsmanagement sein (Abb. 3.6). Er empfängt Daten aus den Prozessen

- Rekrutierung & Einsatz (z.B. Stellendaten aus einer Versetzung),
- Beurteilung & Honorierung (z.B. Gehaltserhöhung aus dem Compensation Review Process),
- HR-Adminstration (z.B. Altersversorgungsdaten).

Gleichzeitig beliefert HR-Data-Management die Prozesse

- HR-Controlling,
- Rekrutierung & Einsatz,
- Talent Management,
- Beurteilung & Honorierung,
- HR-Administration,

mit aktuellen Daten aus dem Personalinformationssystem (z.B. Gehaltsdaten, Beurteilungsdaten, Einsatzstellen, Stammdaten für die Reisekostenabrechnung). Diese Prozesse liefern ihrerseits wieder Input für andere Prozesse, z.B. HR-Controlling liefert Personalplanungsdaten an Rekrutierung & Einsatz.

Eine Optimierung der rechts abgebildeten Prozesse ohne gleichzeitige Betrachtung der Datenpflegeprozesse und des Zustandes der Datenqualität wäre also nicht besonders sinnvoll. Derartige Überlegungen sind vor jedem Projekt zur Verbesserung der Prozessqualität anzustellen.

Kapitel 4
Fähigkeitsgrad von Prozessen

4.1 Fähigkeitsgrade

Wie bereits in Abschn. 2.2 dargestellt, zielen Maturity Modelle darauf ab, die Qualität von Prozessen oder Abläufen in Organisationen zu verbessern. Dabei ist „Prozessqualität ein Ziel, das die Fähigkeit von Aufgabenfolgen bewertet, beherrschbar und fehlerfrei abzulaufen".[1] Prozesse werden umso beherrschbarer und fehlerfreier, je transparenter und weniger komplex sie sind. Letztlich gilt sogar, dass „eine überragende Produktqualität nur unter der unabdingbaren Voraussetzung einer entsprechenden Prozessqualität zu gewährleisten"[2] ist.

Prozesstransparenz meint hier sowohl eine Prozessstruktur-Transparenz (wie läuft der Prozess ab?) als auch eine Prozess-Leistungstransparenz (wie ist das Ergebnis des Prozesses?).

Das Ziel der Prozessstruktur-Transparenz wird unterstützt durch[3]:

- Darstellung der Abläufe, die das Erkennen der kritischen Prozessbereiche (Schnittstellen, Prozessschleifen, Doppelarbeiten usw.) ermöglicht,
- Festlegung der Verantwortlichkeiten im Prozess; das beinhaltet sowohl die Zuordnung der einzelnen Arbeitsschritte zu den beteiligten Funktionsträgern als auch die Zuordnung einer Gesamtprozess-Verantwortung,
- Erstellung von Richtlinien/Arbeitsanweisungen und Festlegung der im Prozess einzusetzenden Hilfsmittel (Werkzeuge/Tools, Methoden, Systeme); je häufiger der Prozess stattfindet, desto sinnvoller ist es den Prozess zu standardisieren, ihn technisch zu unterstützen oder sogar zu automatisieren,
- Ausarbeitung von Leistungsvereinbarungen (Service Level Agreements) mit externen und/oder internen Lieferanten, z.B. über Lieferzeitpunkt, Lieferumfang, Lieferqualität,
- Schulung und Einarbeitung der beteiligten Mitarbeiter,
- Definition eines strukturierten Messsystems, das eine Erfassung der Prozessleistungsfähigkeit zulässt.

---

[1] Fischermanns, Guido: Praxishandbuch Prozessmanagement, Gießen 2009, Seite 223.
[2] Bogaschewsky, R./Rollberg, R.: Prozessorientiertes Management, Berlin 1998, Seite 146.
[3] Gaitanides/Scholz/Vrohlings/Raster: Prozessmanagement, München 1994, Seite 41.

Mit der Definition eines strukturierten Messsystems wird gleichzeitig ein Schritt in Richtung der Prozess-Leistungstransparenz getan.

Die Erfassung der Prozessleistung erfolgt i. d. R. mittels Prozesskennzahlen, die speziell für diesen Zweck zu entwickeln und zu erheben sind. Dabei ist einerseits zu messen, ob die produzierte Leistung den definierten Vorgaben entspricht, andererseits muss gewährleistet sein, dass die erbrachte Leistung den Kundenanforderungen entspricht, was sich in der Kundenzufriedenheit niederschlägt. Ob das Prozessergebnis den definierten Vorgaben entspricht, ist letztlich davon abhängig, wie viele Fehler und Abweichungen im Prozess toleriert werden.[4] Eine Prozess begleitende Messung der Prozessleistung stellt neben der Erhebung der Fehler und Abweichungen ab auf die Prozesszeit (Bearbeitungszeit + Liegezeit + Transportzeit = Durchlaufzeit) und die Prozesskosten. Damit gilt:

Prozessperformance = f (Fehlerrate, Prozesszeit, Prozesskosten)

Die Herstellung von Prozessqualität durch verbesserte Transparenz letztlich mit dem Ziel, die Kundenzufriedenheit zu erhöhen, ist ein kontinuierlicher Prozess, der einem evolutionären Pfad folgt. Dabei können typische Qualitätsstufen (Levels) und typische Maßnahmen auf dem Weg dorthin identifiziert werden. In Anlehnung an CMMI wird hier von 5 Qualitätsstufen ausgegangen.[5] Diese werden als Fähigkeitsgrade oder Fähigkeitslevel bezeichnet und sind wie folgt typisiert (Abb. 4.1):

Level 1: Unvollständige Prozesse

Prozesse sind wie eine Blackbox, sie laufen gewöhnlich ad hoc und chaotisch ab. Es existiert kein stabiles Regelwerk zur Prozessunterstützung. Das Arbeitsergebnis ist

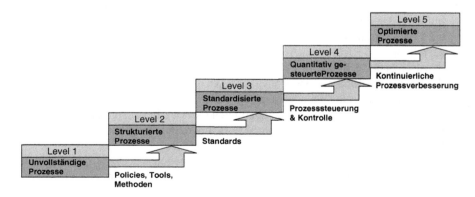

Abb. 4.1 Fähigkeitsgrade von Prozessen

---

[4]Gaitanides/Scholz/Vrohlings/Raster: Prozessmanagement, München 1994, Seite 58.
[5]Carnegie Mellon University, SEI: CMMI for Development 1.2, Pittsburgh 2006, Seite 35 ff.

ausschließlich abhängig von der Kompetenz der handelnden Personen. Leistungen können nicht systematisch reproduziert werden.

Level 2: Strukturierte Prozesse

Prozesse sind geplant und werden in Übereinstimmung mit den jeweils geltenden Grundsätzen und festgelegten Methoden und Instrumenten durchgeführt. Die Schnittstellen sind nach dem Prinzip ‚wer, was, wann, wie?' beschrieben. Mitarbeiter sind für die Tätigkeit ausgebildet. Angemessene Ressourcen für die Produktion eines kontrollierten Arbeitsergebnisses stehen zur Verfügung. Die relevanten Stakeholder sind involviert. Der Prozess wird überwacht, kontrolliert und überprüft. Er wird bewertet hinsichtlich der Einhaltung der geltenden Grundsätze. Eine einheitliche Prozessdurchführung durch verschiedene Organisationen (Personalbereiche) im Unternehmen/Konzern ist nicht gewährleistet.

Level 3: Standardisierte Prozesse

Die erfolgskritischen Elemente der Prozesse sind standardisiert. Die Standardisierung beinhaltet Regeln und Programme, die für alle vergleichbaren Situationen unabhängig von der ausführenden Person festgelegt sind[6] (z.B. Arbeitsanweisungen, Formblätter, festgelegte Informationspflichten, Notfallpläne). (IT-) Systeme sind vereinheitlicht, Prozesse mit hoher Frequenz sind automatisiert. Diese Standardprozesse sind im gesamten Unternehmen (Konzern) etabliert, werden im Zeitverlauf verbessert und sorgen für Konsistenz in der Gesamtorganisation.

Level 4: Quantitativ gesteuerte Prozesse

Das Prozessmanagement basiert auf quantitativen Zielen für die Prozessperformance. Quantitative Ziele sind abgeleitet aus den Bedürfnissen der Kunden und des Unternehmens.

Level 5: Optimierte Prozesse

Prozesse werden kontinuierlich verbessert. Quantitative Ziele der Prozessverbesserung, die regelmäßig überprüft werden (Verifizierung), sind etabliert; die Zielerreichung wird bewertet (Evaluation).

Mit jeder der o. g. Fähigkeitsstufen steigt die ‚Sichtbarkeit des Innenlebens' der Prozesse (Abb. 4.2).

---

[6]Wildemann, Horst: Produktivitätsmanagement, München 1997, Seite 69.

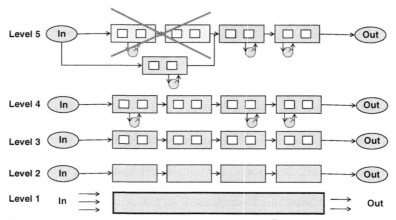

Abb. 4.2 Prozesstransparenz auf verschiedenen Fähigkeitsstufen[7]

4.2 Generische Prozessattribute

Jeder im vorstehenden Kapitel beschriebene Fähigkeitslevel wird in HR-3M durch Prozessattribute und generische Umsetzungspraktiken (generic practices/ To

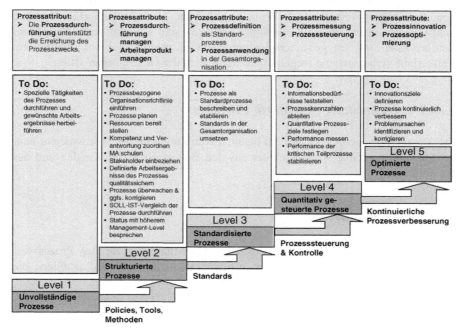

Abb. 4.3 Generische Prozessattribute

---

[7]Wagner/Dürr: Reifegrad nach ISO/IEC 15504 (SPiCE) ermitteln, München 2007, Seite 13.

4.2 Generische Prozessattribute

do's) inhaltlich charakterisiert. Dabei werden generische Attribute und Umsetzungspraktiken, die für alle Prozesse gelten, und spezifische Attribute und Umsetzungspraktiken, die nur für einzelne Prozesse gelten, unterschieden. Prozessattribute sind messbare Charakteristiken der Prozesse (Abb. 4.3).

Die folgende Beschreibung der Ziele, Prozessattribute und To Do's (Umsetzungspraktiken, generic practices) orientieren sich primär an den Ausführungen des CMMI® for Development, Version 1.2, des Software Engineering Institute (SEI) der Carnegie Mellon University, Pittsburgh.[8] Sie werden punktuell ergänzt um Erfahrungen aus dem Prozessmanagement und Qualitätsmanagement (ISO 9001:2007, ISO/IEC 15504 (SPiCE) und Qualitätsmanagement-Modell der EFQM).

4.2.1 Unvollständige Prozesse (Level 1)

Ziel:	Der Prozess unterstützt und ermöglicht die Erreichung der jeweiligen Prozessziele durch Transformation identifizierbaren Inputs in identifizierbare Arbeitsergebnisse.
Prozessattribute	Die Prozessdurchführung unterstützt die Erreichung des Prozesszwecks. (1.1)
To Do:	**1.1** Die Tätigkeiten des Prozesses durchführen und die gewünschten Arbeitsergebnisse herbeiführen

Die erforderlichen Tätigkeiten werden informell durchgeführt, ohne dass sie einem dokumentierten Prozess oder Plan folgen. Die Stringenz, mit der die Tätigkeiten des Prozesses durchgeführt werden, ist abhängig von den Mitarbeitern, die die Arbeit strukturieren und ausführen. Die Arbeitsergebnisse werden in Abhängigkeit von den Fertigkeiten der Akteure variieren. Erzielte Ergebnisse sind nur im Ausnahmefall reproduzierbar.

4.2.2 Strukturierte Prozesse (Level 2)

Ziel:	Der Prozess ist als strukturierter, gemanagter Prozess institutionalisiert.
Prozessattribute	Prozessdurchführung managen (2.1–2.6 und 2.8–2.10) Arbeitsprodukt managen (2.7)
To Do:	**2.1** Eine prozessbezogene Organisationsrichtlinie etablieren und pflegen

---

[8] SEI: CMMI® for Development, Version 1.2, Seite 81 ff.

Mit dieser Leitlinie macht das Management die mit dem Prozess verbundenen Erwartungen für diejenigen sichtbar, die durch den Prozess tangiert sind. Dementsprechend sollte die Organisationsrichtlinie (Leitlinie, Policy) Aussagen enthalten über

- die Ziele des Prozesses, z.B. hinsichtlich Qualität der erzeugten Leistung, Responsezeiten,
- den Umfang der Prozessdurchführung,
- die Abgrenzung des Prozesses.

Die Organisationsrichtlinien für verschiedene Prozesse sollten kohärent sein und müssen als Hard- oder Softcopy für alle Prozessbeteiligten zugänglich sein.

2.2 Den Prozess planen

Die Prozessplanung beinhaltet im Wesentlichen die Beschreibung und Dokumentation des Ablaufes. Typischerweise enthält die Dokumentation

- eine Prozessbeschreibung; Prozessbeschreibungen können auch die Bezeichnung Verfahrensanweisung, Betriebsanweisung, Organisationsanweisung etc. tragen. Prozessbeschreibungen legen die Reihenfolge und Abhängigkeiten der Teilprozesse und Aufgaben fest, definieren die Schnittstellen der Teilprozesse untereinander oder mit anderen Prozessen und legen fest, wie die Aufgaben des Prozesses durchzuführen sind. Sie referenzieren dabei selbst wiederum auf andere Dokumente (z.B. Checklisten, Formulare, Kompetenzmatrizen, Schnittstellenbeschreibungen), IT-Systeme und Daten (z.B. Verzeichnisse, Files, Textbausteine, Eingabemasken).
- Standards und Anforderungen an die Arbeitsergebnisse,
- Ressourcenbedarf,
- Prozessziele hinsichtlich z.B. Qualität, Zeitbedarf, Kosten, Flexibilität,
- Abhängigkeiten von Aktivitäten und Ergebnissen untereinander,
- Zuordnung der Verantwortlichkeiten und Befugnisse,
- Definition von erforderlicher Erfahrung, Wissen und Fertigkeiten zur Prozessdurchführung,
- Plan, wie und wozu eine Einbeziehung der Stakeholder erfolgt,
- Aktivitäten der Überwachung und –steuerung des laufenden Prozesses einschließlich Überprüfung der Zielerreichung,
- Art, Umfang und Zeitpunkt der Qualitätssicherung von Arbeitsergebnissen,
- Management von nachträglichen Prozess Reviews.

Qualität wird durch Vorbeugung, nicht durch Nachbesserung erreicht. Entsprechend diesem Motto werden Ziele besser und billiger erreicht, wenn mehr in die Planung von Arbeitsprozessen investiert wird.[9]

---
[9] Jung, Hans: Personalwirtschaft, München 2008, Seite 917.

2.3 Ressourcen für die Prozessdurchführung bereitstellen

Es ist sicherzustellen, dass die für die Prozessdurchführung und Überwachung geplanten Ressourcen auch tatsächlich zur Verfügung gestellt werden. Als Ressourcen gelten

- die personellen Ressourcen (Mitarbeiterkapazitäten mit den erforderlichen Kenntnissen und Fertigkeiten),
- die Infrastruktur,
  - Systeme,
    IT-Systeme mit ihren für den Prozess erforderlichen Funktionalitäten müssen verfügbar sein. Die erforderlichen Zugriffsrechte müssen eingerichtet sein.
  - Werkzeuge,
    z.B. Formulare, Arbeitsanweisungen, Fachliteratur,
  - Arbeitsumgebung,
    z.B. Räume, Arbeitsplätze,
- finanzielle Ressourcen (Geldmittel),
- Informationen.

Die Verfügbarkeit der erforderlichen Ressourcen muss während des Prozesses aufrechterhalten werden. Für den Fall, dass die Verfügbarkeit gestört ist, müssen Notfallpläne existieren, die den Mitarbeitern bekannt sein müssen.

2.4 Mitarbeitern Kompetenz und Verantwortung für die Prozessdurchführung und die Erstellung der Prozessleistung zuordnen

Grundvoraussetzung für einen funktionierenden Prozess ist die eindeutige und klare Festlegung von Verantwortlichkeiten und Befugnissen im Prozess. Dies ist besonders wichtig für ein effizientes Zusammenwirken der Prozessbeteiligten an den Prozessschnittstellen. Dabei müssen Verantwortlichkeit und Entscheidungsbefugnis übereinstimmen mit der Aufgabe, die dem Mitarbeiter zugeordnet ist. Die Zuordnung von Kompetenz und Verantwortung erfolgt beispielsweise in Stellenbeschreibungen, Funktionendiagrammen oder Zuständigkeitsmatrizen (Muster siehe 9.2)

ISO 9001 fordert für den Aufbau eines prozessorientierten Qualitätsmanagement-Systems u. a. die Festlegung eines Prozessverantwortlichen. Die 1993 getroffene Feststellung von Michael Hammer und James Champy, dass es in den meisten Unternehmen keine Prozessverantwortlichen gibt, da in herkömmlichen

Organisationen nicht in Prozesskategorien gedacht wird,[10] dürfte heute noch zutreffen. Dennoch ist es sinnvoll, einer Person die Verantwortung und die Kompetenz für die gesamte Prozessleistung zu übertragen. Dies sollte ein Manager sein, der eine der am Prozess beteiligten Organisationseinheiten leitet und den Respekt seiner gleichrangigen Kollegen genießt. Aufgabe des Prozessverantwortlichen ist nicht, den Prozess eigenhändig durchzuführen, sondern zu veranlassen, dass die unter Ziffer 2.1 bis 2.10 genannten To Do's tatsächlich durchgeführt werden. Er setzt dazu ggf. erforderliche Projekte auf, motiviert andere Manager, deren Fachbereiche am Prozess beteiligt sind, zur Mitarbeit und treibt die kontinuierliche Verbesserung des Prozesses. Da er nicht in andere funktionale Organisationseinheiten eingreifen kann, was ggf. schon aufgrund von Vorschriften zur Funktionentrennung unmöglich ist, muss er mehr mit Persönlichkeit als mit formaler Autorität die Dinge voran bringen. Kritiker merken an dieser Stelle an, dass dieses Konzept nicht funktionieren könne, weil Aufgabe, Kompetenz und Verantwortung nicht im Einklang stünden. Ja, wenn man Prozessverantwortung Managern überträgt, die ausschließlich nach dem Prinzip „command and control" führen können, dann haben diese Kritiker Recht.

2.5 Mitarbeiter in der Durchführung oder Unterstützung des Prozesses schulen

Ziel des Mitarbeitertrainings ist die Sicherstellung eines einheitlichen Prozessverständnisses sowie die Herbeiführung der erforderlichen Kenntnisse und Fertigkeiten für die Prozessdurchführung. Schulungsbedarf ergibt sich nicht nur bei Übernahme einer neuen Aufgabe, sondern auch bei Einführung neuer Technologien oder Änderungen im Prozess. Die Information der Prozessbeteiligten durch ein Update der Prozessbeschreibung wird bei kleinen Änderungen i. d. R. ausreichen, wenn z.B. per Email auf das Update hingewiesen wird. Es darf nur nicht unterstellt werden, dass Mitarbeiter täglich die für sie relevanten Handbücher und Prozessbeschreibungen nach Updates durchforsten. Umfangreichere Änderungen erfordern eine Schulung. Diese erfolgt nicht nur durch Seminare/Workshops sondern vor allem durch Einweisung am Arbeitsplatz und organisierten Erfahrungsaustausch im Prozessteam.

2.6 Relevante Stakeholder identifizieren und einbeziehen

Ein Stakeholder ist jeder, der mit der Organisation in einer Beziehung des gegenseitigen Gebens und Nehmens steht und ein Interesse an der Erreichung der Organisationsziele hat.[11] Dem folgend sind die relevanten Stakeholder bei den

---

[10] Hammer, Michael/Champy, James: Business Reengineering, Die Radikalkur für das Unternehmen, Frankfurt 1994, Seite 152.
[11] Gucanin, Ane: Total Quality Management mit dem EFQM-Modell, Berlin 2003, Seite 109.

Auftraggebern (Inputgeber), den Abnehmern/Nutzern der Prozessleistung, dem Management und den Mitarbeitern, die den Prozess durchführen, bzw. deren Vertretung (z.B. Betriebsrat) zu identifizieren. Diese Stakeholder sollten, wenn dies angemessen und zweckmäßig ist, in die Definition der Anforderungen, Planung, Entscheidung, Koordination, Reviews, Prozessbeurteilung, Problemlösungen einbezogen werden. Bei der Produktion von Dienstleistungen, und darum handelt es sich im Personalgeschäft, ist insbesondere die Rolle des Kunden als „Co-Produzent" im Blick zu behalten. Mehr als bei anderen Leistungserstellungsprozessen muss hier der Kunde durch Bereitstellung von Informationen, durch Erstellung von anforderungsgerechten Dokumenten (z.B. Personalanforderung), durch Übernahme der Verantwortung für Teilprozesse (z.B. Mitarbeiterbeurteilung) mitwirken. Mängel in der Integration des Kunden in den Leistungserstellungsprozess führen zu Zeitverlusten, erhöhten Prozesskosten und einer geringeren Kundenzufriedenheit. Wenn der Kunde nicht weiß, wann er welche Prozessleistung erbringen soll (mangelnde Prozesstransparenz) und sich der Bedeutung seiner Mitwirkung im Prozess nicht bewusst ist (mangelndes Prozessbewusstsein) muss der Prozessverantwortliche geeignete Integrationsmaßnahmen ergreifen. Der Kunde muss für eine Mitwirkung motiviert werden, der Prozess muss transparent gemacht werden, ggf. muss der Kunde für die Mitwirkung im Prozess geschult werden.

2.7 Für die definierten Prozessleistungen eine Qualitätssicherung durchführen

Grundlage der Qualitätssicherung für die Arbeitsergebnisse sind die in der Prozessplanung festgelegten, mit dem Kunden abgestimmten Anforderungen und Qualitätskriterien und ggf. gesetzlichen/behördlichen Anforderungen des Arbeitsproduktes, z.B. die Produktspezifikationen und Liefertermine. Der Abnehmer bestimmt durch seine teilweise subjektiven Erwartungen, was unter Qualität zu verstehen ist, so dass letztlich die Kundenzufriedenheit zum relevanten Qualitätsmaßstab wird.[12]

Qualitätssichernde Prüfungen sollten im Prozess zu verschiedenen Zeitpunkten bei unterschiedlichen Fertigstellungsgraden der Leistung erfolgen, um Auswirkungen von Fehlern zu minimieren. Im Hinblick auf die Kundenzufriedenheit ist es empfehlenswert, die aus Kundensicht ‚kritischen' Anforderungen und Produktmerkmale in den Fokus der Qualitätssicherung zu nehmen.[13] Art und Umfang dieser Prüfungen (Vollprüfung, Stichprobe), die Freigabekriterien und die durchführenden Personen (Reviewer) sind zu definieren und in einem Prüfplan zu dokumentieren. Bei besonders kritischen Leistungen sollte mindestens einer der Reviewer nicht an der Erstellung der Leistung selbst beteiligt gewesen sein.

Die Endprüfung soll sicherstellen, dass das Endprodukt des Prozesses zum Zeitpunkt der Übergabe an den Kunden nachweislich alle Spezifikationen/ Anforderungen erfüllt. Falls bei der Qualitätssicherung Abweichungen von den

---

[12]Gucanin, Ane: Total Quality Management mit dem EFQM-Modell: Berlin 2003, Seite 71.
[13]Magnusson, Kjell, u. a.: Six Sigma umsetzen, München 2001, Seite 44.

Vorgaben festgestellt werden, müssen die erforderlichen Korrekturmaßnahmen durchgeführt werden.

2.8 Den Prozessablauf im Vergleich zum Plan überwachen und steuern und, falls erforderlich, korrigieren

Die Überwachung und Steuerung des Prozesses wird in der Literatur auch als Prozessmonitoring und -controlling bezeichnet und basiert auf der Erkenntnis, dass man nur das managen kann, was man auch messen kann.[14]

Prozessmonitoring liefert den an der Ausführung der Prozesse beteiligten und berechtigten Mitarbeitern aktuelle Statusinformationen über wesentliche Prozessattribute und Arbeitsergebnisse der laufenden Geschäftsprozesse. Diese Statusinformationen werden mit der geplanten Prozessperformance verglichen und sollten im Idealfall in Echtzeit und nicht erst nach Ablauf des gesamten Prozesses zur Verfügung stehen. Diese Transparenz des Prozessablaufs, bietet die Möglichkeit, Kundenanfragen zu beantworten (z.B. zum Status eines Auftrages), Probleme frühzeitig zu erkennen, Korrekturmaßnahmen zu ergreifen und den weiteren Ablauf zu beeinflussen (Prozesscontrolling).

Die in der Prozessplanung (To Do 2.2) festgelegten Performance-Ziele für

- Qualität (First Pass Yield,[15] Nachfragen bei Kunden, Fehlerrate, Nachbearbeitungskosten),
- Durchlaufzeit (Prozesszeit für Aufgabenpakete/Teilprozesse bestehend aus Bearbeitungszeiten, Liegezeiten, Transportzeiten),
- Bearbeitungszeit,
- Termintreue,
- Flexibilität (Fähigkeit, im Prozess kundenspezifische Varianten in wechselnden Mengen zu produzieren bzw. sich an wechselnde Anforderungen des Umfeldes anzupassen),[16]
- Ressourcenverbrauch,
- Kosten usw.,

müssen an geeigneten Prüfpunkten betrachtet werden. Im Fokus des Interesses sollten vor allem die Schnittstellen zwischen Teilprozessen stehen, die besonders kritisch für den Prozess sind. Signifikante Abweichungen (tolerierbare Abweichungen müssen vorher festgelegt sein) vom Plan sind zu identifizieren und in ihren Auswirkungen zu bewerten. Es ist zu entscheiden, ob Korrekturen in der

---

[14]Drucker, Peter F.: „You only can manage what you can measure."
[15]Unter First Pass Yield (FPY) wird der Prozentsatz an Ergebnissen verstanden, die bereits im ersten Prozessdurchlauf korrekt sind und keine Nacharbeit erfordern.
[16]Bogaschewsky, Ronald/Rollberg, Roland: Prozessorientiertes Management, Berlin 1998, Seite 10 f.

Prozessplanung oder in der Prozessausführung vorzunehmen sind; entsprechende Korrekturmaßnahmen sind dann durchzuführen.

Weniger ist oft mehr. In der Regel kann man eine Vielzahl von messbaren Performance-Zielen festlegen, aber nicht alle sind gleichermaßen erfolgskritisch und nicht alle sind mit einem vertretbaren Aufwand an Zeit und Kosten ermittelbar. Die Auswahl der richtigen Performance-Informationen kann dadurch erleichtert werden, dass man sich fragt, wer welche Informationen zur Wahrnehmung seiner Steuerungsaufgabe wirklich benötigt. Wichtig ist, dass die Prozessdurchführung und nicht nur das Prozessergebnis periodisch oder Anlass-getrieben überwacht wird und im Bedarfsfall Korrekturmaßnahmen auslöst.

Da es sich bei dieser Umsetzungspraktik um ein To Do für Level 2-Prozesse handelt, muss man im Vergleich zu Level 4 (quantitativ gesteuerte Prozesse) hinsichtlich der Messmethoden (realtime, neartime, zeitversetzt), der Häufigkeiten (permanent, punktuell, einmalig) und Messtechniken (automatisiert, technisch unterstützt, personenbezogen) deutliche Abstriche machen. Der Anspruch des Level 2 ist erfüllt, wenn Prozessmonitoring zeitversetzt, punktuell, technisch unterstützt oder personenbezogen (Interviews, Fragebogen) im Hinblick auf die wichtigsten Prozessziele gemäß Prozessplanung durchgeführt wird.

2.9 SOLL – IST – Vergleiche des Prozesses durchführen

Zweck dieser generischen Umsetzungspraktik ist es, eine objektive Beurteilung herbeizuführen, inwieweit der Prozess entsprechend der Prozessplanung implementiert wurde. Die Prozessbeurteilung wird in sog. Prozessaudits von einer Organisationseinheit durchgeführt, die nicht in die tagesgeschäftliche Durchführung des Prozesses eingebunden ist. Dies kann entweder eine Einheit Qualitätssicherung oder die Interne Revision sein. Im Gegensatz zur Prozessüberwachung handelt es sich hier also um eine ‚Nachschau', in der Mängel in der Prozessumsetzung oder im Prozessdesign, die z.B. zu unvertretbaren Risiken führen, identifiziert werden. Typische Aktivitäten eines Prozessaudits sind:

- Sichtung und Analyse von Prozessdokumenten,
- Analyse von prozessspezifischen Zielen,
- Interviews mit Prozessbeteiligten,
- Bewertung der Zielerreichung (Prozessfähigkeit),
- Ableitung, Analyse und Bewertung von Prozessschwachstellen und -risiken,
- Besprechung der Schwachstellen mit den Prozessverantwortlichen,
- Aufstellung einer priorisierten Aktivitätenplanung zur Beseitigung von Prozessschwachstellen und zum Management von Prozessrisiken,
- Erstellung eines Reports,
- Unterstützung der Prozessverantwortlichen bei der Umsetzung der Aktivitäten zur Verbesserung der Prozessqualität.

Die Zielsetzung, den Prozess besonders effizient zu gestalten, kann zu einer Vernachlässigung von Risiken im Prozess führen. Daher wird die Interne Revision sich Prozesse nicht nur unter Effizienzgesichtspunkten ansehen sondern insbesondere, inwieweit der Prozess auch Anforderungen eines ordnungsgemäßen internen Kontrollsystems (IKS) erfüllt.

Das IKS ist die Summe aller Maßnahmen und Kontrollen, die

- die Funktionsfähigkeit der Geschäftsprozesse,
- die Zuverlässigkeit betrieblicher Informationen,
- die Sicherung des Betriebsvermögens,
- die Einhaltung von internen und gesetzlichen Regeln,

gewährleisten sollen und damit Schäden abwehrt, die durch das eigene Personal oder Dritte verursacht werden können. Basis des IKS sind im Wesentlichen vier Prinzipien:

- **Transparenz:** Für Prozesse müssen Soll-Konzepte etabliert sein, die ermöglichen zu prüfen, ob Prozessbeteiligte konform zu diesem Soll-Konzept arbeiten.
- **Vier-Augen-Prinzip:** Verfügungen über Vermögenswerte, Durchführung von Zahlungen usw. dürfen durch Einzelne nicht getroffen werden.
- **Funktionentrennung:** Es muss eine personelle Trennung zwischen Ausführung und Kontrolle etabliert sein (z.B. Dateneingabe und Freigabe).
- **Mindestinformation:** Für Mitarbeiter sollen nur die Informationen verfügbar sein, die sie für ihre Arbeit brauchen (z.B. keine individuellen Gehaltsdaten für Mitarbeiter der PE).

Eine Berücksichtigung der vorstehend genannten Ziele und Prinzipien eines IKS beim Design der Prozesse wird ausdrücklich empfohlen.

2.10 Das Ergebnis des SOLL – IST – Vergleichs mit dem höheren Management-Level besprechen und Probleme lösen

Mit dieser Umsetzungspraktik erhält das höhere Management einen vertieften, neutralen Einblick in den Prozess. Mit dem höheren Management-Level ist die Management-Stufe gemeint, die nicht mehr unmittelbar für die Prozessdurchführung verantwortlich ist. Die Information trägt jedoch einerseits der indirekten Verantwortung dieses Levels Rechnung und versetzt den Manager dieser Stufe andererseits in die Lage, aus seiner übergeordneten Verantwortung heraus Policies und Leitlinien für den Prozess festzulegen, die von den unmittelbar beteiligten Managern und dem Prozessverantwortlichen in konkrete Handlungen umzusetzen sind.

4.2.3 Standardisierte Prozesse (Level 3)

Ziel:	Der Prozess ist als standardisierter Prozess institutionalisiert.
Prozessattribute	Prozessdefinition als Standardprozess (3.1) Prozessanwendung in der Gesamtorganisation (3.2)
To Do:	3.1 Den Prozess als Standardprozess beschreiben und etablieren

Mit der Standardisierung werden verbindliche Vorgaben

- zu den von den Prozessen zu liefernden Ergebnissen,
- zur Vorgehensweise bei der Durchführung der Prozesse,

festgelegt.[17] In die Standardisierung muss die Arbeitsumgebung, in der der Prozess abläuft, einbezogen werden (z.B. Hardware, Software). Verbindliche Vorgaben für Prozessergebnisse und Prozessdurchführung sind aber bereits Bestandteil der Prozessattribute des gemanagten Prozesses (siehe 2.2). Die zusätzliche Anforderung des Level 3 besteht darin, dass dieser Standard organisationsweit, also im gesamten Unternehmen zu implementieren ist. Damit soll gewährleistet werden, dass z.B. alle regionalen oder Geschäftsfeld-bezogenen Personalprozesse eines Unternehmens/Konzerns den gleichen Vorgaben folgen. Dies stößt jedoch regelmäßig dann an Grenzen, wenn Prozesse in unterschiedlichen Rechtsordnungen oder unter unterschiedlichen Marktusancen durchgeführt werden müssen. Für diesen Fall müsste der Standard also zumindest angepasst werden. Daher ist nicht nur ein Prozess-Blue Print, der alle Anforderungen eines gemanagten Prozesses erfüllt, als Standard zu definieren sondern zusätzlich eine Anpassungsrichtlinie (Tailoring Guideline), die den Rahmen absteckt für Anpassungen des Blue Prints an Erfordernisse anderer Länder oder anderer Arbeitsumgebungen.

Die Anpassungsrichtlinie muss folgendes regeln:

- Art und Umfang möglicher Anpassungen/Modifikationen des Standards
  Die Integrität (Vollständigkeit) des Standardprozesses muss erhalten bleiben (z.B. kein Unterlassen der Messung der Prozessleistung). Die obligatorischen Anforderungen, die nicht modifiziert werden können, müssen klar bezeichnet sein (z.B. einheitliche Qualitätsziele). Anpassungsoptionen und ihre Voraussetzungen und Auswahlkriterien müssen beschrieben sein; z.B. Anpassung der Rollen aufgrund einer abweichenden Aufbauorganisation oder Anpassungen an die Referenzprozesse abweichender unterstützender IT-Systeme.

---

[17] Wilhelm, Rudolf: Prozessorganisation, München 2007, Seite 58.

- Beschreibung der vorgenommenen Anpassungen in der gleichen Form wie der Standardprozess
Die Form der Beschreibung sollte auf jeden Fall zur Organisation passen, d. h., es macht keinen Sinn, ‚auf Biegen und Brechen' den Prozess mit einem Prozessmodellierungstool in einer Form darzustellen, die für die Mitarbeiter nicht nur ungewohnt, sondern auch viel zu komplex ist.
- Dokumentationspflicht der vorgenommenen Anpassungen.
- In welcher Form Erfahrungen mit der Prozessanwendung zurückfließen zur Anpassung/Optimierung des Standardprozesses.

Besondere Bedeutung für die Definition bzw. Anpassung von Standardprozessen hat die Einführung eines ERP-Systems (Enterprise Resource Planning), das die Planung und Steuerung der Abläufe der betrieblichen Wertschöpfungskette unterstützt (z.B. SAP R3). In diesen Systemen sind die wesentlichen Geschäftsprozesse (i. d. R. incl. HR) abgebildet und können mit einem Vorgang, der ‚Customizing' genannt wird, den Bedürfnissen des Unternehmens angepasst werden.

Die Einführung eines ERP-Systems bedeutet, dass die Standardprozesse (Referenzprozesse) des ERP-Systems mit den existierenden Geschäftsprozessen oder bisherigen Standardprozessen abzugleichen und Abweichungen in der Funktionalität festzustellen sind. Nur im Ausnahmefall, sofern die Prozesse deckungsgleich sind, besteht kein weiterer Handlungsbedarf. Bei Abweichungen zwischen den Referenzprozessen des Systems und den Ist-Prozessen der Organisation ist zu entscheiden, ob

1. der Referenzprozess an den Ist-Prozess durch Customizing angepasst wird,
2. der Ist-Prozess an den Referenzprozess angepasst wird,
3. der Referenzprozess des ERP-Systems geändert bzw. erweitert werden soll, um z.B. Funktionalitäten des Ist-Prozesses im Referenzprozess abzubilden.

Anpassungen des Referenzprozesses durch Customizing sind ohne Auswirkungen auf spätere Produkt-Releases. Eine Veränderung des Referenzprozesses durch ‚harte Codierung' zieht oft entsprechende Erweiterungsanpassungen nach sich, wenn der Systemhersteller sich nicht dazu entschließt, seinen Standard zu erweitern. Prinzipiell ist unter Kosten-Nutzen-Aspekten eher von einer Modifikation des Standards abzuraten, der Einzelfall ist jedoch zu prüfen.

Wenn eine Organisation den Referenzprozess des ERP-Systems zum Standardprozess erklärt, ist sicherzustellen, dass die Anforderungen, die durch den Referenzprozess nicht abgedeckt werden (z.B. Zielvorgaben, Metriken) ergänzt werden und die ergänzte Prozessdokumentation den Prozessbeteiligten zur Verfügung steht.

Im HRM werden sowohl von Personalern als auch von den betreuten Mitarbeitern oft Einzelfall-Lösungen gegenüber Standardlösungen bevorzugt. Die Etablierung eines Standardprozesses wird daher Vorbehalte bei vielen Mitarbeitern wecken. Richtig ist, dass eine ‚Überstandardisierung' die notwendige Flexibilität zu stark einschränkt. Aber durch geschicktes Einbauen von standardisierten

4.2 Generische Prozessattribute

Prozessmodulen in die Abläufe lassen sich durchaus Varianten produzieren. Auf diese Weise wird die Variabilität standardisiert. Es ist eine Frage der Balance zwischen hoher Akzeptanz einerseits und Transparenz, Kosteneinsparung, Zuverlässigkeit und Messbarkeit andererseits, wie viel Standardisierung möglich und notwendig ist.

Prozesse zu standardisieren erzeugt einen nicht unerheblichen Aufwand. Daher sollten die Anstrengungen auf die ‚richtigen' Prozesse gelenkt werden. Die Kriterien für die Auswahl standardisierbarer Prozesse (Tabelle 4.1) können helfen, hier die richtige Auswahl zu treffen[18]:

3.2 Die Standards in der Gesamtorganisation etablieren

Die Etablierung eines Prozesses in der Gesamtorganisation als Standardprozess erfordert eine formale Führungshandlung und eine implementierende Organisations-(entwicklungs-)maßnahme.

Formal muss der Standardprozess bzw. die unter Anwendung der Anpassungsrichtlinie entwickelte Prozessvariante ab einem bestimmten Stichtag in Kraft gesetzt werden. Wer das tun muss und wie das zu geschehen hat, ist abhängig von der Struktur des Unternehmens oder Konzerns, in dem der Standard eingeführt werden soll. Entscheidend ist, dass die Prozessbeteiligten von einem dazu Berechtigten wirksam angewiesen werden. Diese Anweisung kann in Konzernunternehmen unter formal juristischen Gesichtspunkten i. d. R. noch nicht einmal vom Konzernvorstand wirksam für die Konzerngesellschaften getroffen werden. Vielmehr beschließt der Konzernvorstand mit Wirkung für die Organisationseinheiten, für die er unmittelbare operative Verantwortung trägt, und beauftragt die Leitungsorgane der Konzerngesellschaften, für ihren Zuständigkeitsbereich entsprechende Beschlüsse

Tabelle 4.1 Kriterien für die Auswahl standardisierbarer Prozesse

Kriterium	Beschreibung
Technologie	Der Prozess kann, zumindest teilweise, durch IT-Verfahren automatisiert werden
Know-how	Wichtiger als exzellentes Expertenwissen ist für den Prozess Effizienz und Sicherheit
Häufigkeit/ Periodizität	Der Prozess kommt in nennenswerter Anzahl oder periodisch wiederkehrend vor. Dabei sind Belastungsspitzen relativ gut vorhersehbar
Variabilität	Der Prozess läuft meist in der gleichen Weise ab; Varianten/Ausnahmen sind eher selten
Prozessdauer	Die Bearbeitungsdauer des Prozesses ist überschaubar und erstreckt sich über maximal einige Tage

---

[18] Kruppke, Helmut/Otto, Manfred/Gontard, Maximilian: Human Capital Management, Personalprozesse erfolgreich managen, Berlin 2006, Seite 71.

zu fassen. In einfacheren Strukturen reicht es oft aus, dass der gesamtverantwortliche Personalleiter die Personalleiter der Regionen oder Sparten entsprechend anweist.

Manche Manager glauben, durch ein neues Prozesshandbuch werde alles gut. Dies ist beileibe nicht der Fall, da gesagt noch nicht verstanden, verstanden noch nicht akzeptiert, akzeptiert noch nicht getan und getan nicht beibehalten bedeutet. Oft wird die neue Dokumentation nicht nur ignoriert, sondern die Mitarbeiter begegnen ihr sogar mit hohem Widerstand,[19] da sie gegen eingefahrene Muster der Zusammenarbeit handeln.

Um einen Standard in der Organisation nachhaltig zu etablieren (deploying a defined process), muss durch verschiedene Maßnahmen für eine Verknüpfung von sagen, verstehen, akzeptieren, tun und beibehalten gesorgt werden. Dies gelingt am besten, wenn am Einführungsprozess des neuen Standards beteiligt wird, wer an der Veränderung interessiert ist, wer betroffen ist, wer Verantwortung übernimmt, wer Wissen, Kompetenz und Ideen hat und last but not least bereit ist, Zeit und Engagement zu investieren.[20] Typischerweise entfallen nur 10–20% des Gesamtaufwandes auf die Definition und Dokumentation der Arbeitsabläufe, also das Design der Veränderung. Die eigentliche Arbeit liegt in der organisatorischen Umsetzung der Veränderung.[21] Was muss also praktisch für eine erfolgreiche Institutionalisierung der Standardprozesse in der Organisation getan werden?

- Anforderungen feststellen:
  Die Anforderungen an den Prozess aus der Sicht der Betroffenen müssen vor dem Redesign/der Standardisierung identifiziert sein und zusammen mit den Anforderungen der Organisation bei der Prozessgestaltung berücksichtigt werden. Im Designteam sollten spätere Anwender verschiedener Organisationen vertreten sein.
- Lösungen statt Regelwerke entwickeln:
  Die Betroffenen erwarten Lösungen für eine bessere Bewältigung ihrer tagesgeschäftlichen Arbeit, nicht Regelwerke ohne unmittelbar erkennbaren Nutzen. Zum Lösungspaket gehören daher Hilfen wie z.B.
    o adäquate Organisationsstrukturen, Verantwortlichkeiten und Befugnisse,
    o leicht lesbare, verständliche, visualisierte Prozessdarstellungen,

---

[19] Foegen, Malte/Solbach, Mareike/Raak Claudia: Der Weg zur professionellen IT. Eine praktische Anleitung für das Management von Veränderungen mit CMMI, ITIL oder SPiCE, Berlin 2008, Seite 83.

[20] Osterhold, Gisela: Veränderungsmanagement, Wege zum langfristigen Unternehmenserfolg, Wiesbaden 2002, Seite 87.

[21] Foegen, Malte/Solbach, Mareike/Raak Claudia: Der Weg zur professionellen IT. Eine praktische Anleitung für das Management von Veränderungen mit CMMI, ITIL oder SPiCE, Berlin 2008, Seite 86.

4.2 Generische Prozessattribute

- o Hilfsmittel (Checklisten, Templates usw.),
- o Schulungsmaterial.
- Standard testen/pilotieren:
  Vor dem Roll out des Standardprozesses in der Gesamtorganisation sollte der Prozess mit einem geeigneten Piloten getestet werden. Wählen Sie dazu einen Bereich, dessen Mitarbeiter für neue Verfahren eher aufgeschlossen sind. Verarbeiten Sie die Erfahrungen des Piloten vor dem Roll out.
- Einführungsschritte planen:
  Je größer die Veränderung für einzelne Organisationen durch die Einführung des Standardprozesses ist, umso größer ist das Risiko des Zurückfallens in alte Gewohnheiten. Große Änderungen sollten eher in aufeinander aufbauenden Etappen statt mit einem großen Big Bang umgesetzt werden. Kleine Erfolgserlebnisse spornen an, große Misserfolge demoralisieren. Planen Sie die Schrittfolge der Migration vom alten zum neuen Prozess zusammen mit den Betroffenen:
  - o Ausbildungsmaßnahmen planen, durchführen, Ausbildungserfolge kontrollieren, Führungskräfte in die Prozessschulung mit einbeziehen,
  - o Umsetzungsmaßnahmen kontextorientiert auswählen und terminieren,
  - o Abhängigkeiten von Teilprozessen und Schnittstellen zu anderen Bereichen berücksichtigen,
  - o Migrationsplan kommunizieren.
- Unterstützung durch Coaching, Service-Hotline, Multiplikatoren während der Umsetzung anbieten:
  Erfahrungen aus den Unterstützungsmaßnahmen sollten in die Weiterentwicklung des Prozesses einfließen.
- Status der Umsetzungsmaßnahmen verfolgen und falls erforderlich steuernd eingreifen:
  Machen Sie die Führungskräfte für die erfolgreiche Umsetzung verantwortlich, indem Sie mit diesen z.B. entsprechende Zielvereinbarungen treffen.
- Prozess durch Führung institutionalisieren:
  Prozesse institutionalisieren heißt, sie dauerhaft zu etablieren, sie zu verstetigen und so im Tagesgeschäft zu verankern, dass sie auch in Stress- oder Krisensituationen beibehalten werden. Für diese Institutionalisierung müssen die Führungskräfte sorgen, indem sie z.B.
  - o sich die neuen, standardisierten Prozessschritte vorführen lassen,
  - o sich prozesstypische, mit dem Standardprozess erzeugte Arbeitsergebnisse zeigen lassen,
  - o Statistiken, Kennzahlen oder Statusberichte abrufen,
  - o durch ‚Management by Walking Around' sich davon überzeugen, dass die standardisierten Prozesspraktiken angewendet werden,
  - o die Erfahrungen/Lessons Learned abrufen und Verbesserungsvorschläge der Mitarbeiter aufgreifen/umsetzen lassen.

4.2.4 Quantitativ gesteuerte Prozesse (Level 4)

Ziel:	Der Prozess ist als quantitativ gemanagter Prozess institutionalisiert.
Prozessattribute	Prozessmessung (4.1–4.4) Prozesssteuerung (4.5)
To Do:	4.1 Die Informationsbedürfnisse über den Prozess feststellen

Ein quantitativ gemanagter Prozess ist ein standardisierter Prozess, der mit Hilfe quantitativer Prozesskennzahlen gesteuert wird.

Jede Messung kostet Zeit und Geld. Daher sollten Messungen vorgesehen werden, deren Ergebnisse tatsächlich sinnvoll und nutzbringend verwertet werden können,[22] also die Erreichung der Ziele aus Sicht der Stakeholder fördern. Kundenzufriedenheit kann nur durch Erfüllung der Erwartungen hinsichtlich Produkt- und Servicequalität erreicht werden. Das Unternehmen erwartet neben einer hohen Kundenzufriedenheit eine wirtschaftliche Leistungserstellung, also einen effizienten Prozess (hohe Prozess-Performance). Nach Ansicht von Kaplan/Norton[23] ist Treiber der Kundenzufriedenheit und einer hohen Produktivität die Mitarbeiterzufriedenheit. Motivierte Mitarbeiter sorgen ihrer Meinung nach für Produktivitätssteigerung, Reaktionsfähigkeit, Qualität und Kundenservice. Kundenzufriedenheit wird somit erst ermöglicht, wenn die Kunden von zufriedenen Mitarbeitern bedient werden.[24]

Wenn Kundenzufriedenheit, Prozesseffizienz und Mitarbeiterzufriedenheit die Hauptziele sind, ist zu überlegen, woran konkret diese festgemacht werden können.

Da wir es im Personalmanagement mit Dienstleistungsprozessen zu tun haben, ist zu berücksichtigen, dass die Kundenzufriedenheit nicht nur abhängig ist von der Qualität des Endproduktes sondern, weil der Kunde (Mitarbeiter, Führungskraft) im Prozess teilweise mitwirkt, auch davon, inwieweit der Prozess die Erwartungen des Kunden erfüllt.

Die Mitarbeiterzufriedenheit wiederum wird von verschiedenen Faktoren beeinflusst, die teilweise nichts oder allenfalls indirekt mit dem Leistungserstellungsprozess zu tun haben (z.B. Entwicklungschancen, Bezahlung, Führung), teilweise aber direkt mit der Leistungserstellung zusammenhängen (z.B. äußere Arbeitsbedingungen, Mitwirkung bei Entscheidungen, Zugang zu relevanten Informationen). Entscheidend für eine Messung im Prozess sind jedoch nicht die Treiber von Zufriedenheit sondern die Auswirkungen von Zufriedenheit bzw. Unzufriedenheit.

---

[22]Wagner, Karl W./Käfer, Roman: PQM Prozessorientiertes Qualitätsmanagement, Leitfaden zur Umsetzung der neuen ISO 9001, München 2008, Seite 221.

[23] Kaplan, R.S./Norton, D.P.: Balanced Scorecard, Strategien erfolgreich umsetzen, 1997.

[24]Müller, Armin: Strategisches Management mit der Balanced Scorecard, Stuttgart 2000, Seite 90.

4.2 Generische Prozessattribute

Obwohl bisher kein eindeutiger und schon gar kein monokausaler Zusammenhang zwischen Zufriedenheit und Arbeitsleistung empirisch nachgewiesen werden konnte, gibt es dennoch eine hohe Korrelation zwischen Arbeitszufriedenheit einerseits und Fluktuation, Fehlzeiten und Fehlerhäufigkeit andererseits. In der Praxis wird die Wirkung zufriedener, motivierter Mitarbeiter häufig auch an der Bereitschaft zu freiwilliger Mehrarbeit (Aufbau von Gleitzeitguthaben) und an der Anzahl der prozessbezogenen Verbesserungsvorschläge je Mitarbeiter gemessen. Zu berücksichtigen ist jedoch, dass alle diese Wirkungen von fehlender oder hoher Zufriedenheit und gleichzeitig von anderen Faktoren beeinflusst werden können (z.B. Arbeitsmarktlage, Ausbildungsstand der Mitarbeiter). Vor diesem Hintergrund sind Messungen der Mitarbeiterzufriedenheit als Informationsbasis für die tagesgeschäftliche Prozesssteuerung ungeeignet. Gegen eine Mitarbeiterbefragung aus anderen Gründen ist nichts einzuwenden.

Damit ergeben sich für eine zielgerichtete Prozesssteuerung Informationsbedürfnisse hinsichtlich

- der Leistungsqualität (Produktqualität),
- der Prozessqualität aus Kundensicht,
- der Prozesseffizienz,
- Prozessqualität aus Unternehmenssicht.

Wie Tabelle 4.2 zeigt, können aus den vorstehend genannten Anforderungskategorien eine Vielzahl möglicher Informationsbedürfnisse abgeleitet werden. Aufgrund der begrenzten Ressourcen sollten die Informationsbedarfe und die entsprechenden Messungen daher priorisiert werden.

Tabelle 4.2 Prozessbezogene Informationsbedürfnisse

Anforderungen	Informationsbedürfnisse = konkretisierte Anforderungen
Leistungsqualität	Verständlichkeit des Produktes
	Funktionalität
	Fehlerfreiheit (z.B. Datenqualität)
	Schnelligkeit der Auftragsabwicklung
	Termintreue
Prozessqualität aus Kundensicht	Erreichbarkeit
	Kurze Responsezeiten
	Vertrauliche Kommunikation
	Zuverlässigkeit (Einhalten von Zusagen)
	Flexibilität (Eingehen auf Kundenwünsche)
Prozessqualität aus Unternehmenssicht	Fehlerfreiheit
	Reklamationen
	Prozesssicherheit
	Störungsfreiheit
	Rechtzeitigkeit
Prozesseffizienz	Durchlaufzeit
	Bearbeitungszeit
	Ressourceneinsatz
	Prozesskosten
	Termintreue

4.2 Aus den Informationsbedürfnissen Prozesskennzahlen ableiten

Kennzahlen geben einen quantitativ messbaren Sachverhalt und Zusammenhänge in einfacher verdichteter Form wieder. Neben *absoluten Kennzahlen* (z.B. Personalkosten) lassen sich *Verhältniszahlen* verwenden, die als relative Größen auf einen Vergleich ausgerichtet sind. *Beziehungszahlen* setzen zwei verschiedene Größen ins Verhältnis (z.B. Anzahl Gehaltsabrechnungen pro Gehaltssachbearbeiter). Mit *Gliederungszahlen* wird der Anteil einer Größe an der Gesamtgröße ermittelt (z.B. Fehlerrate = fehlerhafte Gehaltsabrechnungen in % der Gehaltsabrechnungen insgesamt). *Indexzahlen* setzen gleichartige, aber zeitlich oder örtlich verschiedene Größen zueinander in Beziehung (z.B. Kundenzufriedenheitsindex); dabei werden die ermittelten Werte eines Basisjahres oder einer Region = 100 gesetzt.[25]

Für die Prozesssteuerung geeignete Kennzahlen können sich auf *Inputgrößen* (z.B. Quantität der eingesetzten Ressourcen für die Bearbeitung von Bewerbungen), *Prozessgrößen* (z.B. Dauer vom Eingang der Personalanforderung bis zur Stellenbesetzungsentscheidung) oder *Outputgrößen* (z.B. Anzahl der Stellenbesetzungen innerhalb eines Zeitraums) beziehen (Abb. 4.4).

Dabei kann zwischen Früh-Indikatoren (Leistungstreiber) und Spät-Indikatoren (Ergebniszahlen) unterschieden werden. Früh-Indikatoren versuchen die zukünftige Entwicklung des Prozesses zu einem möglichst frühen Zeitpunkt aufgrund messbarer Größen zu prognostizieren. Spät-Indikatoren zeigen im Nachhinein an, ob geplante Ergebnisse erreicht wurden, das ist für die Steuerung des aktuellen Prozesses zu spät, hilfreich allerdings für zukünftige Prozessverbesserungen. Geeignete Früh-Indikatoren der Prozesssteuerung sind (Tabelle 4.3):

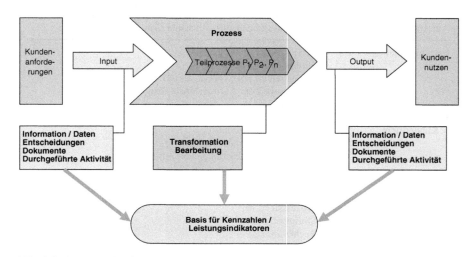

Abb. 4.4 Ansatzpunkte für Prozesskennzahlen

---

[25]Wunderer, Rolf/Jaritz, André: Unternehmerisches Personalcontrolling, Neuwied 2002, Seite 27.

4.2 Generische Prozessattribute

Tabelle 4.3 Früh-Indikatoren der Prozesssteuerung

Prozessphase	Frühindikatoren
Input	• Volumen/Anzahl • Qualität • Termintreue • Preise/Kosten
Transformation	• Kapazitäten • Auslastung • Fehlerrate von Zwischenergebnissen

Bei der Festlegung der Prozesskennzahlen für eine wirkungsvolle Prozesssteuerung sind folgende Kriterien zu beachten und zu prüfen:

- Wirtschaftlichkeit:
  Es muss gewährleistet sein, dass die gewählten Indikatoren die tatsächliche Performance des Prozesses erfassen, also Nutzen für die Steuerung erzeugen.
  Die Erhebung muss mit vertretbarem Aufwand erfolgen.
  Die Basisdaten müssen vom Prozess erzeugt werden (z.B. Bewerbungsstatistik) und rechtzeitig und dauerhaft verfügbar sein.
- Steuerung:
  Die Kennzahlen müssen sich auf die Prozessziele beziehen und für die Prozesssteuerung relevant sein.
  Sie müssen beeinflussbar sein. D. h. Änderungen des Prozesses müssen sich normalerweise in den Kennzahlen spiegeln.
  Es müssen sich Zielwerte (Sollwerte) definieren lassen.
  Sie sollten drill-down-fähig und im Idealfall auch benchmarkfähig sein.
- Nutzung:
  Die Kennzahlen müssen verständlich und eindeutig sein (siehe Ausführungen zur Mitarbeiterzufriedenheit) und sich mit geringem Interpretationsaufwand verwerten lassen.
  Sie müssen auf einer glaubwürdigen und manipulationssicheren Datengrundlage beruhen, da ansonsten die Akzeptanz beeinträchtigt ist (Glaube nur der Statistik, die du selbst gefälscht hast).
  Der Prozessverantwortliche darf nicht durch die Fülle der erhobenen Messwerte die faktisch erworbene Transparenz wieder verlieren.[26]

Für alle Prozesskennzahlen ist daher in einem Kennzahlen-Steckbrief festzulegen[27]

---

[26] Gaitanides/Scholz/Vrohlings/Raster: Prozessmanagement, München 1994, Seite 61.
[27] Wagner, Karl W./Käfer, Roman: PQM prozessorientiertes Qualitätsmanagement, Leitfaden zur Umsetzung der neuen ISO 9001, München 2008, Seite 231 und Kütz, Martin: Kennzahlen in der IT, Werkzeuge für Controlling und Management, Heidelberg 2003, Seite 47 ff.

- Wie ist die Bezeichnung der Kennzahl?
- Was wird gemessen? (Messgröße)
  Die zu erhebenden Basisdaten sind genau zu spezifizieren und für die Organisation zu standardisieren. Beispielsweise kann die Mitarbeiterzahl nach Köpfen (relevant für die Planung der Weihnachtsfeier des Personalbereiches) oder nach Kapazitäten, was geeignet ist für eine Produktivitätsanalyse, erfolgen.
- Aus welcher Datenquelle werden die Basisdaten/Kennzahlen extrahiert?
- An welcher Stelle wird gemessen? (Messpunkt)
  Prozessschnittstellen, insbesondere solche, bei denen gleichzeitig die aufbauorganisatorische Verantwortung wechselt, sind von elementarer Bedeutung für die Prozessperformance. Unabhängig vom konkreten Prozess und der Prozessebene sollten Zeit-, Qualitäts- und Kostenindikatoren immer an diesen Nahtstellen erhoben werden.
- Wann (realtime, neartime, zeitversetzt) und wie häufig (permanent, punktuell, einmalig) wird gemessen? (Messfrequenz)
- Wie wird gemessen?
  Für weitgehend automatisierte Prozesse kann die Messung der Prozessperformance von einer Software (z.B. ARIS PPM von IDS Scheer) übernommen werden, die Daten aus den Quellsystemen ausliest und Messergebnisse in einem Prozesscockpit für Steuerungsmaßnahmen des Managements aufbereitet. Als technisch unterstützte Verfahren zur Ist-Daten-Ermittlung werden die Methoden bezeichnet, bei denen nach wie vor Menschen benötigt werden, um die Ist-Daten in ein technisches System einzugeben und auszuwerten. Personenbezogene Erhebungsmethoden sind Interviews, Fragebogen oder Audits.[28]
- Wer ist für die Messung verantwortlich?
- An wen und in welcher Form werden die Messdaten weitergeleitet?
- Wie werden die Messdaten ausgewertet und analysiert?
  Hier ist der Berechnungsweg, also insbesondere Algorithmen und Methoden zum Erzeugen von abgeleiteten Messergebnissen aus Basisdaten zu definieren.
- Wie werden die Kennzahlen dem/den Adressaten präsentiert?
  Darstellungsform und Aggregationsniveau sollten verbindlich festgelegt werden.
- Wie wird die Einleitung und Verfolgung von Verbesserungsmaßnahmen sichergestellt?
- Wie werden die Messergebnisse/Kennzahlen archiviert?

4.3 Quantitative Prozessziele festlegen

Für alle Prozesskennzahlen, mit deren Hilfe die Prozessperformance bestimmt werden soll, werden auf Basis der Ist-Werte die dazugehörenden Zielgrößen (Sollwerte)

---

[28] Fischermanns, Guido: Praxishandbuch Prozessmanagement, Gießen 2009, Seite 380.

4.2 Generische Prozessattribute   69

festgelegt und mit dem Management und dem/den Prozesseignern abgestimmt. Sofern verfügbar, können auch Benchmarks als Orientierung für die Sollwerte herangezogen werden. Die Ziele sollten herausfordernd aber realistisch sein. Falls sinnvoll, können auch Toleranzen für die Zielwerte definiert werden.

Eine oft genutzte Kennziffer ist die Fehlerrate. Hier sei darauf hingewiesen, dass jede menschliche Tätigkeit ein Fehlerrisiko bedingt, d. h. die Fehlerhäufigkeit lässt sich nicht beliebig reduzieren, denn Null-Fehler bedeutet letztlich Null-Aktivität.[29]

4.4 Die Performance des Prozesses messen

Wenn das Konzept der Prozesskennzahlen entsprechend den Praktiken 4.1 bis 4.3 erstellt ist, müssen die Produkt- und Prozessmessresultate gesammelt werden, indem der standardisierte Prozess durchgeführt wird. Bei Messergebnissen außerhalb der Toleranzgrenzen müssen die definierten Lenkungs- oder Eskalationsmaßnahmen eingeleitet werden. Messergebnisse und eingeleitete Korrekturmaßnahmen müssen dem Management, das nicht mehr unmittelbar operative Verantwortung für den Prozess trägt, berichtet werden.

4.5 Die Performance der kritischen Teilprozesse stabilisieren

Anhand von Kennzahlenreports, Reklamationen oder Kundenbefragungen müssen die Prozesse analysiert werden (Abb. 4.5). Dies gilt insbesondere für alle Situationen, in denen die definierten Steuergrenzen überschritten wurden.

Die möglichen Ursachen der Abweichung sind festzustellen und es ist zu bewerten, ob es sich um eine einmalige oder eine sich voraussichtlich wiederholende Abweichung handelt. Die Aufzeichnungen über die Analysen sind Input für Prozessreviews/–audits (Abschn. 4.2.2 Ziffer 2.9).

Im nächsten Schritt sind die Korrekturmaßnahmen festzulegen, die jede einzelne zurechenbare Ursache adressiert. Korrekturmaßnahmen sind in Umsetzungsplänen mit Verantwortlichkeit und Fälligkeitsdatum zu dokumentieren. Es versteht sich von selbst, dass diese Korrekturmaßnahmen nach Implementierung hinsichtlich ihrer Wirksamkeit überwacht und bewertet werden müssen. Ggf. ist es erforderlich, die bisherige Kennzahl durch eine neue zu ersetzen oder das Kennzahlensystem um eine Kennzahl zu ergänzen.

Wenn die Implementierung der Korrekturmaßnahmen erfolgreich war, sind neue Sollwerte und Toleranzen für die Prozesssteuerung festzulegen.

Von einer Organisation wird nicht erwartet, dass sie alle Prozesse über ein Kennzahlensystem quantitativ steuert. Das ist für alle Prozesse überhaupt nicht möglich,

---

[29]Wildemann, Horst: Produktivitätsmanagement, München 1997, Seite 62 f.

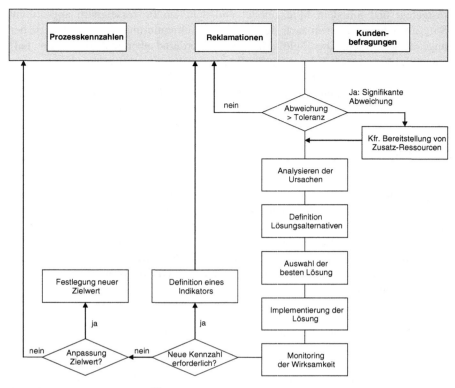

Abb. 4.5 Verbesserungsprozess[30]

da dies entweder zu aufwendig wäre oder keine brauchbaren Kennzahlen definiert werden können. In HR gilt dies beispielsweise für den Labour Relations-Prozess.

4.2.5 Optimierte Prozesse (Level 5)

Ziel:	Der Prozess ist als optimierter Prozess institutionalisiert.
Prozessattribute	Prozessinnovation (5.1) Prozessoptimierung (5.2 und 5.3)
To Do:	**5.1** Innovationsziele für den Prozess festlegen

Prozessinnovation zielt auf ‚proaktive' Prozessänderungen, welche sich aus der Analyse von Prozessdaten bzw. durch organisatorische und/oder technologische

---

[30] Gaitanides/Scholz/Vrohlings/Raster: Prozessmanagement, München 1994, Seite 119.

Änderungen (Innovationen) ergeben. Die Prozessinnovation wird durch quantitative Zielvorgaben, die aus übergeordneten (strategischen) Unternehmenszielen abgeleitet sind, gesteuert.

Innovationsziele könnten z.B. in folgender Form festgelegt werden:

- Verkürzung der durchschnittlichen Dauer für eine externe Stellenbesetzung vom Eingang der Personalanforderung bis zur Zusage des Kandidaten um 1 Woche,
- Reduzierung der Vollkosten für eine Gehaltsabrechnung (Aktive) von 14,60 EURO auf 12,80 EURO,
- Verbesserung der telefonischen Erreichbarkeit der Personalabteilung um 10 Indexpunkte im Vergleich zum Vorjahr,
- Erhöhung der Betreuungsquote im Prozess Rekrutierung und Einsatz um 15% (Mitarbeiter im Unternehmen pro Mitarbeiter Personal).

Derartige Ziele sollten im Rahmen der jährlichen Zielvereinbarung mit den Prozessverantwortlichen abgestimmt und dokumentiert werden.

5.2 Den Prozess kontinuierlich verbessern

Im Gegensatz zum Steuerungsansatz der quantitativen Prozesssteuerung (4.1 bis 4.5), bei dem Abweichungen von den Prozesszielen Aktivitäten auslösen, geht es bei der Prozessoptimierung um eine kontinuierliche Verbesserung, die über quantitative Innovationsziele stimuliert wird. Damit folgt die Organisation dem Motto ‚Wer aufhört, besser zu werden, hat aufgehört, gut zu sein.'

Zu diesem Zweck werden systematisch Hinweise auf Prozessmängel und Vorschläge für Prozess- und/oder Technologieverbesserungen gesammelt. Quellen solcher Hinweise und Vorschläge sind üblicherweise Prozessaudits, das betriebliche Vorschlagwesen, das Beschwerdemanagement, Kunden-oder Mitarbeiterbefragungen, überbetriebliche Best Practice-Berichte, Teilnahmen an Benchmarkings usw.

Werden diese Hinweise systematisch aufgegriffen, führt dies zu einem kontinuierlichen Verbesserungsprozess.

Das Aufgreifen von Schwachstellenhinweisen und Verbesserungsideen muss organisiert werden, da die Umsetzung bzw. Integration in die Prozesse kein Selbstläufer ist. Diese Aufgabe wird häufig an Prozessteams oder Qualitätszirkel adressiert. Dies sind kleine Gruppen von am Prozess beteiligten Mitarbeitern, die regelmäßig Probleme ihres Arbeitsbereiches und Verbesserungsvorschläge analysieren, bewerten und entsprechende Umsetzungsvorschläge entwickeln.

Wird der Verbesserungsvorschlag vom Entscheidungsträger angenommen, ist die Maßnahme, wie bereits unter 4.5 beschrieben, zu realisieren. Die verschiedenen Schritte des Optimierungsprozesses müssen nachprüfbar dokumentiert werden.

5.3 Problemursachen identifizieren, ausräumen oder managen

Eine systematische Prozessoptimierung wird nicht nur durch Ausräumen von Fehlern und Aufgreifen von Verbesserungsvorschlägen betrieben, sondern auch durch vorbeugende Fehlervermeidung, d. h. die möglichst frühzeitige Entdeckung möglicher Fehlerursachen und Fehlervermeidung oder Fehlermanagement durch angemessene Vorbeugemaßnahmen. Dies geschieht beispielsweise durch eine Fehlermöglichkeits- und Einflussanalyse (FMEA) in den Phasen der Produkt- und Prozessentwicklung. FMEA, eine in der amerikanischen Raumfahrt entwickelte Methode, folgt folgenden Prinzipien:

- Systematisches und frühzeitiges Erkennen möglicher Fehler/Fehlfunktionen in Produkten/Dienstleistungen, Prozessen, Teilprozessen oder Arbeitsschritten,
- Aufzeigen von möglichen Ursachen dafür,
- Abschätzen (Quantifizieren) der Risiken, die mit den potentiellen Fehlern/Fehlfunktionen verbunden sind, durch Bewertung
  - der *Wahrscheinlichkeit des Auftretens* des Fehlers,
  - der *Bedeutung der Fehlerauswirkung*/Schadensausmaß,
  - der *Wahrscheinlichkeit der Entdeckung* vor Abgabe an den Kunden.

  Aus dem Produkt der Bewertungszahlen (jeweils 1 bis 10) ergibt sich eine Risikoprioritätszahl (RPZ) zwischen 1 (keine Priorität) und 1000 (sehr hohe Priorität).
- Entwickeln von Gegenmaßnahmen/Verbesserungsmaßnahmen.

Die Fehlermöglichkeits- und Einflussanalyse folgt streng dem in Abb. 4.6 abgebildeten Formblatt. Für Risiken mindestens ab einer mittleren Risikopriorität von 125 (=5x5x5) sind Risiko-mindernde Maßnahmen umzusetzen und nach Implementierung erneut zu bewerten.

Sofern Risiken nicht (vollständig) abgestellt werden können (z.B. durch andere Organisation, andere Technologie, Unterlassung der Tätigkeit), muss das Risiko gemanagt werden. Risikosteuerungsstrategien sind in diesem Fall

- *Verminderung/Begrenzung des Risikos*, z.B. durch Einführung/Verstärkung von Kontrollen, Erstellung von Notfallplänen (Vorgehensplan bei Risikoeintritt), Diversifikation (z.B. der Zulieferer), Limitierung,
- *Abwälzung des Risikos*, z.B. durch Outsourcing, Abschluss von Versicherungen, Vetragsklauseln,
- *Akzeptanz des Risikos*. Diese Risiken müssen vom Unternehmen getragen werden und setzen ein entsprechendes Risikodeckungspotenzial voraus. Risiken müssen immer dann akzeptiert werden, wenn mit keiner der vorstehend beschriebenen Maßnahmen das Risiko gemanagt werden kann oder eine Risikomaßnahme nicht mit positiver Aufwand-Nutzen-Relation zu realisieren ist.

4.2 Generische Prozessattribute

Fehler-Möglichkeits- und Einfluss-Analyse (FMEA)

Org.-Bereich:

Prozess / System / Instrument:

Teilprozess / Arbeitsschritt Merkmale des Instruments / Systems	Potentielle Fehler	Potentielle Folgen des Fehlers	Potentielle Fehlerursachen	Derzeitiger Zustand					Empfohlene Abstellmaßnahmen	Verantwortung für Realisierung	Verbesserter Zustand				
				vorgesehene Prüfmaßnahmen	Auftreten	Bedeutung	Entdeckung	RPZ			getroffene Maßnahmen	Auftreten	Bedeutung	Entdeckung	RPZ

Wahrscheinlichkeit des Auftretens (Fehler kann vorkommen)
- unwahrscheinlich = 1
- sehr gering = 2-3
- gering = 4-6
- mäßig = 7-8
- hoch = 9-10

Bedeutung (Auswirkungen auf den Kunden)
- kaum wahrnehmbare Auswirkungen = 1
- unbedeutender Fehler, geringe Belästigung = 2-3
- mäßig schwerer Fehler = 4-6
- schwerer Fehler, Verärgerung des Kunden = 7-8
- äußerst schwerwiegender Fehler = 9-10

Wahrscheinlichkeit der Entdeckung (vor Auslieferung an den Kunden)
- hoch = 1
- mäßig = 2-5
- gering = 6-8
- sehr gering = 9
- unwahrscheinlich = 10

Priorität (RPZ)
- hoch = 1000
- mittel = 125
- keine = 1

Abb. 4.6 Formblatt FMEA

Grundsätzlich muss im Fehler- und Risikomanagement immer von den ursachenbezogenen Maßnahmen (vermeiden, vermindern, begrenzen) zu den wirkungsbezogenen Maßnahmen (abwälzen, selbst tragen) vorgegangen werden. Die Risikosteuerung muss organisatorisch verlässlich verankert werden. Noch bestehende Risiken und insbesondere eintretende Schadensfälle müssen im Rahmen des Managements operationaler Risiken bewertet und berichtet werden (z.b. KonTraG: § 91 Abs. 2 AktG).

4.3 Zielfähigkeiten von HR-Prozessen

Nachdem die Erfordernisse für die Erreichung definierter Fähigkeitslevel beschrieben sind, könnte man auf die Idee kommen, dass in einem optimal aufgestellten Personalbereich alle Prozesse den Fähigkeitslevel 5 erreichen müssen. Dies ist jedoch keineswegs der Fall, weil es zum einen nicht machbar ist und zum anderen auch nicht wirtschaftlich wäre. Es stellt sich also die Frage, welchen Fähigkeitslevel die verschiedenen HR-Prozesse haben sollten und was somit das Zielniveau der einzelnen Prozesse ist?

Um den ‚richtigen' Fähigkeitslevel festlegen zu können, ist es erforderlich, allgemein gültige Kriterien zu definieren, mit deren Hilfe die Festlegung getroffen werden kann.

Level 2	• Mindestniveau Dieser Level stellt sicher, dass Prozesse geplant und strukturiert ablaufen und dass das Prozessergebnis in der gleichen Arbeitsumgebung mit einer gewissen Wahrscheinlichkeit reproduziert werden kann.
Level 3	• Prozesse, die einheitlich in der Gesamtorganisation (Inland, Ausland, Konzerntöchter) ablaufen müssen aus Gründen des Konzerninteresses, der Steuerungsfähigkeit, der Sicherheit und der Effizienz • Prozesse, die (weitgehend automatisiert) auf einer einheitlichen technologischen Plattform laufen sollten (einheitliches ERP-System). • Prozesse, die in nennenswerter Anzahl oder periodisch wiederkehrend vorkommen. • Prozesse ohne oder mit nur geringen Varianten
Level 4	• Prozesse des Level 3 mit hoher Frequenz • Auf Daten basierende, stark technisch unterstützte Prozesse des Level 3 • Prozesse des Level 3, für die geringe Stückkosten, kurze Durchführungsdauer und hohe Abwicklungsqualität entscheidend sind
Level 5	• Prozesse des Level 4, die hohe Bedeutung für die Unternehmenssteuerung und das Risikomanagement des Unternehmens haben

Auf der Grundlage dieser Kriterien ergibt sich die in Abb. 4.7 dargestellte Zuordnung.

Die Festlegung der ‚Zielfähigkeiten' macht es in Verbindung mit den generischen Prozessattributen möglich, Prozessattribute und Umsetzungspraktiken (To Do's) für die verschiedenen HR-Prozesse zu konkretisieren (Abb. 4.8).

4.3 Zielfähigkeiten von HR-Prozessen

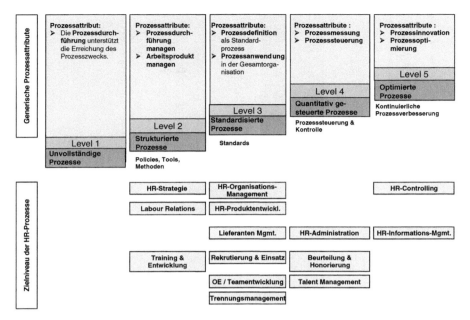

Abb. 4.7 Fähigkeiten optimierter HR-Prozesse

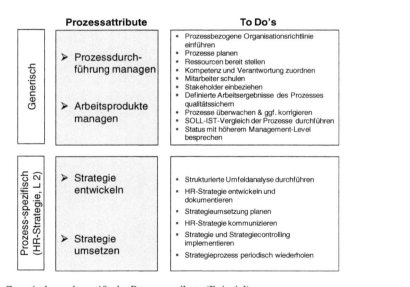

Abb. 4.8 Generische und spezifische Prozessattribute (Beispiel)

Diese konkretisierten, sog. spezifischen Prozessattribute machen transparent, was konkret im Prozess zusätzlich zu den generischen Prozessattributen erfüllt werden muss, um den Level der Zielfähigkeit zu erreichen. Die spezifischen Prozessattribute werden für jeden Prozess des HR-Prozessmodells detailliert in Kap. 7 dargestellt.

Kapitel 5
HR-Rollen

5.1 Rollendefinition und Professionalitätsstufen

Die Professionalisierung und Qualitätsverbesserung der Prozesse hat vor allem zum Ziel, die Voraussetzung zu schaffen für eine Positionierung des Personalbereiches als Business Partner. Wie HR im Unternehmen positioniert ist, spiegelt sich in der Rolle, die HR im Unternehmenskontext einnimmt. Die HR-Rolle beinhaltet

- die Erwartungen der Stakeholder, insbesondere des Managements, an die Rollenwahrnehmung durch HR (Rollenerwartungen),
- die Verhaltensweisen und Handlungsmuster (Rollenverhalten), die insbesondere durch die Werte und die Kultur des Unternehmens determiniert werden, und in den verschiedenen HR-Prozessen deutlich werden.

Rollenerwartungen und Rollenverhalten charakterisieren die Rolle. Diese rollenbezogenen Eigenschaften werden auch als Rollenattribute bezeichnet.

Vor diesem Hintergrund ist es erforderlich sich Klarheit zu verschaffen, welche Rollen HR mit fortschreitender Professionalität einnehmen kann.

In den vorstehenden Abschnitten wurde dargestellt, dass sich Prozessqualitäten über bestimmte Qualitätsplateaus oder Level entwickeln. Es ist daher naheliegend anzunehmen, dass es einen vergleichbaren Entwicklungspfad für das HR-Rollenbild gibt. In der Literatur werden zwar HR-Entwicklungspfade aufgezeigt, diese machen jedoch eher fest an betriebswirtschaftlichen Theorieansätzen[1] oder an Philosophien des Personalmanagements[2] als an der nachvollziehbaren Weiterentwicklung der

---

[1] Jung, Hans: Personalwirtschaft, München 2008, Seite 2 f.
[2] Wunderer unterscheidet 5 Phasen: Bürokratisierung bis ca. 1960, Institutionalisierung ab ca. 1960, Humanisierung ab ca. 1970, Ökonomisierung ab ca. 1980, Intrapreneuring ab ca. 1990. (siehe Wunderer, R./Dick, P. : Personalmanagement – Quo vadis? Analysen und Prognosen zu Entwicklungstrends bis 2010, Neuwied 2001, Seite 50 ff.
Über diese 5 Phasen hat sich nach Scholz, Christian (Personalmanagement, Informationsorientierte und verhaltenstheoretische Grundlagen, 1994) eine Entwicklung von der Verwaltung von Personalakten zu unternehmerischem Mitdenken, Mitwissen, Mithandeln und Mitverantworten vollzogen.

HR-Rolle anhand harter Kriterien. Die derzeitigen, bis heute gewachsenen, sowie die zu erwartenden Entwicklungsstände der HR-Rolle in den Unternehmen und Verwaltungen ergeben sich letztlich aus der Ausprägung von 4 Kriterien:

- Verankerung im Unternehmen
  Hierbei geht es um die strategische Verankerung von HR im Unternehmen. Gibt es eine HR-Strategie? In welchem Verhältnis steht diese zur Unternehmensstrategie? Wie ist HR an der (Weiter-) Entwicklung der Unternehmensstrategie oder anderer funktionaler Teilstrategien (Bereichsstrategien) beteiligt? Wie ist die HR-Funktion im Unternehmen auf Geschäftsleitungsebene verankert?
- Kundenorientierung
  Die Kundenorientierung von HR wird insbesondere sichtbar in der Art, wie die Leistungsempfänger/Kunden von HR bei Entwicklungsvorhaben (z.B. personalwirtschaftliche Instrumente) eingebunden werden und wie sich die HR-Funktion organisatorisch zum Kunden aufstellt.
- HR- Akzeptanz
  Die Akzeptanz von HR im Unternehmen, insbesondere der handelnden Vertreter von HR bei den Business Lines, ist ein wesentlicher Indikator der Professionalität. Akzeptanz ist einerseits abhängig von der HR-Problemlösungskompetenz, andererseits vom querschnittlichen Know how und der Praxiserfahrung der Personaler in anderen Unternehmensbereichen (cross functional expertice).
- HR-Produktspektrum
  Ein Indiz für den Entwicklungsstand der HR-Funktion ist das personalwirtschaftliche Instrumentarium, soweit es standardmäßig eingesetzt wird.

Obwohl die Entwicklung entlang dieser Kriterien kontinuierlich fortschreitet, lassen sich zumindest als Modellannahme genauso wie bei der Entwicklung der Prozessfähigkeit Entwicklungsstufen beschreiben. Aus pragmatischen Gründen wurde auch hier eine Unterteilung in 5 Professionalitätsstufen vorgenommen,[3] die sich aus Abb. 5.1 ergeben.

Die Rollenbezeichnungen sind frei gewählt, spiegeln aber aus Sicht des Autors die Professionalität des HR-Bereiches auf den verschiedenen Stufen; lediglich die Bezeichnung des Business Partner ist in der Literatur eindeutig beschrieben.[4] Dabei wird der HR-Business Partner nicht als die höchste zu erreichende Professionalitätsstufe angesehen, sondern es bleibt Raum für zukünftige Weiterentwicklungen. Dabei hängt die Rollenentwicklung im Wesentlichen von folgenden Sachverhalten ab:

---

[3] Das Rollenmodell wurde entwickelt in Anlehnung an Detecon International GmbH: HR Maturity, The Progression of HR Capabilities: Findings and Recommendations for Telco Industry Executives, 2007 Detecon benutzt in seiner Studie jedoch andere Bezeichnungen, positioniert den Business Partner auf dem 4. Level, bezieht sich auf ein anderes Prozessmodell und nimmt eine andere Aufgabenzuordnung vor.
[4] Ulrich, Dave: Human Resource Champions, 1997.

5.2 Rollenattribute

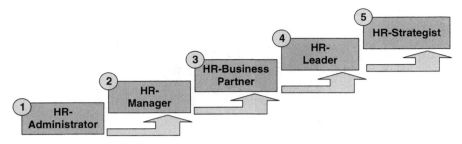

Abb. 5.1 Professionalitätsstufen von HR

- Reaktion <> Aktion
- Ad hoc Aktivitäten <> geplante Aktivitäten
- Nicht/wenig verknüpfte Instrumente <> vernetzte Instrumente/Angebote
- Top Down Information <> Dialog gleichberechtigter Partner

Diese Spannungsverhältnisse sind Treiber der Rollenentwicklung. Die verschiedenen HR-Rollen lassen sich gemäß Tabelle 5.1 abgrenzen.

5.2 Rollenattribute

Als Rollenattribute werden die rollentypischen Eigenschaften bezeichnet. Rollentypische Attribute können für jede der 5 Rollen in jedem der insgesamt 14 Prozesse des HR-Prozessmodells definiert werden. Über die in Abschn. 5.1 beschriebenen Kriterien hinaus wird durch die Rollenattribute definiert,

- welches Verhalten von HR erwartet wird,
- welches personalwirtschaftliche Instrumentarium (Systeme, Verfahren) vorzuhalten ist,
- welchen Fähigkeitsgrad die personalwirtschaftlichen Prozesse erreichen müssen.

Damit wird konkretisiert, was eine gewählte strategische Positionierung in der organisatorischen und prozessualen Umsetzung bedeutet. Mit anderen Worten: Die gewählte/angestrebte HR-Rolle determiniert den von den Prozessen zu erfüllenden Fähigkeitsgrad. Die Rollenattribute definieren somit keine zusätzlichen Anforderungen, die neben die Prozessattribute treten, sondern begründen systematisch das prozessuale Anforderungsniveau der verschiedenen Rollen. Ohne die detaillierten Ausführungen der Abschn. 6.2 (Bewertungsskala) und Kap. 7 (Rollenattribute und...) vorwegzunehmen, kann an dieser Stelle bereits festgestellt werden, dass eine Positionierung als HR-Business Partner eine Prozessfähigkeit des Level 3 (standardisierte Prozesse) erfordert.

Da auf die Rollenattribute noch detailliert eingegangen wird, sind in Abb. 5.2 beispielhaft lediglich die Rollenattribute der Managementprozesse aufgeführt.

Tabelle 5.1 HR-Rollen

	① HR-Administrator	② HR-Manager	③ HR-Business Partner	④ HR-Leader	⑤ HR-Strategist
Verankerung im Unternehmen	• Keine formulierte HR-Strategie • HR ist auf GL-Ebene nicht vertreten	• HR formuliert HR-Strategie alleine, nur rudimentäre Abstimmung • GL-Mitglied mit Ressortzuständigkeit u.a. für Personal (z.B. COO)	• HR-Strategie wird im Dialog mit den Business Lines aus der Unternehmensstrategie abgeleitet • GL-Mitglied mit Ressortzuständigkeit u.a. für Personal (z.B. COO)	• HR ist beteiligt an der Entwicklung und Umsetzung der Unternehmensstrategie, • Vorsitzender der GL mit Ressortzuständigkeit u.a. für Personal	• HR Strategie ist integraler Bestandteil der Unternehmensstrategie • GL-Mitglied mit exklusiver Zuständigkeit für HR (Arbeitsdirektor), • HR-Council als Entscheidungsinstanz
Kundenorientierung	• Gewachsene HR-Struktur entlang der NL- oder Tochter-Struktur • HR ist „Verkündungsinstanz", gibt neue Leistungen per Rundschreiben bekannt	• Zentrale HR-Funktion (Reporting Line, räumlich), • HR-Betreuer lassen Kundenbedürfnisse in HR-Produktentwicklung einfließen	• HR-Betreuer sitzen „vor Ort" beim Kunden, Reporting Line an zentralen HR-Bereich • Systematische Erhebung von Kundenanforderungen im Produktentwicklungsprozess	• HR-Betreuung dezentralisiert mit „Dual Reporting Line" • Systematische Erhebung von Kundenanforderungen und Durchführung von Akzeptanztests	• Virtuelle HR-Organisation • Kunden werden durch Einbindung in die Projektorganisation an HR-Produktentwicklung beteiligt, Kundenakzeptanzmessung

5.2 Rollenattribute

Tabelle 5.1 (Fortsetzung)

	① HR-Administrator	② HR-Manager	③ HR-Business Partner	④ HR-Leader	⑤ HR-Strategist
Akzeptanz	• „Hoheitliche" Aufgabenwahrnehmung durch HR, • viele angelernte HR-Mitarbeiter, insbesondere in den Verwaltungsprozessen, • HR als Entwicklungssackgasse	• HR agiert als „verlängerter Arm" der Unternehmensleitung, • Kontrollinstanz, • Kaminentwicklung in HR, • systematische HR-Fortbildung	• HR ist Mittler zwischen Unternehmens- und Mitarbeiterinteressen, • viele HR-Führungskräfte haben Business-Erfahrung	• Business sucht Beratung und Meinungsaustausch mit HR, • HR-Betreuer mit ‚General Management Qualität'	• HR agiert als sozial verantwortlicher Intrapreneur, • systematischer Personalaustausch mit dem Business, • breit angelegte Senior-Qualität in HR
HR-Produktspektrum	• Personalaktenverwaltung • Gehaltsabrechnung • Sozialleistungsadministration • Einstellungen, Versetzungen. Freisetzungen • Fortbildung/Training • Beurteilung	• HR-Zielgruppenmarketing • HR-Policies • Vergütungssysteme (incl. variable Vergütung) • Lieferanten Management für outgesourcte Leistungen	• Karrieremanagement für Führungskräfte • Vorgesetztenbeurteilung • Teamentwicklung • Total Compensation Ansatz incl. Benchmarking • Diversity Management	• Leadership Development • Talent Management • 360° Feedback • Coaching • Mentoring • Performance Management (incl. Pay for Performance) • HR-Risk Management	• Knowledge Management • Lernende Organisation • MA-Befragungen • Change Management Consulting • Organisationsentwicklung

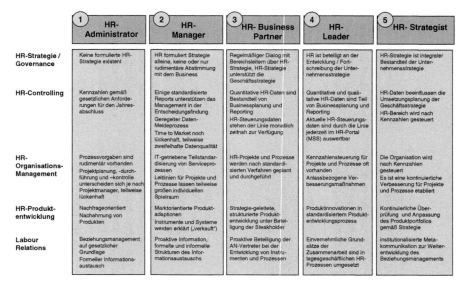

Abb. 5.2 Rollenattribute der Managementprozesse

Um die rollenbezogenen Anforderungen richtig interpretieren zu können, ist es wichtig zu wissen, ob die Rollenattribute sich über die Professionalitätsstufen hinweg kumulativ aufbauen oder ob sie substitutiv zu verstehen sind. Diese Frage ist nicht einheitlich für alle Prozesse zu beantworten. Bezogen auf das Beispiel der Abb. 5.2 gilt:

Prozess	Kumulative vs. substitutive Attribute
HR-Strategie/Governance	substitutiv
HR-Controlling	Kumulativ, teilweise substitutiv
HR-Organisations-Mgmt.	substitutiv
HR-Produktentwicklung	kumulativ
Labour Relations	kumulativ

Eine entsprechende Einordnung aller Rollenattribute erfolgt in Kap. 7.

Kapitel 6
Ermittlung des organisatorischen Reifegrades mit dem HR Management Maturity Model (HR-3M)

6.1 Reifegrad der HR-Organisation

Bisher wurde dargestellt,

- welche Prozesse für ein HR Management relevant sind (Kap. 3),
- dass ein Prozess definierte generische und spezielle Prozessattribute erfüllen muss, damit der Prozess einen bestimmten Fähigkeitslevel erreicht (Kap. 4),
- welches Zielniveau (Zielfähigkeit) von den Prozessen des HR-Prozessmodells aufgrund objektiver Kriterien zu erfüllen ist (Abschn. 4.3),
- dass die HR-Organisation verschiedene Rollen auf verschiedenen Professionalitätsstufen einnehmen kann (Kap. 5).

Fügt man diese Modellkomponenten zusammen, so ergibt sich das HR Management Maturity Model (HR-3M), das schematisch in Abb. 6.1 dargestellt ist.

Aus HR-3M lassen sich nun folgende Aussagen ableiten:

- Der **Fähigkeitsgrad** beschreibt die Qualität eines einzelnen Prozesses unabhängig von der definierten Zielfähigkeit. Im Beispiel der Abb. 6.1 erfüllt der OE-/Teamentwicklungsprozess die Prozessattribute des Level 2; das Zielniveau des Level 3 wird nicht erreicht.
- Der **Professionalitätsgrad** der HR-Rolle determiniert, welche Qualität die HR-Prozesse insgesamt erreichen müssen. Der Professionalitätsgrad beschreibt also ein ‚Anspruchsniveau'. Im Beispiel der Abb. 6.1 kann sich eine HR-Organisation als HR-Business Partner bezeichnen, wenn sie grundsätzlich die Prozessattribute der Stufe 3 erfüllt. Da für die Prozesse HR-Strategie, Labour Relations und Training & Entwicklung als Zielniveau lediglich der Level 2 gilt, ist die Erreichung des Level 2 bei diesen Prozessen ausreichend für eine Positionierung als HR-Business Partner.
- Der **Reifegrad** ist das Maß für die festgestellten Fähigkeiten aller HR-Prozesse der gesamten HR-Organisation. Der Reifegrad ist also mehr als ein

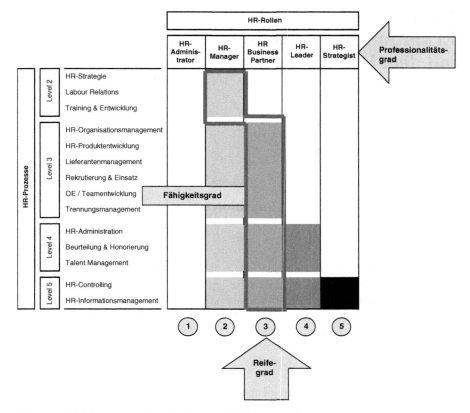

Abb. 6.1 HR Management Maturity Model (HR-3M)

Positionierungsanspruch, er beschreibt die Organisationsrealität. Wenn eine HR-Organisation eine Prozessqualität im rot umrandeten Bereich der Abb. 6.1 erreicht, hat sie den Reifegrad 3, der identisch ist mit den Anforderungen an den HR-Business Partner.

- Zur Erreichung eines höheren Reifegrades ist es nicht erforderlich, die Fähigkeit aller Prozesse zu steigern, sondern es ist ausreichend die Prozesse zu verbessern, deren Zielniveau oberhalb des erreichten Reifegrades liegt. D.h. für eine Steigerung des Reifegrades von Level 3 auf Level 4 könnte sich eine HR-Organisation ausschließlich auf die Verbesserung der Prozesse mit dem Zielniveau 4 und 5 konzentrieren.

Um zu vermeiden, dass eine geringfügige Nichterfüllung der Anforderungen in einem einzigen Prozess die Erreichung eines bestimmten Reifegrades verhindert, gilt bei der Erfüllung der Anforderungen nicht das Prinzip des ‚alles oder nichts'. Stattdessen wird die in Abschn. 6.2. dargestellte Bewertungsskala zugrunde gelegt.

6.2 Bewertungsskala

Die Bewertung der Attribute erfolgt, wie bereits gesagt, nicht mit ‚Bestanden' oder ‚Nicht bestanden' sondern differenziert mit vier möglichen Erfüllungsgraden[1]: Die Bewertungsskala der Tabelle 6.1 gilt für die Bewertung des Fähigkeitsgrades einzelner Prozesse. Für die Feststellung des Reifegrades einer HR-Organisation ist die Skala nicht mehr erforderlich, da der Reifegrad auf der Feststellung basiert, dass alle Prozesse der HR-Prozesslandschaft ein bestimmtes Fähigkeitsniveau erreichen.

Um einen bestimmten Fähigkeitsgrad zu erreichen, müssen die Prozessattribute des betreffenden Grades mindestens ‚weitgehend erfüllt' (L) und die Prozessattribute des darunter liegenden Fähigkeitsgrades mit ‚vollständig erfüllt' (F) bewertet werden. Warum wird in der Bewertung jeweils auch Bezug genommen auf den vorhergehenden Level? Dies ist im Aufbau der Fähigkeitsstufen begründet. Beide Qualitätsgrade bauen aufeinander auf, sie sind kumulativ.

Voraussetzungen für die Erreichung eines bestimmten Reifegrades sind demnach

- Weitgehende oder vollständige Erfüllung der Prozessattribute des betreffenden Level, maximal jedoch Erfüllung der Zielfähigkeit,
- Vollständige Erfüllung der Prozessattribute des darunter liegenden Level.

Der prozentuale Erfüllungsgrad der Level-bezogenen Umsetzungspraktiken der generischen und spezifischen Prozessattribute wird jeweils einzeln bewertet und mit den Anforderungen laut Tabelle 6.1 verglichen.

Tabelle 6.1 Bewertungsskala

Bewertungs-kürzel	Bezeichnung	Prozent der Umsetzung (%)	Bedeutung
F	Vollständig erfüllt (**F**ully achieved)	86–100	Die Erreichung der definierten Attribute ist vollständig nachgewiesen
L	Weitgehend erfüllt (**L**argely achieved)	51–85	Es gibt einen signifikanten Nachweis für die Erreichung der definierten Attribute
P	Teilweise erfüllt (**P**artially achieved)	16–50	Es gibt einen Teilnachweis für die Erreichung der definierten Attribute
N	Nicht erfüllt (**N**ot achieved)	0–15	Es gibt keinen Nachweis für die Erreichung der definierten Attribute

---

[1] in Anlehnung an ISO/IEC 1504-2, normativer Teil des Standards, aus Wagner/Duerr: Reifegrad nach ISO/IEC 1504 (SPiCE) ermitteln, München 2007, Seite 25.

Bezogen auf das oft angestrebte Rollenmodell des HR Business Partner gelten folgende Anforderungen:

- Vollständige Erfüllung der Prozessattribute des Level 2 bei allen Prozessen,
- Mindestens weitgehende Erfüllung der Prozessattribute des Level 3 bei Prozessen mit dem Zielniveau 3 bis 5.

Kapitel 7
Rollenattribute und spezifische Prozessattribute

7.1 HR-Kernprozesse

7.1.1 Rekrutierung & Einsatz

Kennzeichen für die zunehmende Professionalität der HR-Rolle im Rekrutierungsprozess ist der Zuwachs an Einfluss bei der Einstellungsentscheidung. Auf den unteren Entwicklungsstufen trifft die Linie die Einstellungsentscheidung und steuert den Prozess, während HR Unterstützung leistet (Vertragsadministration, Prozessunterstützung). Ab Stufe 3 wächst HR zu einem gleichgewichtigen Partner, der das Unternehmen als Produkt am Arbeitsmarkt positioniert (Employer Branding), Einstellungen qualitätssichert und zusammen mit der Linie Einstellungsentscheidungen trifft.

Die Rollenattribute sind unter Berücksichtigung der vorstehenden Ausführungen ab Level 2 kumulativ zu verstehen (Abb. 7.1).

Von besonderer Bedeutung für die höheren Reifegrade wird der Aufbau bzw. die Pflege eines Employer Branding, da traditionelle Bewerberkampagnen der Unternehmen nicht mehr den gewünschten Erfolg bringen, insbesondere bei High Potentials, die auch in schwierigen Arbeitsmarktlagen immer noch zwischen verschiedenen attraktiven Angeboten wählen können (siehe Abschn. 7.1.4 Talentmanagement). Karrierechancen allein sind kein Argument mehr. Die Anforderungen potentieller Kandidaten wandeln sich: soziales und ökologisches Bewusstsein, eine positive Unternehmenskultur, Familienverträglichkeit der Stelle zählen heute zum relevanten Set der Erwartungen. Im Gegensatz zur Marke eines Waschmittels oder

Abb. 7.1 Rollenattribute Rekrutierung und Einsatz

Müsliriegels muss die kommunizierte Employee Value Proposition allerdings wahr, authentisch und identitätsbasiert sein.

Ziel:	Der Prozess ist als standardisierter Prozess im Unternehmen institutionalisiert (Level 3)
Spezifische Prozessattribute	Mitarbeiter an das Unternehmen binden (1–4) Mitarbeitereinsatz managen (5)
To Do:	1. Das Unternehmen als ‚attraktiven Arbeitgeber' im Arbeitsmarkt etablieren (Level 2)

Subpractices

- Maßnahmen planen zur
    - Ermittlung der Employee Value Proposition (Kernbotschaften des Arbeitgebers, die für potentielle Bewerber unverwechselbar sind)
    - optimalen Positionierung der Organisation auf dem Markt für potentielle Bewerber (Wahrnehmung des Unternehmens als möglicher Arbeitgeber/ Personalimage);
    - Steigerung der Identifikation interner Mitarbeiter mit dem Unternehmen
    - Bedarfs- und zielgruppenspezifischen Ansprache potentieller Bewerber
- Die Arbeitgebermarke (Employer Branding) für Mitarbeiter und Bewerber erlebbar machen
- HR-Produkte und HR-Prozesse auf die Positionierung abstimmen
- Eigene Marketingmaßnahmen mit den von anderen Stellen des Unternehmens durchgeführten Maßnahmen der Positionierung/Imagebildung (z.B. Maßnahmen der Unternehmenskommunikation, Events, Messeauftritte) koordinieren
- Das Konzept etablieren und die Wirksamkeit überprüfen

2. Eine schriftliche Policy und einen Prozess zur Gestaltung von Beschaffung, Auswahl und Einsatz von Mitarbeitern etablieren (Level 3)

Subpractices

- Grundsätze für den Prozess der Personalbeschaffung festlegen (z.B. Rollen/Zuständigkeiten, internes/externes Sourcing, Zeitpersonal, Consultants, Verknüpfung von Personalplanung mit Beschaffungsplanung)
- Die Voraussetzungen zur Durchführung einer Stellenbesetzung festlegen (z.B. Bedarfsmeldung, Stellenplan/-budget, Stellenbeschreibung, Anforderungsprofil)
- Die Aktivitäten des Beschaffungsprozesses planen (z.B. Anzeige, Jobbörse, Headhunter, interner Interessentenpool, Direktansprache, Finders Fee)
- Die Selektionskriterien und –instrumente/-methoden festlegen (z.B. DIN 33430)
- Die Aktivitäten des Bewerbungsdurchlaufs incl. der erforderlichen Hilfsmittel planen (z.B. Personalfragebogen, Standardschreiben, Abrechnung Vorstellungskosten)

7.1 HR-Kernprozesse

- Standardverträge für verschiedene Zielgruppen entwickeln
- Eine Vertragspolicy entwickeln (z.B. zulässige/unzulässige Änderungen, Besonderheiten zur Gewinnung von ‚Talents' Kompetenzen zum Vertragsabschluss, Nebenleistungen)
- Den Prozess des Vertragsabschlusses planen
- Die Aktivitäten von der Vorbereitung des Stellenantritts bis zum Ende der Probezeit planen
- Die Mitarbeiter, die in die Abwicklung des Rekrutierungsprozesses involviert sind, mit den Grundsätzen, Voraussetzungen, rechtlichen Rahmenbedingungen, Abläufen, Formaten vertraut machen

3. Eine Policy für Auslandsentsendungen etablieren (Level 3)

Subpractices

- Entsendungsrichtlinien konzipieren und pflegen
- Die Richtlinien mit den Auslandsstellen des Unternehmens koordinieren
- Entsendungsverträge unter Berücksichtigung der Richtlinien erarbeiten und den Vertrag durchführen
- Relocation Maßnahmen managen

4. Den Rekrutierungsprozess entsprechend den festgelegten Grundsätzen und Standards durchführen und die Schnittstellen mit angrenzenden Prozessen managen (Level 3)

Subpractices

- Die Schnittstellen des Rekrutierungsprozesses identifizieren (z.B. HR-Informations-Mgmt., HR-Data-Mgmt, HR-Administration)
- Eindeutige Leistungsverpflichtungen festlegen (z.B. Leistungsdefinition, Leistungsort, -zeitpunkt, -übergabepunkt, Leistungsqualität, Ansprechpartner, Qualitätskennziffern)
- Informations-/Kommunikationsinstrumente für einen geregelten Informationsaustausch festlegen (z.B. regelmäßige Meetings, Ad hoc Meetings, standardisierte Informationsweitergabe, bedingte Informationsweitergabe)

5. Den Einsatz des Mitarbeiters managen (Level 2)

Subpractices

- Die personalwirtschaftliche Durchführung der Vertrags- und Einsatz-bezogenen Maßnahmen managen (z.B. Versetzung, Umsetzung wegen Organisationsän-

derungen, Betriebsübergänge, Vertragsänderungen, Erteilung von Vollmachten, Mehrarbeit, Sonderzeiten, Disziplinarmaßnahmen)
• Die Maßnahmen entsprechend der Planung durchführen

7.1.2 Beurteilung und Honorierung

Die Verknüpfung von Beurteilung und Bezahlung in einem Prozess basiert auf der Prämisse, dass die Verknüpfung von Bezahlung und Leistung (Performance) die Mitarbeiter zu höherer Leistung motiviert.[1] Das Performance Management, also die Leistungssteuerung, zielt vordergründig auf die Definition von Leistungszielen und die Leistungsmessung, bezieht aber in zweiter Linie Anreizsysteme, insbesondere Vergütungsaspekte, mit ein. Manager und Berater nennen eine ganze Reihe von Best Practices für das Design, die Implementierung und das Management von Performance-orientierten Vergütungssystemen, die wie folgt zusammengefasst werden können[2]:

- Senior Management Commitment zum System
- Top-down-Einführung statt Bottom up
- Einbeziehung von Mitarbeitervertretern in Design und Implementierung des Systems
- Existenz einer wettbewerbsfähigen Grundgehalts-Struktur
- Existenz eines validen Stellenbewertungssystems
- Professionell konzipierte Leistungsbeurteilung, die stärker auf erzielte Ergebnisse fokussiert als auf Fähigkeiten und Fertigkeiten[3]
- Einführung in einer Gangart, die der Kultur der Organisation entspricht
- Systematische und regelmäßige Trainings für Manager in Fragen von Beurteilung und Feedback
- Effektive Qualitätskontrollen für Beurteilungs- und Vergütungssystem

Abb. 7.2 Rollenattribute Beurteilung und Honorierung

Diese Best Practices sind sowohl bei Rollenattributen als auch bei den spezifischen Prozessattributen berücksichtigt. Entscheidend ist, dass bei der Einführung

---
[1] Thorpe, Richard/Homan, Gil: Strategic Reward Systems, Harlow 2000, Seite 313 f.
[2] Thorpe, Richard/Homan, Gil: a.a.O., Seite 314.
[3] The Hay Group, Flannery/Hofrichter/Platten: People, Performance & Pay, New York 1996, S. 215.

7.1 HR-Kernprozesse

der Systeme die richtige Reihenfolge eingehalten wird: erst das Leistungssteuerungssystem (Zielvereinbarung und Beurteilung), danach das leistungsorientierte Vergütungssystem.

Die Rollenattribute der Stufen 1–3 sind substitutiv zu verstehen. Die Attribute der Stufen 4 und 5 treten kumulativ zur Rollenbeschreibung des HR-Business Partner hinzu (Abb. 7.2).

Ziel:	Der Prozess ist als quantitativ gesteuerter Prozess im Unternehmen institutionalisiert (Level 4)
Spezifische Prozessattribute	Leistungsmanagement (1) Vergütungsmanagement (2)
To Do:	**1.** Einen Performance Management-Prozess etablieren, in dem Performance-Ziele dokumentiert werden, der Zielerreichungsgrad regelmäßig besprochen wird und Performance gemanagt wird (Level 4)

Subpractices

- Eine Policy zur Durchführung von Zielvereinbarungen und jährlichen oder anlassbezogenen (z.B. Probezeit, Projektabschluss) Beurteilungen etablieren
- Festlegen, ob der Focus der Beurteilung auf Leistung/ Arbeitsergebnis oder Kenntnisse und Fertigkeiten (competencies, skills) des Mitarbeiters liegt
- Leistungsbeurteilung von Potentialbeurteilung trennen
- In der Policy die Bedeutung der Beurteilung für Vergütung und Entwicklung festlegen
- Die zur Durchführung der Policy erforderlichen unternehmenseinheitlichen Instrumente entwickeln bzw. anpassen (Zielvereinbarungsformate, Beurteilungsverfahren und –formate)
- Einen standardisierten, unternehmensweiten Prozess zur Durchführung von Zielvereinbarung und Beurteilung/Feedback etablieren
- Die Konzepte gegen ihre Ziele und Wirkungen überprüfen und anpassen, falls erforderlich

2. Einen Vergütungsprozess, der auf einem kommunizierten Vergütungskonzept beruht, etablieren (Level 4)

Subpractices

- Ein ganzheitliches Vergütungskonzept etablieren, das die Elemente Festgehalt, variable Vergütung, Benefits und betriebliche Altersversorgung umfasst und

kompatibel ist mit den relevanten Gesetzen, Tarifverträgen, in- und externen Regeln, den Markterfordernissen und der Geschäftspolitik
- Das Konzept kommunizieren
- Die Wertigkeit der Stellen des Unternehmens unter Berücksichtigung in- und externer Wertigkeitskriterien sowie die Zuordnungskriterien festlegen (z.B. Qualifikation, Erfahrung, Performance)
- Einen periodischen Vergütungsplan entwickeln, der die Budgets für Gehaltsanpassungen und variable Vergütung bereichsweise festlegt in Abhängigkeit von den im Vergütungskonzept festgelegten Kriterien
- Einen periodischen, unternehmensweiten, standardisierten Prozess etablieren zur Überprüfung der Vergütung, Durchführung von Gehaltsanpassungen und variabler Vergütung sowie Vergabe sonstiger individueller Benefits (z.B. Dienstwagen)
- Die Konzepte gegen ihre Ziele und Wirkungen überprüfen und anpassen, falls erforderlich

7.1.3 Training und Entwicklung

In kaum einem unternehmerischen Handlungsfeld wurden in den letzten Jahren derart viele ‚Moden' hervorgebracht wie in der betrieblichen Personalentwicklung.[4] Gleichzeitig klaffen in keinem betrieblichen Handlungsfeld Anspruch und Wirklichkeit derart weit auseinander wie auf dem Sektor der Personalentwicklung.[5] Laut Döring haben nur 4% aller deutschen Unternehmen ein PE-System, und davon haben ca. zwei Drittel Nachholbedarf hinsichtlich Systematik, Professionalität und Strategie. Diese Systematik, Professionalität und Strategie-Orientierung gehört daher zu den Rollenattributen des HR-Business Partner und höherer Reifegrade. Vor diesem Hintergrund sind die Rollenattribute bis auf Level 3 substitutiv zu verstehen. Die Attribute ab Level 4 treten kumulativ hinzu (Abb. 7.3).

Um Nachhaltigkeit und Tragfähigkeit in der PE zu erreichen, bedarf es nicht einer Fülle von Einzelmaßnahmen, sondern eines ganzheitlichen Rahmenkonzeptes, das folgenden Entwicklungen der Unternehmensrealität angemessen Rechnung trägt:

- Zunahme von Veränderungen,
- Zunahme der Änderungsgeschwindigkeit,
- Zunahme der Komplexität,
- Zunahme der Unsicherheit,
- Bedeutungszuwachs von Wissen und Kompetenz.

Das heißt z.B., dass es in der Zukunft weniger um das Design und die Bereitstellung von Entwicklungsmaßnahmen gehen wird, als vielmehr um die Schaffung von

---

[4]Meiffert, Matthias: Strategische Personalentwicklung, Berlin 2008, Seite 11.
[5]Döring, Klaus W.: Strategische Personalentwicklung – Vision und realsistische Perspektiven, in Meiffert, Matthias: Strategische Personalentwicklung, Berlin 2008, Seite 45.

7.1 HR-Kernprozesse

Abb. 7.3 Rollenattribute Training und Entwicklung

günstigen Bedingungen, unter denen Lernen stattfinden kann. Das bedeutet gleichzeitig eine Zunahme der Anforderungen an Initiative und Eigenverantwortung des Mitarbeiters.

Ziel:	Der Prozess ist als strukturierter, gemanagter Prozess im Unternehmen institutionalisiert (Level 2)
Spezifische Prozessattribute	Berufsausbildung managen (1) Mitarbeiter weiterentwickeln (2–3)
To Do:	1. Die Ausbildung des Berufsnachwuchses im Unternehmen initiieren, planen, organisieren und kontrollieren (Level 2)

Subpractices

- Sinnhaftigkeit, Möglichkeiten (z.B. welche Berufsbilder) und Bereitschaft zur Ausbildung klären
- Die Voraussetzungen zur Ausbildung im Unternehmen schaffen (z.B. Eignung des Betriebes und der Ausbilder, Ausbildungsplätze, Ausbildungspläne, Ausbildungsnachweise, Rekrutierung)
- Die betriebliche Ausbildung planen (z.B. Einsatzpläne) und durchführen
- Regelmäßig den Ausbildungserfolg kontrollieren(z.B. Zwischenprüfung)
- Den Ausbildungsabschluss organisieren (z.B. Übernahmeentscheidung, Ausbildungszeugnis)

2. Sicher stellen, dass Mitarbeiter rechtzeitig die Trainings-/ Entwicklungsmaßnahmen erhalten, die sie zur Durchführung ihrer Aufgaben benötigen (Level 2)

Subpractices

- Grundsätze für Fortbildung und Entwicklung der Mitarbeiter etablieren und kommunizieren (z.B. Geltungsbereich der Policy, Ziele und Schwerpunkte abgeleitet

aus den Unternehmenszielen/-grundsätzen, Verantwortlichkeiten, Organisation, Beiträge des Unternehmens, der Führungskräfte und der Mitarbeiter)
- Einen revolvierenden, standardisierten Prozess für Bedarfsanalyse (incl. erfolgskritische Skills der Organisationseinheiten des Unternehmens), Methodenplanung/-entwicklung, Maßnahmenplanung (incl. Qualitätsprüfung externer Anbieter), Durchführung (intern, extern), Transfermanagement und Erfolgskontrolle etablieren
- Geeignete organisatorische Rahmenbedingungen für Lernen schaffen (Austausch von Wissen unterstützen, Lehrende als Berater und Mitgestalter von Lernprozessen, Lerninfrastruktur bereitstellen)
- Die Koordination und effiziente Durchführung der Trainingsadministration sicherstellen (z.B. Anmeldeprocedere, Ausnutzung von Rabatten, Inhouse-Training vs. Teilnahme an externen Seminaren)

3. Die (Weiter-) Entwicklungspotentiale der Mitarbeiter systematisch erheben, entwickeln und sie in Programmen nutzen (Level 2)

Subpractices
- Die erfolgskritischen Spezialistenpositionen bzw. Positionsfamilien identifizieren
- Ein Konzept zur Entwicklung von Mitarbeitern in gehobene Spezialistenpositionen ohne permanente Führung strukturieren (z.B. Projektmanager, Risikomanager)
- Jährliche strukturierte Entwicklungsgespräche mit Mitarbeitern ohne Führungsaufgabe führen und das Ergebnis dokumentieren
- Für Mitarbeiter mit Potential für höherwertige Aufgaben Entwicklungsprogramme on- und off-the-job durchführen (z.B. Zertifikatsprogramme, Projekte, Coaching)
- Mitarbeiter bei erfolgreicher Entwicklung neu einsetzen

7.1.4 Talentmanagement

Talentmanagement ist nicht wirklich neu, da die Entwicklung von Mitarbeitern seit eh und je Gegenstand der Personalentwicklung ist. Mit dem Talentmanagement wird dem traditionellen PE-Ansatz (Weiterbildung für alle, PE als Weihnachtsmann) allerdings eine strategische, marktorientierte Richtung gegeben. Die ‚Besten' rücken in den Fokus. Ins Bewusstsein der breiten HR-Community gelangte dieses Thema durch das Buch ‚The War for Talent',[6] das auf von McKinsey & Company Ende

---

[6]Micheals, Ed/Handfield-Jones, Helen/Axelrod, Beth: The War for Talent, New York 2001.

der 90er Jahre durchgeführten Studien basiert, in denen die Praktiken erfolgreicher Unternehmen bei der Gewinnung, Entwicklung und Bindung ihrer besten Talente beleuchtet wurden.

Management-Talente sind nach der Definition der Verfasser dieses Buches Mitarbeiter, die sich auszeichnen durch *"a sharp strategic mind, leadership ability, emotional maturity, communications skills, the ability to attract and inspire other talented people, entrepreneurial instincts, functional skills, and the ability to deliver results"*.[7]

Entsprechend diesem Ansatz wird empfohlen, sich in einem ersten Schritt um die talentiertesten Führungskräfte und Nachwuchs-Führungskräfte zu kümmern. Erst wenn die Prozesse und Instrumente für diese Zielgruppe etabliert sind, sollte eine Ausweitung des Talentmanagement Ansatzes auf Nichtführungskräfte, z.B. Projektmanager, Vertriebsspezialisten, vorgenommen werden.

In dem hier vorgelegten Konzept ist das Talentmanagement dem Prozess-Fähigkeitsgrad 4 zugeordnet, während die anderen PE-Aktivitäten dem Level 2 zugeordnet sind. Warum ist das so? Die Antwort ergibt sich, wenn man sich die Gründe für die Entstehung von Talentmanagement-Aktivitäten ansieht:

- Der demographische Wandel führt insbesondere in den westlichen Ländern zu einem zunehmenden Mangel an Führungs- und Fachkräften.
- In der globalisierten Wirtschaft kommt es zunehmend auch zu einem globalen Wettbewerb um und zu einem Global Sourcing von High Potentials. Insbesondere sich schnell entwickelnde Volkswirtschaften sorgen für eine zusätzliche Nachfrage nach erfahrenen Führungskräften.
- Die Loyalität hochqualifizierter Fachkräfte und Führungskräfte gegenüber ihrem Arbeitgeber nimmt ab.
- Das Internet hat die Transparenz der internationalen Arbeitsmärkte dramatisch erhöht.

Diese Herausforderungen werden nur durch einen globalen, unternehmensweiten Prozess beherrschbar. Alleingänge von Niederlassungen und Tochtergesellschaften sind hier ausgesprochen kontraproduktiv.

Wenn Fachkräfte ohne Führungsfunktion entsprechend dem Rollenmodell in den Talentmanagement-Prozess einbezogen werden, gelten natürlich entsprechend die Anforderungen des Level 4. Ob dies mit Aufgabenverschiebungen zwischen Organisationseinheiten oder Mitarbeitern einhergeht, ist abhängig vom konkreten organisatorischen Aufbau des Unternehmens und muss im Einzelfall geprüft werden. Die Rollenattribute sind ab Level 2 kumulativ zu verstehen (Abb. 7.4).

McKinsey & Company hat in seinen Studien fünf dringende Erfordernisse identifiziert, an denen Unternehmen arbeiten müssen, wenn sie den ‚War for Talent' gewinnen wollen und talentierte Manager zum Wettbewerbsvorteil werden sollen[8]:

---

[7] Micheals, Ed/Handfield-Jones, Helen/Axelrod, Beth: The War for Talent, New York 2001, Preface XIII.

[8] Micheals, Ed/Handfield-Jones, Helen/Axelrod, Beth: The War for Talent, New York 2001, Seite 11.

- „Embrace a Talent Mindset,
- Craft a Winning Employee Value Proposition,   } Rekrutierung
- Rebuild Your Recruiting Strategy,   und Einsatz
- Weave Development into Your Organization,
- Differentiate and Affirm Your People"   } Beurteilung und
  Honorierung

1 HR-Administrator	2 HR-Manager	3 HR-Business Partner	4 HR-Leader	5 HR-Strategist
Ad-hoc Maßnahmen der Entwicklung von erfolgskritischen MA-Gruppen und MA-Bindung MA-Zufriedenheit und Engagement sind von geringem Interesse	Strukturierter Prozess zur Identifikation von Talenten Generische Entwicklungspfade für Führungskräfte Fokussierung auf untere Level (Nachwuchskräfte)	Unternehmens-/Konzernweiter, von HR getriebener, standardisierter Prozess für Führungskräfte Einheitliches Kompetenzmodell Leadership Development-Programm etabliert Individuelle Entwicklungspfade	Systematische Nachfolgeplanung etabliert Ausweitung des Talentmanagement-Konzepts auf andere erfolgskritische Zielgruppen	Etablierter Talent Pool, der von HR nach transparenten Grundsätzen gemanagt wird Entwicklungs-und Bindungsprogramme sind vernetzt mit anderen HR-Prozessen MA-Bindung und Strategiegetriebene MA-Entwicklung stehen über Bereichsinteressen

Abb. 7.4 Rollenattribute Talentmanagement

Diese Anforderungen sind in den folgenden spezifischen Prozessattributen berücksichtigt.

Ziel:	Der Prozess ist als quantitativ gesteuerter Prozess im Unternehmen institutionalisiert (Level 4)
Spezifische Prozessattribute	Führungsnachfolge managen
To Do:	Ein Konzept zur Identifikation, Bindung, Entwicklung und Nachfolgeplanung von Mitarbeitern für Führungspositionen etablieren (Level 4)

Subpractices

- Grundsätze der Führungskräfteentwicklung und Nachfolgeplanung in einem unternehmensweit gültigen Konzept festlegen
- Ein Kompetenzmodell für die Führungspositionen des Unternehmens entwickeln
- Die Rolle der Geschäftsleitung und der Führungskräfte im gesamten Talentmanagement-Prozess definieren und diese gemäß Konzept einbinden
- Das Talentmanagement-Konzept mit allen personalwirtschaftlichen Instrumenten und Prozessen des Employee Lifecycle verzahnen
- Die Prozesse des Talentmanagement offen und transparent kommunizieren
- Die erfolgskritischen Positionen des Unternehmens identifizieren

- Die Analyseergebnisse mit der quantitativen Personalplanung koordinieren
- Periodisch in einem Top-down-Prozess standardisierte Maßnahmen der Potentialeinschätzung durchführen, dazu standardisierte Inputinformationen zur Verfügung stellen und die Ergebnisse in strukturierter Form erfassen
- Die Ergebnisse der Potentialrunden in Management-Konferenzen koordinieren
- Aus den Potentialeinschätzungen Entwicklungsbedarfe, konkrete, individualisierte Maßnahmen (individuelle, vertikale und horizontale Karrierepfade) und ggf. Beschaffungsaktivitäten ableiten
- Entwicklungsprogramme mit hohem Prestige und überdurchschnittlichem Lernerfolg etablieren (z.B. Mentoring, Coaching, Action-Learning, Auslandseinsätze, herausfordernde Projekte, Job Rotation)
- Maßnahmen zur Weiterentwicklung von Führungs- und Managementkenntnissen, Change Management Fähigkeiten sowie Führungsverhalten durchführen und den Erfolg kontrollieren
- Alle Daten/Informationen des Prozesses in einer Entwicklungsdatenbank erfassen
- Führungsstellen, wenn möglich, aus dem Pool entwickelter Mitarbeiter besetzen
- Den Erfolg des Talentmanagement durch Key Performance Indicator (KPI) zum Wertschöpfungsbeitrag kontrollieren (z.B. Bindungswirkung, interne Besetzung von Positionen, Zahl der Fehlbesetzungen)
- Den Gesamtprozess über quantitative Zielvorgaben steuern
- Konzept und Prozess des Talentmanagement auf erfolgskritische Spezialistenfunktionen (ohne permanente Führungsaufgabe) aller Ebenen ausweiten

7.1.5 Organisations-/Teamentwicklung

Die Gesellschaft für Organisationsentwicklung (GOE) versteht „Organisationsentwicklung als einen längerfristig angelegten, nachhaltigen Entwicklungs- und Veränderungsprozess von Organisationen und der in ihr tätigen Menschen. Die Wirkung dieses Prozesses beruht auf dem gemeinsamen Lernen aller beteiligten Personen durch direkte Mitwirkung bei der Bearbeitung und Lösung betrieblicher und unternehmerischer Probleme."[9] Das erfolgreiche Managen von Veränderungsprozessen (Change Management), das aktive Gestalten des geplanten Wandels von Organisationen hat sich vor dem Hintergrund einer zunehmenden Veränderungsgeschwindigkeit und Änderungsnotwendigkeit als eine unternehmerische Kernkompetenz herauskristallisiert.

OE-Projekte und Teamentwicklungsmaßnahmen sind weder „Basisdemokratie" noch „Sozial-Klimbim" sondern zielen auf die Verbesserung der Leistungsfähigkeit der Organisation (Effizienz) und der Qualität des Arbeitslebens. Kennzeichen sind[10]:

---

[9]Gesellschaft für Organisationsentwicklung: http://www.goe.org/ueber_uns_allgemein.htm, Seitenabruf 21.12.2009.
[10]Leitlinien der Gesellschaft für Organisationsentwicklung (GOE).

- OE-Projekte werden von den betrieblichen Macht- und Entscheidungsträgern in Gang gesetzt, gesteuert und getragen (*Führungskultur*).
- Bearbeitet werden aktuelle, konkrete Fragen und Probleme der täglichen Arbeit auf allen Unternehmensebenen und in allen Unternehmensbereichen (z.b. strategische, organisatorische, operationelle Fragen). Soziale Aspekte einer Problemlösung (z.b. Konflikte, Motivation, Identifikation, Commitment) werden gleichwertig mit den Sachfragen bearbeitet (*Gleichgewicht von sachlichen und sozialen Aspekten*).
- OE-Projekte sind auf konkrete Ergebnisse ausgerichtet (*Ergebnisorientierung*).
- OE ist ein geplanter Prozess, der iterativ die Phasen Diagnose, Planung, Durchführung und Evaluierung durchläuft (*Prozessorientierung*).
- Durch eine sinnvolle Beteiligung der Betroffenen in allen Phasen des OE-Projektes werden Qualität und Akzeptanz der Lösungen gesteigert (*Beteiligung der Betroffenen*).
- In Sach-, Verhaltens- und Wertefragen findet ein offener Informations- und Meinungsaustausch statt (*Transparenz und Vertrauen*).

Was ist nun die Rolle von HR in diesem Kontext? HR kann grundsätzlich drei Dinge tun:

- die Etablierung einer offenen, partizipativen Unternehmenskultur unterstützen,
- Führungskräfte durch Training, Bereitstellung geeigneter Methoden, Techniken und Werkzeuge und ggf. Coaching befähigen, Veränderungsprojekte im o.g. Sinne zu managen,
- als Berater (Moderator, Coach oder Trainer) Change-Projekte begleiten, sofern HR über entsprechend qualifizierte Mitarbeiter und die erforderliche Akzeptanz im Unternehmen verfügt.

Entsprechend den genannten OE-Kennzeichen und den Möglichkeiten von HR sind die Rollenattribute und spezifischen Prozessattribute in der Organisations- und Teamentwicklung aufgebaut. Die Rollenattribute sind ab Level 3 kumulativ zu verstehen (Abb. 7.5).

Ziel:	Der Prozess ist als standardisierter Prozess im Unternehmen institutionalisiert (Level 3)
Spezifische Prozessattribute	Wertesystem etablieren (1) Change Management –Kompetenz fördern (2) Changeprozesse begleiten (3)
To Do:	1. Ein Wertegerüst für Führung und Entwicklung des Unternehmens etablieren (Level 3)

Subpractices

- Unternehmensbezogene Leitlinien und deren Änderungen kommunizieren und diskutieren

7.1 HR-Kernprozesse

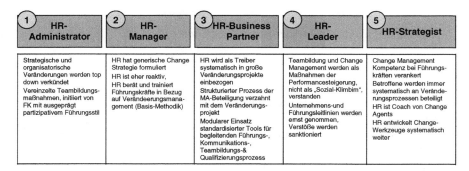

Abb. 7.5 Rollenattribute Organisations- und Teamentwicklung

- Darauf hinwirken, dass das Management die Unternehmenswerte mit Worten und Taten vorlebt (Vorbild)
- Die Mitarbeiter regelmäßig oder anlassbezogen über wesentliche Fakten des Unternehmens informieren (z.B. Unternehmensstrategie, Geschäftsergebnisse, Organisationsänderungen).
- Den Mitarbeitern ermöglichen, Fragen zu stellen und Meinungen zu äußern (Zwei-Weg-Kommunikation)

2. Wissen, Methoden, Techniken, die die Weiterentwicklung der Organisation fördern, etablieren (Level 3)

Subpractices

- Methoden, Techniken, Werkzeuge zur Unterstützung von Changeprozessen entwickeln (z.B. Resistance Radar, Change Impact Analyse, Transformation Map, Info-Markt, Storytelling, Change-Controlling)
- Den Führungskräften Kenntnisse und Fertigkeiten der Methoden und Techniken des Change Management vermitteln
- Anreize setzen, dass Mitarbeiter über Organisationseinheiten hinweg Informationen/Wissen/Erfahrungen zur Lösung ihrer Aufgaben und zur stetigen Verbesserung der Produkte und des Unternehmens austauschen (Wissensmanagement)
- Maßnahmen etablieren zur systematischen Erhebung und Nutzung der Mitarbeitermeinungen und -erfahrungen für die Weiterentwicklung des Unternehmens(z.B. Mitarbeiterbefragungen, Vorstandsfrühstück, Vorschlagswesen/Ideenmanagement, Post Mortem Analysen, Beschwerdeverfahren)
- Einen Mitarbeiter-Zufriedenheitsindex ermitteln
- Aus den Befragungsergebnissen mit den Betroffenen Verbesserungsmaßnahmen ableiten
- Diese Verbesserungsmaßnahmen in den Zielvereinbarungen verankern
- Arbeitsteams korrespondierend mit ihren Fähigkeiten Freiraum zur Selbstregulierung einräumen

3. Change-Projekte als interner Berater begleiten[11] (Level 3)

Subpractices

- Auswirkungen, Risiken, Erwartungen, Befürchtungen und Handlungsfelder im Veränderungsprozess analysieren
- Hintergründe, Notwendigkeit und Ziele des Veränderungsprozess nachvollziehbar machen
- Strukturen und Monitoring des Changeprozesses entwickeln
- Mobilisierung und Commitment fördern
- Störungen identifizieren und den Prozess zur Konfliktbewältigung begleiten
- Die Führungskräfte im Rahmen der veränderten Anforderungen fördern und fordern
- Den erforderlichen Kulturwandel identifizieren und die Weiterentwicklung der Kultur unterstützen
- Zielgruppenorientierte Maßnahmen der Qualifizierung und Entwicklung durchführen
- Erfolge identifizieren und kommunizieren

7.1.6 Trennungsmanagement

Arbeitsverhältnisse durch Kündigung zu beenden ist zwar Teil des Jobs von Führungskräften und Personalmanagern, doch für viele ist dieser schmerzhafte Prozess mit Ängsten und unguten Gefühlen verbunden. Viele beschränken sich deshalb auf die rechtlich korrekte Abwicklung der Kündigung, was bei den verbleibenden Mitarbeitern und den Betroffenen oft einen negativen Eindruck hinterlässt. Im Trennungsmanagement geht es daher nicht nur um ein gesetzeskonformes ‚Was', sondern vor allem um ein geglücktes ‚Wie'. Dem entsprechend drückt sich die Reife von HR im Trennungsmanagement durch eine mehr oder weniger ausgeprägte ‚Trennungskultur' aus, die von Fairness und Wertschätzung geprägt ist.

Die Rollenattribute sind ab Level 2 kumulativ zu verstehen (Abb. 7.6).

Ziel:	Der Prozess ist als standardisierter Prozess im Unternehmen institutionalisiert (Level 3)
Spezifische Prozessattribute	Beendigung von Arbeitsverhältnissen managen (1–2)
To Do:	1. Arbeitgeberseitige Kündigungen von Mitarbeitern mit dem Ziel managen, einen Reputationsschaden für das Unternehmen zu vermeiden (Level 3)

---

[11] in Anlehnung an Capgemini Consulting: Change Management Studie 2008, Seite 41 f.

7.1 HR-Kernprozesse

1 HR-Administrator	2 HR-Manager	3 HR-Business Partner	4 HR-Leader	5 HR-Strategist
Trennungsfälle werden arbeitsrechtlich administriert Behandlung eher als Tabuthema	Kommunikationskonzept Schutz der Leistungsträger, Vermeidung ungewollter Fluktuation	Führungskräfte sind geschult Konstruktiver und fairer Prozess Vermeidung negativer Begleiterscheinungen	Ganzheitliches Trennungsmgmt. Organisationsentwicklung und Retentionmanagement für die verbleibenden MA	Begriff „Trennungskultur" ist bei MA und FK positiv besetzt

Abb. 7.6 Rollenattribute Trennungsmanagement

Subpractices

- Grundsätze/Werthaltungen für das Management von Disziplinarmaßnahmen und die Trennung von Mitarbeitern etablieren (z.B. Formal sauber, gerecht, sachlich, fair, wertschätzend)
- Strukturieren der
  - **Vorbereitung** (z.B. Situationsanalyse, Alternativen, Entscheidung, Maßnahmenvorbereitung, Einbindung Mitarbeitervertretung, Planung Folgemaßnahmen)
  - **Durchführung** (z.B. Trennungsgespräche, Kündigung/Aufhebung)
  - **Nachbereitung** (z.B. Kommunikation, Verhandlung Abwicklungsvertrag, OE-Maßnahme, Outplacement, Zeugnis, arbeitsplatzbezogene Maßnahmen)

  von Kündigungen für einzelne und mehrere Mitarbeiter durch z.b. Checklisten, Kündigungs-Workflow, Formulare/Formbriefe, Kommunikationsplan,
- Eine Projektgruppe bei schwierigen Fällen einsetzen (z.B. betriebsbedingte Kündigung mehrerer Mitarbeiter)
- Die Führungskräfte schulen hinsichtlich der Vorbereitung und Durchführung von Disziplinarmaßnahmen (als mögliche Vorstufe der Kündigung) und ihre Rolle bei betriebsbedingten Kündigungen
- Die Maßnahme gemäß Planung durchführen

2. Sicherstellen, dass Mitarbeiter ihre Position in einem geordneten Verfahren verlassen (Level 3)

Subpractices

- Eine Regelung etablieren, was im Falle des freiwilligen Ausscheidens von Mitarbeitern zu veranlassen ist
  - vom Mitarbeiter selbst
  - vom Einsatzbereich
  - vom HR-Bereich
  - von anderen Bereichen/Personen
- Strukturierte Exitinterviews durchführen, auswerten und daraus Maßnahmen ableiten

- Den Austritt des Mitarbeiters administrieren gemäß Regelung (z.B. Arbeitszeugnis, Rückforderung Betriebsausweis, Schlüssel, Dienstwagen, Information anderer Stellen)
- Kontrollen durchführen (Vollständigkeit, Korrektheit)

7.2 Managementprozesse

7.2.1 HR-Strategie/Governance

Kennzeichnend für den HR-Strategie- und Governance Prozess ist, welches Planungskonzept angewandt wird. In Literatur[12] und Praxis haben sich im Wesentlichen 3 Grundkonzepte herauskristallisiert, die sich auch in den Rollenattributen wiederfinden.

(1) Die Personalstrategie folgt der Unternehmensstrategie bzw. den Strategien der Geschäftsbereiche oder strategischen Geschäftseinheiten. Die Art und Weise, wie diese „Übersetzung" erfolgt, spiegelt sich in den Rollen 1 bis 3.

(2) Die Unternehmensstrategie folgt Personalentscheidungen.[13] „Aus der Erkenntnis, dass viele Unternehmensstrategien an fehlenden oder ungeeigneten Personalressourcen scheitern, bietet sich ein ressourcenorientiertes, inkremental angelegtes Planungskonzept an".[14] Dieser Ansatz spiegelt sich in der Rolle des HR-Leader.

(3) Bei der interaktiven Strategieentwicklung werden die Top-Down und Bottom-Up Ansätze der Konzepte (1) und (2) kombiniert. Im Ergebnis führt dies zu einer Personalstrategie, die integraler Bestandteil der Unternehmensstrategie ist (Rolle des HR-Strategist) (Abb. 7.7)

① HR-Administrator	② HR-Manager	③ HR-Business Partner	④ HR-Leader	⑤ HR-Strategist
Keine formulierte HR-Strategie existent	HR formuliert Strategie alleine, keine oder nur rudimentäre Abstimmung mit dem Business	Regelmäßiger Dialog mit Bereichsleitern über HR-Strategie, HR-Strategie unterstützt die Geschäftsstrategie	HR ist beteiligt an der Entwicklung / Fortschreibung der Unternehmensstrategie	HR-Strategie ist integraler Bestandteil der Unternehmensstrategie

Abb. 7.7 Rollenattribute Strategie- und Governanceprozess

---

[12]Staehle, Wolfgang: Management, Eine verhaltenswissenschaftliche Perspektive, München 1989, Seite 731 ff.

[13]Collins, Jim: Der Weg zu den Besten, Die sieben Management-Prinzipien für dauerhaften Unternehmenserfolg, München 2005, Seite 61 ff.

[14]Staehle, a. a. O., Seite 733.

7.2 Managementprozesse

Um die Business-Partner Rolle erreichen zu können, ist es erforderlich, den Strategieprozess als strukturierten Prozess (Level 2) im Unternehmen zu verankern. Eine Standardisierung im Sinne der Level-3-Definition ist nicht erforderlich, da es unüblich sein dürfte, dass Geschäftsfelder oder Tochtergesellschaften bei entsprechenden strategischen Vorgaben der Führungsgesellschaft ihren eigenen Strategieprozess aufsetzen.

Die Rollenattribute des Strategie und Governanceprozesses sind substitutiv zu verstehen, d.h. Attribute eines höheren Levels ersetzen alle Attribute der vorhergehenden Level.

Ziel:	Der Strategie- und Governance-Prozess ist als strukturierter, gemanagter Prozess institutionalisiert (Level 2)
Spezifische Prozessattribute	Strategieentwicklung (1–2 und 6) Strategieumsetzung (3–5)
To Do:	1. Eine strukturierte Umfeldanalyse für die (Weiter-)Entwicklung der Personalstrategie durchführen (Level 2)

Subpractices

- Aus Unternehmensstrategie & Leitbild (Werte & Kultur) des Unternehmens die Anforderungen an HR ableiten
- Die Stakeholder (Management, Mitarbeiter, Betriebsrat, Sprecherausschuss) hinsichtlich ihrer Erwartungen an die Personalpolitik befragen, insbesondere erwartete Beiträge zur Unterstützung der Geschäftsstrategie erfragen
- Ermitteln, welche gesellschaftlichen Trends zu neuen/veränderten Anforderungen an HR führen werden
- Aus öffentlich verfügbaren Studien von HR-Consultants und Verbänden aktuelle Entwicklungstrends im HR-Management ermitteln
- Die strategische Position des HR-Bereichs in einer SWOT-Analyse darstellen

2. Die HR-Strategie schriftlich dokumentieren (Level 2)

Subpractices

- Die Ziele und Grundsätze der Personalpolitik, die Grundlage des Handelns von HR sind, beschreiben
- Überprüfen, inwieweit die HR-Strategie mit der Unternehmenskultur kompatibel ist
- Feedback von Repräsentanten der Stakeholder einholen zum Strategieentwurf und zum kulturellen Fit
- Bewerten inwieweit das Feedback berücksichtigt werden muss und die erforderlichen Anpassungsmaßnahmen durchführen

- Die Zuordnung von Aufgabe, Kompetenz und Verantwortung der HR-Funktion bestimmen (Organisationsstruktur).

3. Die Umsetzung der HR-Strategie planen (Level 2)

Subpractices

- Die Umsetzungsmaßnahmen der HR-Strategie planen und priorisieren
- Die Kosten der Strategieimplementierung schätzen
- Verantwortlichkeiten und Umsetzungstermine planen
- Die in der Organisation erforderlichen Entscheidungen für die Implementierung der Strategie und der dazugehörenden Organisation einholen

4. Die HR-Strategie im Unternehmen bzw. Konzern kommunizieren (Level 2)

Subpractices

- Die Kommunikations-Zielgruppen festlegen
- Die zielgruppenspezifischen Kommunikationsformen und –inhalte festlegen
- Die Strategie gemäß Planung bekannt geben

5. Die Strategie implementieren und ein Strategiecontrolling etablieren (Level 2)

Subpractices

- Die Strategie-Implementierung gemäß Umsetzungsplan überwachen
- Mess- und Zielwerte festlegen, an denen erkennbar ist, inwieweit die strategischen Ziele erreicht sind
- Angemessene Korrekturmaßnahmen bei Planabweichungen ergreifen

6. Den Strategieprozess periodisch wiederholen (Level 2)

Subpractices

- Den Prozess periodisch (min. alle 2 Jahre) durchführen
- Veränderungen der Input-Parameter feststellen

7.2.2 HR-Controlling

Beim HR-Controlling Prozess werden typische Entwicklungsstände des Personalcontrolling[15] mit der HR-Rollenentwicklung verknüpft.
1. Das Kostencontrolling beinhaltet sowohl die Ermittlung der gesetzlich erforderlichen, personalbezogenen Kennzahlen als auch die Kontrolle der Budgeteinhaltung der Personalkosten im Unternehmen und des Personalbereiches selbst.
2. Das Effizienzcontrolling betrachtet die Produktivität der Personalarbeit durch Vergleich von geplantem und tatsächlichem Ressourceneinsatz einerseits und im Vergleich zu Wettbewerbern (Benchmarking). Der effiziente Umgang mit der Personalressource bildet hier die Wertschöpfung.
3. Das Effektivitätscontrolling zielt schließlich darauf ab, den Erfolgsbeitrag des Personalmanagement zum Unternehmenserfolg durch quantitative und qualitative Messungen nachzuweisen.

Die Rollenattribute des HR-Controllingprozesses sind grundsätzlich kumulativ. Die Attribute, die auf die Datenverfügbarkeit und Datenqualität hinweisen, sind jedoch substitutiv zu verstehen (Abb. 7.8).

Ziel:	Der HR-Controlling-Prozess ist als optimierter Prozess institutionalisiert (Level 5)
Spezifische Prozessattribute	Controllingprozess managen (1–3 und 7–8) Personalrisiken managen (5) Personalbedarf quantitativ und qualitativ planen (6) Verifizierung und Evaluierung (4)
To Do:	1. Ein HR-Controllingkonzept erstellen (Level 3)

1 HR-Administrator	2 HR-Manager	3 HR-Business Partner	4 HR-Leader	5 HR-Stratege
Kennzahlen gemäß gesetzlichen Anforderungen für den Jahresabschluss	Einige standardisierte Reports unterstützen das Management in der Entscheidungsfindung, HR-Kostencontrolling Geregelter Daten-Meldeprozess Time to Market noch lückenhaft, teilweise zweifelhafte Datenqualität	Quantitative HR-Daten sind Bestandteil von Businessplanung und Reporting HR-Steuerungsdaten stehen der Linie monatlich zeitnah zur Verfügung HR-Effizienzcontrolling	Quantitative und qualitative HR-Daten sind Teil von Businessplanung und Reporting Aktuelle HR-Steuerungsdaten sind durch die Linie jederzeit im HR-Portal (MSS) auswertbar HR-Effektivitätscontrolling	HR-Daten beeinflussen die Umsetzungsplanung der Geschäftsstrategie HR-Bereich wird nach Kennzahlen gesteuert

Abb. 7.8 Rollenattribute HR-Controllingprozess

---

[15]Wunderer, Rolf/Jaritz, André: Unternehmerisches Personalcontrolling, Neuwied 2002, Seite 16.

Subpractices

- Die Controllingziele und ihre Gewichtung orientiert an der HR-Strategie festlegen
- Die quantitativen und qualitativen Steuerungsgrößen/Kennzahlen, mit denen die Zielerreichung kontrolliert werden soll, definieren
- Den Empfängerkreis für die Kennzahlen in den Konzeptionsprozess einbeziehen
- Die Erhebungszeitpunkte und –räume der Controllingdaten festlegen
- Die Methoden (z.B. Kosten-, Ergebnis-, Nutzenanalysen), Instrumente (z.B. Kostenrechnung, Kundenbefragung), Datenquellen (z.B. Systeme), Vergleichsgrundlagen (z.B. Benchmarkingpartner) festlegen
- Den Controllingprozess konzipieren
- Festlegen, welche Unternehmensteile in den Controllingprozess einbezogen werden
- Das Reportingformat, die Frequenzen und den Empfängerkreis festlegen
- Das Gesamtkonzept mit der zuständigen Managementebene abstimmen

2. Die konzeptionellen Voraussetzungen des HR-Controlling implementieren (Level 3)

Subpractices

- Die organisatorischen und systemtechnischen Voraussetzungen zur Implementierung des Controllingkonzeptes schaffen
- Betroffene Mitarbeiter und Führungskräfte mit dem Konzept so vertraut machen, dass sie es verstehen und akzeptieren.

3. Den HR-Controlling-Prozess durchfüren (Level 3 bis Level 5)

Welchem Level der Fähigkeitsgrad des HR-Controllingprozesses entspricht, ist abhängig vom Entwicklungsstand des gelebten Controllingkonzeptes. Für den Professionalitätsgrad des Business Partners (Level 3) muss ein Kosten- und Effizienzcontrolling durchgeführt werden. Die zusätzliche Durchführung eines Effektivitätscontrolling (Controlling der HR-Erfolgsbeiträge) entspricht dem Level 4. Eine Prozessdurchführung, die eine Steuerung des HR-Bereiches nach quantitativen und qualitativen Kennzahlen in Verbindung mit einer kontinuierlichen Verbesserung erkennen lässt, entspricht dem Level 5.

Subpractices

- Die Sollwerte der festgelegten Steuerungsgrößen und Umsetzungsmaßnahmen zur Zielerreichung planen
- Die Ist-Werte erheben

7.2 Managementprozesse

- Analysen gemäß Controllingkonzept durchführen und Steuerungsempfehlungen erarbeiten
- Das Reporting erstellen und verteilen

4. Das HR-Controllingkonzept regelmäßig verifizieren und evaluieren (Level 5)

Subpractices

- Überprüfen, ob die erhobenen Kennzahlen das messen, was sie messen sollen
- Entsprechende Korrekturen durchführen
- Das Kennzahlengerüst regelmäßig auf Aktualität und strategische Passung überprüfen
- Das Controllingkonzept an veränderte Steuerungsziele und –bedürfnisse anpassen

5. Mit Mitarbeitern verbundene operationale Risiken identifizieren, quantifizieren und steuern/Personalrisikomanagement (Level 5)

Subpractices

- Mögliche Risikofaktoren (Austritts-, Engpass-, Anpassungs-, Motivations-, Loyalitätsrisiken) im Zusammenhang mit den Mitarbeitern definieren und strukturieren
- Eingetretene operationale Risiken in einer Risiko-Ereignisdatenbank festhalten
- Kennzahlen mit Korrelation zum Risiko als Frühindikatoren entwickeln
- Bewerten, inwieweit personelle Risikofaktoren bei Eintritt zu einer Gefahr für die Organisation werden (Risikopotenzial).
- Maßnahmen der Risikoreduzierung/-abwehr konzipieren und diese hinsichtlich ihrer Risikoreduzierungswirkung einschätzen
- Risiko reduzierende Maßnahmen umsetzen
- Regelmäßig die definierten Risikoindikatoren ermitteln
- Die Risiko reduzierenden Maßnahmen auf Wirksamkeit kontrollieren und geeignete Korrekturen durchführen
- Regelmäßig Risikoberichte für die Geschäftsführung erstellen (z.B. Schadensereignisse, Entwicklung von Risikoindikatoren, Maßnahmen).

6. Einen strukturierten, mit der Budgetplanung des Unternehmens verknüpften Prozess der quantitativen und qualitativen Personalbedarfsplanung sowie Personalkostenplanung etablieren (Level 3)

Subpractices

- Mit dem Unternehmenscontrolling die TOP-DOWN Planungs-/ Budgetierungsvorgaben bezüglich Personalkapazität bzw. –kosten abstimmen
- Daten, Informationen und Planungsstrukturen den Planungsverantwortlichen zur Durchführung der dezentralen Personalplanung in den Budgetierungseinheiten zur Verfügung stellen
- Die Planungsverantwortlichen bei der Personalbedarfs- und Kostenplanung beraten
- Die dezentralen Planergebnisse analysieren
- Die Konsistenz mit den Planvorgaben und die Inhalte auf Plausibilität prüfen
- Abschätzen, inwieweit die geplanten quantitativen und qualitativen Änderungen realisierbar sind
- Die Planung für die Entscheidungsträger (z.B. Vorstand) kommentieren und, soweit erforderlich, Korrekturmaßnahmen empfehlen
- Die beschlossenen Plandaten in ein Zielverfolgungssystem eingeben

7. Die SOLL-Werte der jährlichen Personalplanung regelmäßig unterjährig mit den IST-Werten vergleichen (Level 3)

Subpractices

- Eine Abweichungsanalyse für die aufgelaufenen IST-Werte von den anteiligen SOLL-Werten durchführen
- Die Ursachen der Planabweichungen feststellen
- Einschätzen, inwieweit der bisherige Budgetansatz (SOLL-Wert) zum Jahresende erreicht werden wird
- Ggf. beabsichtigte Korrekturmaßnahmen bei den Planungsverantwortlichen abfragen und kommentieren
- Ggf. zusätzliche Korrekturmaßnahmen entwickeln wenn die Zielerreichung gefährdet ist

8. Den Status des SOLL – Ist-Vergleiches unterjährig regelmäßig an die Entscheidungsträger berichten (Level 3)

Subpractices

- Den Status der Abweichungsanalyse für die Entscheidungsträger aufbereiten, Abweichungen kommentieren und Korrekturmaßnahmen vorschlagen
- Entscheidungen an die Budgetverantwortlichen und die tangierten Mitarbeiter des Personalbereichs kommunizieren
- Entschiedene Korrekturmaßnahmen im Zielverfolgungssystem eingeben

7.2.3 HR-Organisationsmanagement

Der HR-Organisationsmanagementprozess entwickelt und pflegt die Hilfsmittel für die Durchführung von Projekten und das Management von Prozessen. Es ist somit einerseits ‚Produktionsvorstufe' der personalwirtschaftlichen Projekte und jedes HR-Prozesses, andererseits Leitlinie für das Management/die Durchführung von HR-Projekten. Die von diesem Prozess zur Verfügung gestellten Methoden, Verfahren, Werkzeuge und sonstigen Hilfsmittel sind jedoch ebenso zur Durchführung von Prozess- und Projektreviews geeignet, um Qualität und Risiken besser beherrschen zu können.

Im HR-Organisationsmanagement sind der Grad der Standardisierung und der Kennzahlensteuerung von Projekten und Prozessen die Bestimmungsfaktoren für den jeweiligen Entwicklungsstand der HR-Rolle. Die Rollenattribute sind substitutiv zu verstehen (Abb. 7.9).

1 HR-Administrator	2 HR-Manager	3 HR-Business Partner	4 HR-Leader	5 HR-Stratege
Prozessvorgaben sind rudimentär vorhanden Projektplanung, -durchführung und -kontrolle unterscheiden sich je nach Projektmanager, teilweise lückenhaft	IT-getriebene Teilstandardisierung von Serviceprozessen Leitlinien für Projekte und Prozesse lassen teilweise großen individuellen Spielraum	Projekte und Prozesse werden nach standardisierten Verfahren geplant und durchgeführt	Kennzahlensteuerung für Projekte und Prozesse oft vorhanden Anlassbezogene Verbesserungsmaßnahmen	Die Organisation wird nach Kennzahlen gesteuert Es ist eine kontinuierliche Verbesserung für Projekte und Prozesse etabliert

Abb. 7.9 Rollenattribute HR-Organisationsmanagement

Ziel:	Im Rahmen des HR-Organisationsmanagement ist das HR-Projektmanagement als standardisierter Prozess institutionalisiert; Hilfsmittel für das Management von Prozessen sind standardisiert (Level 3)
Spezifische Prozessattribute	Projekte managen (1–6) Prozessmanagement entwickeln (7, 10–11) Prozessreviews durchführen (8–9)
To Do:	1. Standardisierte Regeln für die Durchführung von HR-Projekten entwickeln (Level 3)

Subpractices

- Die Anfertigung einer Projektskizze auf der Basis von Fakten, Annahmen, Einschätzungen und definierten Eckpunkten standardisieren
- Festlegen, wie Umfang und Scope des Projektes abzugrenzen sind
- Standards für die Beschreibung der erwarteten Projektergebnisse und Aufgabenpakete definieren

- Den Projektablauf und die Festlegung logischer Meilensteine definieren
- Festlegen, wie Schnittstellen des Projektes zu managen sind (Aktivitäten und/oder andere Projekte, die das geplante Projekt tangieren)
- Regeln festlegen für Aufwands- und Kostenschätzung

2. Standards für einen Projektplan als Basis des Projektmanagements entwickeln (Level 3)

Subpractices

- Projektzeitplan und Format des Projektbudgets standardisieren
- Verfahren/Regeln festlegen für die Identifizierung und Analyse von Projektrisiken
- Das Verfahren der Projektressourcenplanung standardisieren
- Für die Planung der zur Projektdurchführung erforderlichen Kenntnisse und Fertigkeiten sorgen
- Die Einbeziehung der Stakeholder des Projektes sicherstellen
- Ein Plandokument erstellen, das alle relevanten Aspekte des Projekts beschreibt

3. Beschreiben, für welche Teilaspekte des Projekts Commitments einzuholen sind (Level 2)

Subpractices

- Den Projektplan hinsichtlich der erforderlichen Ressourcen abstimmen
- Erforderliche Korrekturen vornehmen
- Die Zusage der relevanten Stakeholder zur Durchführung des Projektes einholen

4. Standardisierte Methoden, Werkzeuge, Infrastruktur für die Erarbeitung der Projektergebnisse bereitstellen (Level 3)

Subpractices

- Methoden und Werkzeuge für die verschiedenen Phasen der Projektdurchführung entwickeln, beschreiben und bereitstellen (z. B. Erhebungsmethoden, Analysemethoden, Dokumentationsmethoden und -werkzeuge, Methoden der Lösungsfindung und –bewertung)
- Die Arbeitsumgebung des Projektes etablieren
- Projektmitarbeiter in der Anwendung der Methoden und Werkzeuge unterweisen

7.2 Managementprozesse

5. Ein Controlling des Projektplans etablieren (Level 3)

Subpractices

- Die Projektplanungs-Parameter überwachen
- Die Projektrisiken überwachen
- Fortschrittskontrollen durchführen
- Meilensteinergebnisse kontrollieren

6. Dafür sorgen, dass bei Planabweichungen die erforderlichen Korrekturen durchgeführt werden (Level 3)

Subpractices

- Die Ursachen für Planabweichungen analysieren
- Die erforderlichen Korrekturmaßnahmen definieren und dokumentieren
- Korrekturmaßnahmen managen

7. Prozess-Management-Module zur Gestaltung und Standardisierung der Abläufe entwickeln und einführen (Level 3)

Subpractices

- Ein Set von Standardprozessen bzw. standardisierten Prozess-Modulen entwickeln, pflegen und implementieren
- Festlegen, in welchen Teilen der Organisation die jeweiligen Standards anzuwenden sind (Geltungsbereich/Reichweite)
- Ein Regelwerk entwickeln, pflegen und implementieren, wie die jeweiligen Prozessmodule einzusetzen und anzuwenden sind
- Eine Datenbank mit Prozesswissen zur Verfügung stellen
- Die Standards der Arbeitsumgebung definieren und einführen

8. Stärken, Schwächen und Verbesserungspotentiale der Prozesse identifizieren (Level 3)

Subpractices

- Prozessanforderungen/-ziele definieren (z.B. Qualität, Effizienz, time-to-market).
- Die Prozesse hinsichtlich der Zielerreichung beurteilen
- Verbesserungspotentiale identifizieren

9. Prozessverbesserungen planen (Level 2)

Subpractices

- Prozess-Aktionspläne unter Berücksichtigung der Prozessziele erstellen
- Prozess-Aktionspläne implementieren

10. Prozess-Management-Module weiterentwickeln und ‚Lessons Learned' einbeziehen (Level 2)

Subpractices

- Für eine Weiterentwicklung der Prozess-Module und Standardprozesse sorgen
- Das prozessbezogene Erfahrungswissen in den Set von Standardprozessen bzw. Prozess-Modulen einbeziehen
- Die Implementierung überwachen

11. Die Mitarbeiter der Organisation in der Anwendung des Prozesswissens trainieren (Level 2)

Subpractices

- Die Mitarbeiter im Verständnis und der Anwendung der Prozess-Management-Module und der Standardprozesse trainieren
- Die Mitarbeiter mit Änderungen im Set von Standardprozessen bzw. Prozess-Modulen vertraut machen
- Den Trainingserfolg kontrollieren

7.2.4 HR-Produktentwicklung

Im HR-Produktentwicklungsprozess spiegelt sich der Grad der Kundenorientierung (z.B. Einbeziehung der Kunden) und der Standardisierung des Prozesses. Darüber hinaus entwickelt sich HR von einer reaktiven, nachahmenden zu einer pro-aktiven, innovativen Steuerung der Produktentwicklung.

Die Rollenattribute sind im Wesentlichen kumulativ zu verstehen, auch wenn sich die Akzente mit der Erreichung eines höheren Professionalitätsgrades verschieben dürften. So ist es kein Widerspruch, wenn der HR-Business Partner, der grundsätzlich sein Produktportfolio aus der Strategie ableitet, im Einzelfall auch Produkte auf konkrete Nachfrage entwickelt und sich dabei an bestehenden Vorbildern am Markt orientiert (Abb. 7.10).

7.2 Managementprozesse

Ziel:	Der HR-Produktentwicklungsprozess ist als standardisierter Prozess im Unternehmen etabliert (Level 3)
Spezifische Prozessattribute	Produktentwicklung (1–2) Produkteinführung (3)
To Do:	1. Die aus dem Bedarf und den Erwartungen der Stakeholder abgeleiteten Produktanforderungen managen (Level 3)

① HR-Administrator	② HR-Manager	③ HR-Business Partner	④ HR-Leader	⑤ HR-Strategist
Nachfrageorientiert Nachahmung von Produkten	Marktorientierte Produktadaptionen Instrumente und Systeme werden erklärt („verkauft")	Strategie-geleitete, strukturierte Produktentwicklung unter Beteiligung der Steakholder	Produktinnovationen in standardisiertem Produktentwicklungsprozess	Kontinuierliche Überprüfung und Anpassung des Produktportfolios gemäß Strategie

Abb. 7.10 Rollenattribute HR-Produktentwicklung

Subpractices

- Die Erwartungen der Stakeholder bezüglich des Produktes erheben (Funktionalität, Qualität)
- Aus dem Bedarf, den Erwartungen und Bedingungen der Stakeholder ein einvernehmliches Set von Produktanforderungen entwickeln
- Für Akzeptanz und Einverständnis mit den Anforderungen beim Produktentwicklungsteam sorgen
- Anforderungsänderungen während des Produktentwicklungsprozesses managen (z.B. Change Request)

> 2. Produktkomponenten/Produkte entsprechend den Anforderungen entwickeln und eine Auswahl treffen (Level 3)

Subpractices

- Feststellen, welche Produkte oder Produktkomponenten alternativ die Anforderungen grundsätzlich erfüllen können.
- Kriterien festlegen, anhand derer entschieden wird, welche alternative Lösung am besten die Anforderungen erfüllt.
- Entsprechend den gesetzten Kriterien die am besten geeignete Lösung bzw. Lösungskomponente auswählen
- Eine Make or Buy-Analyse durchführen und eine entsprechende Entscheidung treffen
- Das Produkt/die Produktkomponente entwickeln oder beschaffen

- Geeignete Produkt-(Akzeptanz-)Tests durchführen
- Abweichungen zwischen Anforderungen und Entwicklungsergebnissen identifizieren und korrigieren
- Die Kompatibilität und Widerspruchsfreiheit des Produkts mit Personalpolitik und restlichem Produktspektrum prüfen
- Die Schnittstellen/die Verknüpfung des Produktes mit angrenzenden Produkten bzw. Produktprozessen organisieren

3. Das Produkt implementieren (Level 3)

Subpractices

- Eine Produktdokumentation und einen Nutzerleitfaden entwickeln
- Einen Trainingsleitfaden entwickeln
- Produkttrainings durchführen
- Das Produkt zur Nutzung in der Praxis einführen
- Die Produktnutzung durch die Bereitstellung von Fachsupport unterstützen (z.B. Hotline)
- Die Produktnutzung auswerten

7.2.5 *Labour Relations Management*

Kennzeichnend für ein fortschreitendes Labour Relations ist die Entwicklung von einem reaktiven Beziehungsmanagement auf ausschließlich gesetzlicher Grundlage hin zu einem pro-aktiven, von Grundsätzen getragenen und auch Metakommunikation beinhaltenden Informations- und Meinungsaustausch. Die Rollenattribute sind kumulativ zu verstehen (Abb. 7.11).

Ob die Rollenattribute höherer Professionalität erreichbar sind, hängt ganz wesentlich von der Unternehmenskultur und der Einstellung der Geschäftsleitung zu den Organen der betrieblichen Mitbestimmung ab. Darüber hinaus kann auch die persönliche ‚Chemie' der handelnden Personen eine gewichtige Rolle spielen (z.B. bei der Etablierung und Nutzung informeller Strukturen).

① HR-Administrator	② HR-Manager	③ HR-Business Partner	④ HR-Leader	⑤ HR-Strategist
Beziehungsmanagement auf gesetzlicher Grundlage Formeller Informationsaustausch	Pro-aktive Information, formelle und informelle Strukturen des Informationsaustauschs	Pro-aktive Beteiligung der AN-Vertreter bei der Entwicklung von Instrumenten und Prozessen	Einvernehmliche Grundsätze der Zusammenarbeit sind in tagesgeschäftlichen HR-Prozessen umgesetzt	institutionalisierte Metakommunikation zur Weiterentwicklung des Beziehungsmanagements

Abb. 7.11 Rollenattribute Labour Relations

7.2 Managementprozesse

Ziel:	Der Prozess ist als strukturierter, gemanagter Prozess im Unternehmen etabliert (Level 2)
Spezifische Prozessattribute	Beziehungen zu Mitbestimmungsorganen managen (1–3) Innerbetriebliche Kommunikation managen (4–5)
To Do:	1. Zusammenarbeitsziele im Rahmen des Labour Relations Management entwickeln und vereinbaren (Level 2)

Subpractices

- Die Ziele eines systematischen und strategieorientierten Beziehungsmanagements zwischen Arbeitgeber und Arbeitnehmervertretern definieren (Grundsätze der Informationspolitik, Ausgestaltung der ‚vertrauensvollen Zusammenarbeit').
- Die Zusammenarbeitsziele in den personalstrategischen Planungsprozess einbeziehen
- Die Ziele des Labour Relations Management auf Kompatibilität mit Personalpolitik und HR-Strategie prüfen
- Feedback zum Zielentwurf bei der Unternehmensleitung einholen
- Die Grundsätze der Zusammenarbeit vereinbaren

2. Die organisatorischen und instrumentellen Voraussetzungen für ein Labour Relations Management schaffen (Level 2)

Subpractices

- Die arbeitgeberseitige Organisation der Labour Relations kompatibel zu den vorhandenen Mitbestimmungsstrukturen gestalten (örtlich, national, international)
- Bei der Strukturierung ‚assoziierte Organe' berücksichtigen (Vertrauensperson behinderter Menschen, Diversity-Beauftragte, Arbeitsschutzausschuss)
- Die Zuordnung von Zuständigkeiten auf Unternehmensebene organisieren für Vorbereitung, Durchführung und Nachbereitung von institutionalisierten ‚Arbeitgeber-Arbeitnehmer-Kontakten'
- Die Ansprechpartner auf Arbeitgeberseite mit den Spielregeln der Zusammenarbeit vertraut machen
- Für ein einheitliches Selbstverständnis der HR-Manager gegenüber den Mitbestimmungsorganen sorgen

3. Dafür sorgen, dass die Prozessbeteiligten alle Maßnahmen in Übereinstimmung mit den vereinbarten Zielen durchführen (Level 2)

Subpractices

- Die Grundsätze der Zusammenarbeit in die tagesgeschäftlichen Personalmanagementprozesse (Kernprozesse des HR-M) und HR-Instrumente integrieren
- Formelle und informelle Strukturen des Informationsaustauschs implementieren
- Den Informationsaustausch durchführen
- Die Zusammenarbeitsgrundsätze in einem partnerschaftlichen Prozess evaluieren
- Die erforderlichen Korrekturen durchführen

---

4. Ein Informationskonzept etablieren, nach dem Führungskräfte und Mitarbeiter systematisch über organisatorische, personalpolitische und personalwirtschaftliche Sachverhalte informiert werden (Level 2)

Subpractices

- Ein Informationskonzept erstellen (Zielgruppen, Informationskanäle, Anlässe, Inhalte, Verantwortlichkeiten)
- Sicherstellen, dass alle Mitarbeiter und Organisationseinheiten über die sie betreffenden HR-Policies und Strategien informiert sind (z.B. Rekrutierung, Beurteilung & Vergütung, Training & Karriere-Entwicklung, Beförderung & Versetzung, Beschwerdeprozess)
- Kunden über das zukünftige Informationsprocedere informieren
- Das Konzept implementieren und die Wirksamkeit überprüfen

---

5. Führungsgrundsätze/-leitlinien einschließlich eines formalen Beschwerdeprozesses etablieren (Level 2)

- Führungsgrundsätze/-leitlinien unter Berücksichtigung übergeordneter Unternehmensgrundsätze konzipieren (Leitbild)
- Die Grundsätze im Unternehmen bekannt machen, mit Führungskräften und Mitarbeitern diskutieren und erforderliche Änderungen vornehmen
- Die Grundsätze und den Beschwerdeprozess formal in Kraft setzen
- Die Einhaltung kontrollieren (z.B. im Rahmen der Beurteilung)

7.3 Infrastruktur- und Serviceprozesse

In den Rollenattributen der Infrastruktur- und Serviceprozesse spiegeln sich

- die zunehmende Bedeutung der IT für das Management des Personalgeschäftes. Dabei ist es von besonderer Bedeutung, (1) dass der Kaufmann (also der Personalbereich) bestimmt, was die Technik zu leisten hat und nicht der Techniker (IT-Spezialist) und (2) dass das Personal-Informations-System (PIS)

mit dem ERP-System integriert wird und nach Möglichkeit konzernweit ausgerollt wird.
- der wachsende Einfluss spezialisierter Serviceanbieter auf die Organisation der administrativen Prozesse, da sie große Mengengerüste unter Nutzung von Kostendegressionseffekten abarbeiten können.
- die Bedeutung von Standards für Kosteneffizienz und Qualität.

7.3.1 Lieferantenmanagement

Ein exzellentes Management der Personalbeschaffung ist leider keine Garantie für eine auch nur halbwegs ähnliche Leistung bei der Beschaffung von Produkten und Dienstleistungen für den HR-Bereich. Fehlende Werkzeuge, fehlende Transparenz, parallele Aktivitäten im gleichen Beschaffungsmarkt, nicht standardisierte Verträge (Verträge nach dem Standard der verschiedenen Dienstleister), Beauftragungen auf Zuruf usw. bringen ein hohes Maß an Ineffizienz mit sich. Nach einer von Cardea (Gesellschaft für Meta-Consulting) und der Münchner Marketingagentur Pepper in Deutschland, Österreich und der Schweiz durchgeführten ‚Return on Consulting'-Studie liegt bei fast der Hälfte aller Beratungsprojekte der Aufwand höher als der Nutzen. Bei weiteren 40% sahen sich die Auftraggeber gar nicht in der Lage, ein Urteil über den Nutzen abzugeben.[16] Durch einen strukturierten Auswahlprozess bei der Vergabe von (Beratungs-) Aufträgen sowie ein sorgfältiges Lieferanten- und Vertragsmanagement lassen sich solche Desaster vermeiden und die Qualität der Prozesse steigern. In diesem Sinn bauen sich die Rollenattribute von der Einzelfallsteuerung bis zur systematischen quantitativen Dienstleistersteuerung kumulativ auf (Abb. 7.12).

Ziel:	Der Prozess ist als standardisierter Prozess im Unternehmen institutionalisiert (Level 3)
Spezifische Prozessattribute	Beschaffung von Produkten und Dienstleistungen managen (1–3)
To Do:	1. Die Anforderungen an externe Dienstleister/Lieferanten definieren (Level 3)

Subpractices

- Eine Leistung /ein Produkt auswählen, das extern beschafft werden soll
- Aspekte (z.B. Inhalt, Qualität einer Leistung) und Struktur der Leistungsbeschreibung definieren, die dem Beschaffungsprozess zugrunde gelegt werden soll
- Die einzukaufende Leistung entsprechend dieser Struktur beschreiben

---

[16]Wirtschaftswoche Nr. 18 vom 27.04.2009: Pure Panik, Seite 64.

Abb. 7.12 Rollenattribute Lieferantenmanagement

2. Wähle externe Dienstleister/Lieferanten aus (Level 3)

Subpractices

- Bewertungskriterien für die Lieferantenauswahl festlegen
- Den Auswahlprozess definieren
- Den Beschaffungsmarkt analysieren
- Angebote potenzieller Lieferanten/Dienstleister einholen
- Entsprechend den Bewertungskriterien einen Lieferanten/Dienstleister auswählen

3. Das Vertragsverhältnis steuern (Level 3)

Subpractices

- Die Inhalte eines abzuschließenden Liefer-/Dienstleistungsvertrages einschließlich der zu erbringenden Service-Level/Produktqualität festlegen
- Den Liefer-/Dienstleistungsvertrag verhandeln
- Den Vertrag abschließen
- Den Originalvertrag incl. Anlagen (z.B. AGB) revisionssicher archivieren
- Den Vertrag entsprechend den geschlossenen Vereinbarungen durchführen
- Festlegen, wie die Leistungserbringung des Lieferanten/Dienstleisters kontrolliert wird
- Die erbrachten Leistungen /gelieferten Produkte kontrollieren
- Die erbrachte Leistung abnehmen, wenn sie vertragsgemäß ist
- Leistungserbringungen, die nicht dem vereinbarten Service-Level entsprechen, reklamieren/eskalieren
- Schwachstellen im Lieferprozess und Maßnahmen zu ihrer Beseitigung mit dem Leistungsersteller besprechen
- Verbesserungsmaßnahmen durchführen bzw. die Umsetzung der Maßnahmen durch den Lieferanten kontrollieren

- Den Vertrag auf Marktgerechtigkeit (z.B. Leistungen, Preise, Fristen) periodisch überprüfen

7.3.2 HR-Informationsmanagement

IT-Fragen im weitesten Sinn werden zum Teil heute noch von den HR-Bereichen gerne den in- oder externen IT-Dienstleistern überlassen. Dies gilt sowohl für IT-Leistungen mit geringer Geschäftsorientierung (z.B. Bereitstellung von CPU-Zeit, Plattenplatz, PCs) als auch für IT-Produkte, die einen HR-Geschäftsprozess (z.B. Rekrutierung, Gehaltsabrechnung) oder ein HR-Produkt (z.B. Beurteilung, E-Learning-Lösung) unterstützen. Experte für HR-Prozesse und –Produkte ist jedoch HR und nicht IT. Dies erfordert daher eine aktive Rolle von HR

- beim Sourcing von IT-Produkten mit Geschäftsorientierung, insbesondere *fachliche* Anforderungsdefinition,
- bei der *fachlichen* Anwenderberatung für eine HR-Applikation (z.B. Zeitwirtschaftssystem),
- bei der Organisation der physisch oder elektronisch vorliegenden HR-Dokumente und HR-Daten.

Alle Rollen- und Prozessattribute des HR-Informationsmanagement beziehen sich auf diese drei Aktivitätscluster. Die Rollenattribute sind ab Level 2 im Wesentlichen kumulativ zu verstehen (Abb. 7.13).

Ziel:	Der Prozess ist als optimierter Prozess im Unternehmen institutionalisiert (Level 5)
Spezifische Prozessattribute	Sourcing von IT-Leistungen (1–2) Fachliche Anwendungsberatung (3) Dokumentenmanagement (4–5) Datenmanagement (6)
To Do:	1. Fachliche Anforderungsspezifikationen an IT-Systeme für die HR-Arbeit erstellen (Level 3)

Subpractices

- Den Arbeitskontext (z.B. Ablauf der Aufgaben, Beteiligte/Nutzer, Daten, Arbeitsmittel, Umgebung) beschreiben und analysieren
- Die Zielsetzung/den gewünschten SOLL-Zustand beschreiben
- Die inhaltlichen, fachlichen, funktionalen Anforderungen an die Anwendung in einem Lastenheft zusammenfassen
- Die Anforderungen mit den Möglichkeiten des Systems abgleichen (insb. bei Standard-Software)
- Ggf. Korrekturmaßnahmen durchführen
- Den Lieferumfang vereinbaren (Funktionalität, Service-Level, usw.)

Abb. 7.13 Rollenattribute HR-Informationsmanagement

2. Eine fachliche Abnahmeprüfung für das IT-System/die System-Komponente durchführen (Level 3)

Subpractices

- Modellhafte Geschäftsfälle/Arbeitsaufgaben für den fachlichen Test des Systems konzipieren
- Die Funktionsfähigkeit des Systems testen durch Bearbeitung der Testfälle
- alle Auffälligkeiten dokumentieren (Fehlertracking)
- Feststellen, ob die vereinbarte Funktionalität der gelieferten Funktionalität entspricht
- Fehlende/fehlerhafte Funktionen nachbessern lassen
- Die fachliche Funktionalität des Systems bestätigen (fachliche Abnahme)

3. Anwender bei fachlichen Anwendungsproblemen beraten (Level 5)

Subpractices

- Trainings für die Systemnutzer konzipieren
- Die Systemnutzer mit dem System vertraut machen
- Nutzerleitfäden/-handbücher erstellen und diese den Nutzern zur Verfügung stellen
- ‚Power-User' benennen, die den Nutzern als fachliche Ansprechpartner im Rahmen des Hotline-Service zur Verfügung stehen
- Fachliche Anwendungsprobleme der Nutzer sammeln
- Verbesserungen initiieren (Ergänzungsspezifikation)

7.3 Infrastruktur- und Serviceprozesse

4. Die revisionssichere Ablage und das Wieder-Auffinden von Dokumenten gewährleisten (Level 3)

Subpractices

- Einen Aktenplan für Personalakten etablieren
- Einen Pflegeprozess für Personalakten etablieren (inkl. Aufbewahrungsort, Ausleihe, Zugriffsrechte)
- In einer Organisationsrichtlinie die Aufbewahrung der Dokumente regeln, die nicht in der Personalakte archiviert werden, insb. Entscheidungsvorlagen, Beschlüsse, Verträge, Revisionsberichte, Projektdokumentationen

5. Sicherstellen, dass die Mitarbeiter der Organisation Zugriff auf alle Informationen haben, die für ihre Aufgabenerledigung erforderlich sind, bzw. dass sie Informationen zeitnah erhalten. (Level 3)

Subpractices

- Die Informationen (z.B. Dokumente, Checklisten, Vorlagen, Beschlüsse) und den Nutzerkreise für ‚shared information' definieren
- Strategie, Policies, Regelungen, Produktbeschreibungen, Prozessbeschreibungen, Formblätter, Checklisten der Organisation in einem (elektronischen) Handbuch zusammenfassen (Wissensdatenbank)
- Die Pflegeverantwortung für die Wissensdatenbank regeln
- Die Zugriffsrechte auf das PC-Netzwerk regeln
- Meetings/Telefon-/Videokonferenzen mit festem Rhythmus, Zeitrahmen, Agenda zur Sicherstellung des Informationsaustauschs und schneller Entscheidungen implementieren

6. Sicherstellen, dass HR-Daten korrekt, vollständig, konsistent und konform mit rechtlichen Anforderungen und globalen Standards vorliegen/Datenmanagement (Level 5)

Subpractices

- Die zu pflegenden Datenfelder der datenführenden Systeme definieren
- Die Zahl der Stellen, die Stammdaten pflegen, reduzieren
- Die Zahl der Systeme, die Stammdaten führen, reduzieren
- Ein ‚führendes System' für Mitarbeiter-Daten definieren
- Einen standardisierten Datenpflegeprozess für den gesamten Daten-Lebenszyklus etablieren (z.B. Datenlieferung, Anlage von Stammdaten-Sätzen,

Pflege von Änderungen/Ergänzungen, Standardisierung von Abfragen/Queries, Sonderabfragen, Generierung von Reports, Abstimmung von Daten, Abgrenzung von Datensätzen)
- Festlegen, wer für die Qualität der Daten verantwortlich ist
- Im Datenpflegeprozess geeignete Qualitätskontrollen verankern (z.B. Eingabe und Freigabe nach dem 4-Augen-Prinzip, automatisierte Stichprobenkontrollen, Dokumentation von durchgeführten Kontrollen)
- Feststellen, ob die prozessimmanenten Kontrollen auch tatsächlich durchgeführt werden
- Die am Datenpflegeprozess Beteiligten schulen
- Kriterien für die Messung der Datenqualität festlegen
- Daten-Qualitätsziele definieren
- Einen regelmäßig sich wiederholenden Qualitätsprüfungsprozess etablieren
- Aktionspläne zur Beseitigung der Qualitätsmängel etablieren

7.3.3 HR-Administration

In keinem anderen HR-Handlungsfeld hat der Druck, eine höhere Effizienz zu erzielen, in den letzten Jahren so zugenommen wie bei den administrativen Services. Entgeltabrechnung, Benefits-Adminstration, Zeitwirtschaft, Reisekostenabrechnung sind permanent Gegenstand von Prozessoptimierungen und Benchmarking. Sie werden in unternehmensweite oder zumindest überregionale Shared Service Center zusammengeführt, Teilfunktionen werden auf Mitarbeiter bzw. Führungskräfte verlagert, die diese über ESS/MSS-Portale wahrnehmen, oder die Administration wird an einen externen Service-Provider outgesourct. Teilweise vernachlässigt wird noch die Notwendigkeit, diese nun mit höherer Effizienz ausgestatteten Prozesse entlang quantitativer und qualitativer Kennzahlen zu steuern und so zu einer kontinuierlichen Verbesserung zu kommen. Beim HR-Outsourcing herrscht noch zu sehr die Haltung „aus den Augen, aus dem Sinn" vor. Diese Trends spiegeln sich in den HR-Rollenattributen, die substitutiv zu verstehen sind (Abb. 7.14).

Ziel:	Der Prozess ist als optimierter Prozess im Unternehmen institutionalisiert (Level 5)
Spezifische Prozessattribute	Entgeltabrechnung managen (1–2) Sonstige Administrationsprozesse managen (3)
To Do:	1. Das Entgeltabrechnungssystem und den Abrechnungsprozess so vorbereiten, dass sie zuverlässig und sicher Abrechnungsergebnisse von hoher Qualität liefern (Level 5)

Subpractices

- Abrechnungsregeln definieren
- Das Abrechnungssystem customizen

7.3 Infrastruktur- und Serviceprozesse

① HR-Administrator	② HR-Manager	③ HR-Business Partner	④ HR-Leader	⑤ HR-Strategist
Prozesse binden den Hauptteil der HR-Kapazität, Kein systematisches Prozessmanagement etabliert	Durchführung von Prozessoptimierungen Ersatz manueller durch elektronische Schnittstellen Nutzung von ESS / MSS z.B. für Dateneingaben Prozess-Benchmarking	Prozesse sind weitgehend automatiisert und unter Kosten und Qualitätsaspekten auf Shared Services oder Outsourcing geprüft Die effizienteste Abwicklungsform ist implementiert	Kernprozesse sind elektronisch an die Administration angeschlossen (z.B. Rekrutierung, Performance Mgmt.)	Steuerung nach quantitativen und qualitattiven Kennzehlen (Prozesscockpit) Prozessreviews zur Beurteilung von Qualität und Abwicklungsrisiken

Abb. 7.14 Rollenattribute HR-Administration

- Standardreports einrichten
- Einen standardisierten Abrechnungsprozess einrichten mit in den Prozess integrierten organisatorischen und/oder systemmäßigen Kontrollen (IKS) und nachgelagerten unabhängigen Prüfungen
- Effizienz- und Qualitätsziele definieren (z.B. Abrechnungen pro FTE, maximale Fehlerquote) und regelmäßig deren Einhaltung überwachen
- Maßnahmen zur kontinuierlichen Verbesserung des Prozesses etablieren

2. Die Entgeltabrechnung und -zahlung unter Berücksichtigung der speziellen (z.B. LstDV) und allgemeinen gesetzlichen Regeln (z.B. GoBS, KonTraG, SOX) durchführen (Level 5)

Subpractices

- Die Stamm- und Bewegungsdaten der Abrechnung erfassen
- Aktive Mitarbeiter und Pensionäre abrechnen
- Abrechnungsanfragen interner und externer Stellen bearbeiten(z.B. Steuerbehörden, Sozialversicherung, Gerichte)
- Entgeltbescheinigungen und Berichte erstellen
- Zahlungen veranlassen
- Die Lohnbuchkonten abstimmen
- Fehlerlisten/-konten bearbeiten

3. Die Systeme und Prozesse für Zeitwirtschaft, Reisekostenabrechnung, betriebliche Altersversorgung bzw. sonstige Benefits so vorbereiten, dass sie zuverlässig richtige Ergebnisse liefern bzw. an andere Systeme übergeben (Level 3)

Subpractices

- Die für die Entgeltabrechnung definierten To Do's sind entsprechend anzuwenden

Kapitel 8
Business Process Outsourcing

„Wenn ein Unternehmen ein gut funktionierendes Human Resources Management hat, kommt in der Regel niemand auf die Idee, etwas auszulagern, es sei denn, es handele sich um eine spezifische Dienstleistung, die firmenintern nicht erbracht werden kann".[1] Diese provozierende Feststellung ist durchaus kompatibel mit dem Ergebnis einer Umfrage des Marktforschungsinstituts Everest Research, dass immer seltener HR-Dienstleister einfach die bestehenden Abläufe und Mitarbeiter ihrer Kunden übernehmen sondern zunehmend auch mit der Neugestaltung der Anwenderprozesse beauftragt werden.[2] Ist also Outsourcing der Ausweg der Geschäftsleitungen aus dem ablauforganisatorischen Schlendrian der HR-Bereiche oder bietet HR-Outsourcing weitere Chancen?
Da das Auslagern von HR-Prozessen als Wachstumsmarkt gilt und nach und nach alle HR-Kern- und Administrationsprozesse davon erfasst werden,[3] soll an dieser Stelle darauf eingegangen werden, welche Formen des HR-Outsourcing üblich sind, welches die Gründe für Auslagerungsaktivitäten sind und vor allem, wie der Outsourcing-Prozess professionell gestaltet werden sollte, damit Outsourcing erfolgreich ist.

8.1 Formen des Outsourcing

Wenn Unternehmen beginnen, sich mit Fragen des HR-Outsourcing zu beschäftigen, kommen unvermeidlich die folgenden Begriffe in die Diskussion:

- Business Application Outsourcing (BAO),
- Business Process Outsourcing (BPO),
- Shared Service Center,
- Onshore Outsourcing,
- Nearshore Outsourcing.

---

[1] Müller, Alex: Auslagern oder nicht auslagern – das ist hier die Frage, HR Today 04/2005.
[2] Computerwoche 28.06.2007: HR-Outsourcing: Es geht nicht nur um Kostensenkung.
[3] Computerwoche 11.10.2006: HR-Outsourcing: Payroll ist erst der Anfang.

Business Application Outsourcing bezeichnet das Management von Software Anwendungen durch externe Spezialisten, den Application Service Provider (ASP). Beim Application Service Providing werden Softwaresysteme (z.b. das Entgeltabrechnungssystem, E-Learning-Umgebung) und dazugehörende IT-Dienstleistungen (z.B. Customizing, Betrieb, Betreuung, Wartung) ausgelagert und über Internet oder eine private Datenverbindung genutzt.

Die Grundidee von BPO besteht darin, dass Unternehmen komplette Geschäftsprozesse, die nicht zu ihren Kernaufgaben zählen, an einen Spezialisten vergeben. Was für das auslagernde Unternehmen Nebensache ist, stellt die besondere Kompetenz, das Kerngeschäft des Dienstleisters dar. Der Dienstleister erbringt die Leistungen nach vorher definierten Kriterien und auf eigenes Risiko. Die Kontrolle über die Steuerung der ausgelagerten Prozesse liegt beim Dienstleister.[4] Die Kontrolle der vereinbarten Service Level liegt im Eigeninteresse des auslagernden Unternehmens.

Das Shared Service Center ist dadurch gekennzeichnet, dass in einem Konzern Geschäftsprozesse aus den Geschäftsbereichen (Business Units), Niederlassungen und Tochtergesellschaften ausgegliedert und als optimierter und standardisierter Prozess konzernweit angeboten werden.[5] Ein Shared Service Center ist also eine Erscheinungsform des BPO.

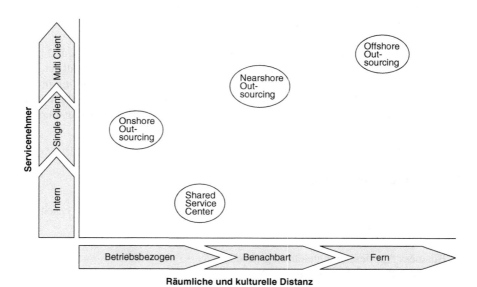

Abb. 8.1 Erscheinungsformen des BPO[6]

---

[4]BITKOM: Business Process Outsourcing, Leitfaden, Stand 20.09.2005, Seite 9.
[5]Schewe, Gerhard/Kett, Ingo: Business Process Outsourcing, Geschäftsprozesse kontextorientiert auslagern, Berlin 2007, Seite 7.
[6]Schewe, Gerhard/Kett, Ingo: Business Process Outsourcing, Geschäftsprozesse kontextorientiert auslagern, Berlin 2007, Seite 7.

Weitere Erscheinungsformen des BPO sind Onshore Outsourcing, Nearshore Outsourcing und Offshore Outsourcing, die sich durch die räumliche und kulturelle Distanz des Dienstleisters zum Auftraggeber einerseits und durch die Anzahl der Servicenehmer andererseits unterscheiden (Abb. 8.1).

Beim Onshore Outsourcing wird die Prozessleistung durch einen vor Ort im auslagernden Unternehmen tätigen externen Dienstleister erbracht. Im Fall des Nearshore Outsourcing verlässt der Geschäftsprozess das Unternehmen/den Konzern und wird im Sitzland oder doch zumindest in der kulturellen Nähe zum Kunden durchgeführt. Es ist z.B. denkbar, dass der Payroll Service eines deutschen Unternehmens und seiner europäischen Niederlassungen/Töchter zentral aus Tschechien erbracht wird. Noch kein Thema für HR ist das Offshore Outsourcing, bei dem der BPO-Anbieter die Leistung in einer kulturfernen Region, z.B. in einem hoch entwickelten Niedriglohnland wie Indien, erbringt.

8.2 Ziele des Outsourcing

Die Motive und Ziele der Unternehmen, sich mit Fragen des HR-Outsourcing zu befassen, sind vielfältig. Letztlich ist es immer der Versuch, an den Skaleneffekten, d.h. den Economies of scale, scope, speed und innovation, teilzuhaben. Das zentrale Ziel des Outsourcing ist meist die Kostensenkung, die man insbesondere durch Teilhabe an den Größenvorteilen (*economies of scale*) spezialisierter Dienstleister zu erreichen erhofft. Daneben werden immer wieder die Konzentration auf das Kerngeschäft (*economies of scope*) und die Möglichkeit der Serviceverbesserung und -beschleunigung (*economies of speed*) genannt. Darüber hinaus besteht die Hoffnung, sich über das Outsourcing einen besseren Zugang zu neuen Technologien und anderen Innovationen (*economies of innovation*) erschließen zu können. Diese Motive spiegeln sich in aktuellen Studien zum HR-Outsourcing auf nationaler oder europäischer Ebene, wie nachstehende Grafik verdeutlicht (Abb. 8.2).

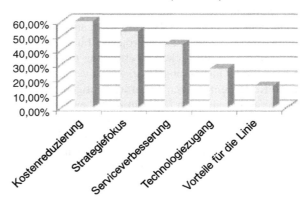

Abb. 8.2 Gründe für HR-business process outsourcing[7]

---

[7]HROA Europe/SharedXpertise Forums/TPI: HR-Transformation – Myth or Reality, Report 01/2007, Seite 9 und Schaffry, Andreas: Zwischen Theorie und Praxis des HR-Outsourcing klafft eine Lücke, Computerwoche 19.03.2007.

Die durch BPO erhofften Einspareffekte werden von den meisten Entscheidungsträgern erheblich überschätzt.[8] Dies hat im Wesentlichen drei Gründe:

- Zum Zeitpunkt der grundsätzlichen Auslagerungsentscheidung sind die Prozess-Ist-Kosten den HR-Verantwortlichen nicht oder nicht vollständig bekannt, weil z.b. neben der Kostenstellenrechnung nur selten eine Prozesskostenrechnung existiert oder weil Gemeinkosten (z.b. Räume, IT) nicht oder nur teilweise zugeordnet werden. Dies gilt in besonderem Maße für Unternehmen der Finanzdienstleistungsbranche. Eine Kosten Baseline wird dann erst im Rahmen des Outsourcingprojektes festgestellt.
- Die Indikation einer Basis-Service-Fee oder die Benchmark, die in der Akquisitionsphase des Outsourcing vom Anbieter genannt wird, haben mit den tatsächlich anfallenden Outsourcingkosten nur entfernt etwas zu tun, da weder Extras (individualisierte Dienstleistungen) noch die periodisierten Projektkosten noch die verbleibenden laufenden Organisationskosten berücksichtigt sind.
- Die vor Übertragung nicht ausgeschöpften Optimierungspotentiale der Prozesse sind ein Geschenk an den Provider, das dieser im Rahmen der Übernahme der Prozesse in sein Prozessmodell einfährt. Erst nach interner Optimierung kann der tatsächliche, strukturelle Kostenvorteil des Dienstleisters identifiziert und bewertet werden (echter Wertbeitrag des Insourcers).

Vor diesem Hintergrund wird allen HR-Verantwortlichen empfohlen, die Prozess-Ist-Kosten möglichst exakt zu ermitteln, den Prozess intern zu optimieren und erst auf der Basis optimierter Prozesskosten in den Kostenvergleich mit dem Outsourcing-Dienstleister einzutreten. Empfehlenswert ist auch, sich die Kosten der Teilprozesse genau anzusehen. Möglicherweise ergeben sich hier alternative Optionen durch ein partielles Outsourcing (z.B. Outsourcing der HR-IT).

Wie Abb. 8.3 zeigt, müssen den Servicekosten des Dienstleisters zunächst die laufenden Kosten hinzuaddiert werden, die durch das laufende Outsourcing-Management und die verbleibende Organisation verursacht werden. Daneben sind die Kosten des Outsourcing-Projektes bis zum Vertragsabschluss (Transaktionskosten) und der eigentlichen Übertragung des Prozesses (Migrationskosten) auf die Laufzeit des Outsourcing-Vertrages zu verrechnen. Möglicherweise sind zusätzlich noch Kostenremanenzen zu berücksichtigen, wie nicht kündbare Mietverträge oder Sonderabschreibungen für nicht mehr benutzte Betriebsmittel. Wenn die Kosten in der Costcenter-Rechnung des HR-Bereiches nicht mehr auftauchen, heißt dies ja nicht automatisch, dass sie auch auf Unternehmensebene nicht mehr existent sind.

Auf der Grundlage dieser Überlegungen kann man einen Angebotspreis kalkulieren, der vom Serviceleister nicht überschritten werden darf, wenn gewährleistet

---

[8]HROA Europe/SharedXpertise Forums/TPI: HR-Transformation – Myth or Reality, Report 01/2007, Seite 10.

8.2 Ziele des Outsourcing

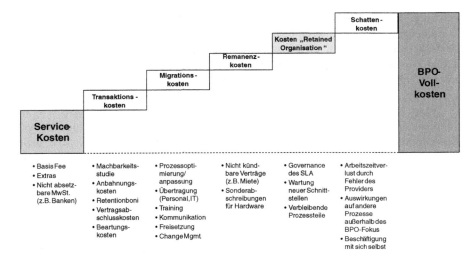

Abb. 8.3 BPO-Vollkosten-Modell

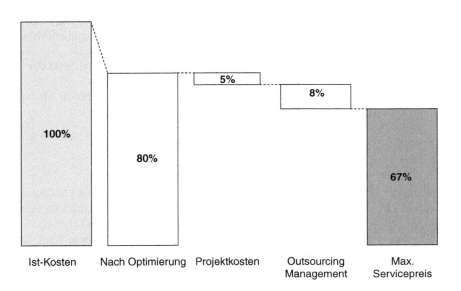

Abb. 8.4 Kalkulation des maximalen Servicepreises (Beispiel)

werden soll, dass Outsourcing nicht mehr kostet als die Selbsterstellung der Leistung. Abbildung 8.4 illustriert die Kalkulation auf der Basis von Erfahrungswerten (Abb. 8.4).

Bei Kreditinstituten, die gezahlte Umsatzsteuer grundsätzlich nicht als Vorsteuer absetzen können, darf der Netto Servicepreis in vorstehendem Beispiel maximal 56% betragen. Wenn man annimmt, dass der Dienstleister mit einem Gewinnzuschlag von 10% kalkuliert, darf seine Kostenbasis maximal 50% der Istkosten betragen. Ein entsprechender struktureller Kostenvorteil für den Outsourcing-Dienstleister kann sich nur ergeben aus einer besseren Skalenposition, niedrigeren Faktorkosten, einer höheren Prozesseffizienz und der Nutzung kostengünstigerer Technologien. Dies sollte in einem Outsourcingprojekt sehr sorgfältig hinterfragt werden, um feststellen zu können, ob ein Angebotspreis nachhaltig ist oder nur ein Lockvogelangebot.

Wenn in dem Geschäftsprozess intern bereits alle Optimierungspotentiale gehoben wurden, wird es dem Dienstleister schwer fallen, eine weitere Kostenoptimierung anzubieten. Dies wird er i. d. R. nur dann können, wenn er nicht nur den Geschäftsprozess i. e. S. sondern auch die dazugehörenden IT-Prozesse und die erforderliche IT-Infrastruktur übernimmt und aus dem Zusammenspiel dieser drei Komponenten weiteres Kostensenkungspotential generieren kann.[9] Damit sind hier IT-Outsourcing-Anbieter im Vorteil gegenüber reinen Dienstleistern für Geschäftsprozesse. Dies sollte man bedenken bei der Auswahl potentieller Dienstleister.

Ein Outsourcing der Entgeltabrechnung könnte dementsprechend folgende Leistungen umfassen[10]:

- Durchführung der Personalabrechnung (Ebene der Geschäftsprozesse),
- Unterstützung der Personalabrechnung durch ein IT-Service Management (Ebene der IT-Prozesse),
- Bereitstellung und Betrieb von SAP-HR Abrechnungssystemen (Ebene der IT-Infrastruktur),
- Pflege und Wartung von SAP-HR Abrechnungssystemen/Application Management (Ebene der IT-Infrastruktur).

8.3 Der Outsourcing-Prozess

Weder in der IT noch im Logistik- oder Backoffice-Bereich wird beim Outsourcing so oft und so schnell aus der Hüfte geschossen wie beim Outsourcing von Personalfunktionen. Dabei weiß nicht nur jeder CIO sondern auch COO, bei dem oft die Personalverantwortung auf Geschäftsleitungs- oder Vorstandsebene liegt, dass eine Entscheidung über ein Business Process Outsourcing (BPO) einer fundierten Planung und Vorbereitung bedarf, wenn der Deal erfolgreich sein soll.

Ein erfolgreiches Outsourcing sollte daher in vier Schritten erfolgen:

- *Interne Optimierung*: Zunächst sollten unabhängig von einem möglichen späteren Outsourcing Effizienzsteigerungspotentiale durch Entwicklung der Prozesse auf einen höheren Fähigkeitslevel realisiert werden. Ein möglicher Schritt ist dabei die unternehmensweite Standardisierung und Bündelung von Funktionen

---

[9] Söbbing, Thomas in Köhler-Frost, W./Bergweiler, U.: Outsourcing, Berlin 2005, Seite 96.
[10] Söbbing, Thomas in Köhler-Frost, W./Bergweiler, U.: Outsourcing, Berlin 2005, Seite 97.

8.3 Der Outsourcing-Prozess

und Prozessen in Shared Service Centern (SSC), was eine spätere Migration wesentlich vereinfacht. Auf eine vorherige interne Optimierung sollte nur verzichtet werden, wenn die Organisation dazu nicht in der Lage ist oder wenn damit verbundene Investitionen vermieden werden sollen. Vom Dienstleister sollten Sie allerdings verlangen, dass er offen legt, was ihn die Optimierung kostet. Sie können dies dann mit der Kostenschätzung für die interne Optimierung vergleichen und daraus für die weiteren Verhandlungen Ihre Schlüsse ziehen. Wenn keine Kostenschätzung für eine interne Optimierung vorliegt, kommt dies allerdings einem Stochern im Nebel gleich; dann sind die Karten im Vertragspoker von Anfang an ungleich verteilt (Abb. 8.5).

- *Definition der Outsourcing-Strategie*: Danach sollte sich das Unternehmen Klarheit darüber verschaffen, bei welchen Prozessen oder Teilprozessen ein Outsourcing überhaupt Sinn macht (Outsourcing Portfolio) und wie der Weg dorthin zeitlich und sachlich gestaltet werden soll (Outsourcing Roadmap). Der in neuerer Zeit gebrauchte Begriff des ‚Rightsourcing' beschreibt die Kunst des richtigen Sourcing. Dabei geht es letztlich um die Nutzung von Eigenfertigung, Shared Service Centern und unterschiedlichen Outsourcing-Lösungen (z.B. on-shoring, near-shoring) in einer für das Unternehmen optimalen Mischung.
- *Planung und Durchführung des Outsourcing-Deals*: Auf der Basis einer Strategie wird die Übertragung konkreter Prozesse an einen Insourcer im Rahmen eines Projektes geplant, vertraglich fixiert und durchgeführt.
- Outsourcing Governance: Nach der Migration ist der Vertrag zu managen und die Beziehung zum Dienstleister als Linienaufgabe zu gestalten.

In den folgenden Abschnitten sollen die drei Schritte des eigentlichen Outsourcing-Prozesses in der bekannten Form spezifischer Prozessattribute und Umsetzungspraktiken dargestellt werden.

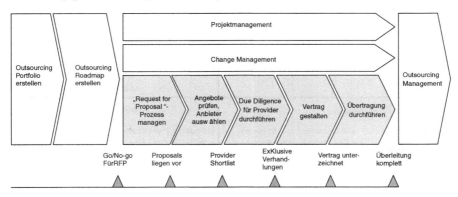

Abb. 8.5 Der Outsourcing-Prozess[11]

---

[11] Nettesheim, C./ Grebe, M./Kottmann, D.: Business Process Outsourcing – aber richtig, Information Management & Consulting 18 (2003) 3, Seite 29, http://www.ephorie.de/pdfs/IM3-03p24-30.pdf, Seitenabruf 21.12.2009.

8.3.1 Definition der Outsourcing-Strategie

Ziel:	Für das Sourcing von HR-Leistungen wird eine Strategie in einem strukturierten Prozess entwickelt
Spezifische Prozessattribute	Outsourcing-Portfolio (1–3) Outsourcing-Roadmap (4–5)
To Do:	1. Den Unternehmens-Kontext für Business Process Outsourcing analysieren

Subpractices

- Feststellen, welche strategischen, wirtschaftlichen, personellen, organisatorischen und technologischen Positionen oder Ziele mit Bezug zum Outsourcing das Unternehmen hat.
  Eine Übersicht möglicher Einflussfaktoren bietet Abb. 8.6. Die Aufzählung ist selbstverständlich lediglich beispielhaft und nicht abschließend.[12]
- Aus den vorstehend genannten Faktoren die Konsequenzen für ein HR-Outsourcing ableiten (z.B. Outsourcing-Appetit, Hauptmotive, Argumentation, Grad der Unterstützung durch das oberste Management, strategisch kultureller Fit)
- Den Katalog möglicher Konsequenzen unter den Aspekten der Betriebsgröße und der Professionalität von HR ergänzen

Abb. 8.6 Unternehmenskontext bei „Make or Buy"-Entscheidungen

---

[12]in Anlehnung an Schewe, G./ Kett, I.: Business Process Outsourcing, Berlin 2007, Seite 27 ff und Picot, Arnold: Sourcing: Strategische Entscheidungen zur optimalen Wertschöpfungstiefe, Präsentation zur Vorlesung an der Ludwig-Maximilian-Universität, München.

2. Die für ein Outsourcing geeigneten Prozesse identifizieren

Subpractices

- Kriterien festlegen, an Hand derer eine Klassifikation aller HR-Prozesse erfolgen soll
Mit dem Aufkommen der ‚Lean Production'-Philosophie um 1990 haben sich einige zentrale Grundsätze für ein schlankes Management etabliert, zu denen u.a. auch der Grundsatz der „Wertschöpfungsorientierung" der betrieblichen Prozesse gehört. Dies bedeutet, dass alle Prozesse dahingehend zu überprüfen sind, ob sie einen Beitrag zur betrieblichen Wertschöpfung leisten oder nicht. Dies ist nur dann der Fall, wenn die vom Kunden wahrgenommene und honorierte Wertsteigerung den für die Leistungserstellung erforderlichen Faktorverbrauch übersteigt. Prozesse, die diesen Anspruch nicht erfüllen, sind zu eliminieren oder, wenn sie von außen stehenden Betrieben besser beherrscht werden und nicht zum Kerngeschäft gehören, auszulagern.[13]
Herrschende Meinung in der Literatur ist, dass in einem Prozessmodell, das zwischen Leistungsprozessen (Kernprozess), Managementprozessen (Führungsprozess) und Unterstützungsprozessen (Serviceprozess) unterscheidet, lediglich die letzte Prozessgruppe für eine Auslagerung oder ein Shared Service Center in Frage kommen.[14] Allerdings wird einschränkend erwähnt, dass Prozesse, die „konzernweite Richtlinien oder strategisch relevante Entscheidungen zur Folge haben"[15] für ein Outsourcing unpassend sind.
Jung empfiehlt, Dienstleistungsfunktionen des Personalwesens auszulagern und sich auf die unternehmerischen Kernfunktionen zu konzentrieren wie z.B. Aufstellung von Grundsätzen der Personalpolitik, Vereinheitlichung des Personal-Marketing, Beratung der Geschäftsführung in Personalfragen, Sicherstellung der Durchführung gesetzlicher Vorschriften des Arbeitsschutzes, Aufstellung von Richtlinien für die personalwirtschaftlichen Funktionsbereiche (z.B. Beschaffung, Entgeltfindung, Beurteilung).[16]
Selber machen oder auslagern – die Trennlinie verläuft nicht zwangsläufig zwischen der operativen und der strategischen Ebene. Die Antwort hängt unter anderem von der Betriebsgröße, der Unternehmensphilosophie, der Kompetenz und Qualität der eigenen HR-Funktion und der Rolle des Personalmanagements im eigenen Unternehmen ab.[17]
Fischermanns nennt die in Abb. 8.7 genannten Eignungskriterien für Outsourcing.[18]

---

[13] Bogaschewsky, R./Rollberg, R.: Prozessorientiertes Management, Berlin 1998, Seite 105.
[14] Fischermanns, G.: Praxishandbuch Prozessmanagement, Gießen 2009, Seite 128.
[15] Fischermanns, G.: Praxishandbuch Prozessmanagement, Gießen 2009, Seite 129.
[16] Jung, Hans: Personalwirtschaft, München 2008, Seite 49 f.
[17] Müller, Alex: Auslagern oder nicht auslagern – das ist hier die Frage! In HR Today, 04/2005.
[18] Fischermanns, G.: Praxishandbuch Prozessmanagement, Gießen 2009, Seite 139.

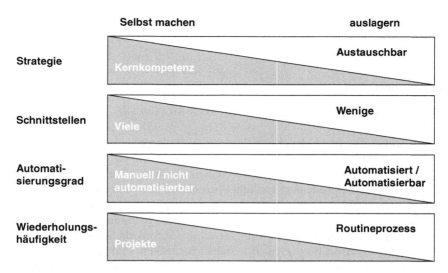

Abb. 8.7 Eignungskriterien für Outsourcing

Im strategischen Management werden Unternehmensressourcen u. a. nach dem sog. VRIN-Katalog[19] bewertet. Danach müssen vier Bedingungen erfüllt sein, damit Ressourcen[20] und Fähigkeiten (capabilities) die Basis eines strategischen Wettbewerbsvorteils bilden können:

1. **Wertschaffend (valuable)**; Ressourcen, die die Entwicklung und Umsetzung einer effektivitätssteigernden Strategie ermöglichen (nicht das Hirn outsourcen).
2. **Einmalig (rare)**; Ressourcen oder Fähigkeiten, die andere Unternehmen nicht besitzen, z.B. originelle Humanressourcen oder organisationale Fähigkeiten.
3. **Eingeschränkt imitierbar (imperfectly imitable)**; diese Ressourcen können nicht auf dem Markt erworben werden.
4. **Nicht substituierbar (non-substitutable)**; die Ressourcen oder Fähigkeiten können nicht oder nur schwer durch andere ersetzt werden.

Teilweise wird der VRIN-Katalog ergänzt durch die Kriterien ‚Dauerhaftigkeit' (wie schnell können die Ressourcen ihren Wert verlieren?) und ‚Verwertbarkeit' (ist der Wettbewerbsvorteil realisierbar?).

- Die Prozesse entsprechend der gewählten Kriterien klassifizieren
- Die Prozessklassifikation und die Begründung für die Eignung bzw. Nicht-Eignung bestimmter HR-Prozesse für ein Outsourcing dokumentieren

---

[19] Barney, Jay: Firm resources and sustained competitive advantage, in Journal of Management 17 (1991), Seite 99–120.
[20] Ressourcen im Sinne organisatorischer Ressourcen (Strukturen und Prozesse) oder Human Ressourcen (Erfahrungswissen, Innovationsfähigkeit, Beziehungen).

3. Die potentiellen Outsourcing-Kandidaten analysieren

Subpractices

- Die Stärken und Schwächen der jeweiligen Prozesse analysieren
- Die Outsourcing-Potentiale der jeweiligen Prozesse identifizieren (z.B. Flexibilisierung/Skalierung der Dienstleistung, Einsatz stets moderner IT für eine fortschreitende Automatisierung, Kostenersparnis durch Skaleneffekte, Risikotransfer)
- Eine Kostenanalyse durchführen
  Zunächst ist Transparenz über die eigene Kostensituation zu schaffen. Die Ermittlung einer ‚Kosten-Baseline' ist notwendig, um spätere Outsourcing-Angebote bewerten und vergleichen zu können. Beachten Sie die Ausführungen in Abschn. 8.2. Spätestens bei der Auseinandersetzung mit einem konkreten Angebot ist zu hinterfragen, ob ein eventueller Kostenvorteil des Outsourcing nachhaltig ist und wie er sich bei Veränderungen des eigenen Geschäftes (Ausweitung oder Schrumpfung) voraussichtlich entwickelt. Ebenso ist zu ermitteln, ob eventuelle eigene Kostennachteile auf strukturellen Vorteilen des Dienstleisters beruhen oder auf der noch nicht durchgeführten Optimierung der eigenen internen Prozesse.
- Eine Risikoanalyse durchführen
  Vorbehaltlich einer Detailprüfung, bezogen auf ein konkretes Angebot, ist im Rahmen der Strategie die Position des Unternehmens zu folgenden Outsourcing-Risiken abzuklären[21]:
    - Mengenrisiko – wer trägt die Folgen von Geschäftsschwankungen?
    - Kostenrisiko – wer trägt die Folgen von Faktorkostenänderungen?
    - Haftungsrisiko – wer haftet bei Fehlern oder Mängeln?
    - Operationales Risiko – Ausfall oder Insolvenz des Dienstleisters,
    - Abhängigkeitsrisiko – Aufwand für Reintegration ist i. d. R. erheblich, Distanz zum Markt vergrößert sich
    - Kompetenzrisiko – der Outsourcer verliert Know how
    - Qualitätsrisiko – Verschlechterung der Leistung,
    - Vertragsrisiko – unzureichende oder fehlerhafte Regelungen werden erst nach Vertragsabschluss erkannt
    - Koordinationsrisiko – Prozesse müssen an einer oder mehreren Schnittstellen mit einem oder mehreren Dienstleistern koordiniert werden
    - Attraktivitätsrisiko – die Attraktivität des HR-Bereiches kann für Gewinnung oder Bindung von Leistungsträgern beeinträchtigt werden.

---

[21] Baumgart/Falk/Fandrey/Lautenbach: Outsourcing Governance – Wert- und risikoorientiertes Outsourcing-Management, in Risiko Manager 4-2008, Seite 5-17 und Nettesheim/Grebe/Kottmann: Business Process Outsourcing – aber richtig, in Information Management & Consulting 18 (2003) 3, Seite 24–30.

- o Personelles Migrationsrisiko – Mitarbeiter (Know how-Träger), die für die Durchführung des Prozesses beim Dienstleister benötigt werden, widersprechen dem Betriebsübergang
- Eine Strategie definieren, wie mit Outsourcing-Risiken umgegangen werden soll (Risk Mitigation)
- Alternative Sourcing Szenarien prüfen (z.b. Insourcing, Kooperation, Shared Services, Out tasking, Teilauslagerung)

4. Eine Outsourcing Roadmap erstellen

Subpractices

- Die sachlichen Prozessabhängigkeiten feststellen (z.b. organisatorische und systemtechnische Schnittstellen)
- Geeignete Outsourcing-Piloten identifizieren
- Die Outsourcing Kandidaten unter Berücksichtigung der erreichbaren Potentiale/Vorteile, der Abhängigkeiten und wahrscheinlichen Risiken priorisieren
- Die zeitliche Taktung des Outsourcing planen
- Den Business Case (Base Case) dokumentieren für die wichtigsten (am höchsten priorisierten) Outsourcing-Vorhaben (Prozessbeschreibung, Outsourcing-Gründe/-Strategie, Risiken, Kosten-Baseline, geschätzte Projektkosten, Spanne erwarteter Servicekosten, erwartete Governance-Kosten, erwartete Einsparungen, Serviceverbesserungen, ROI, usw.)

5. Outsourcinggrundsätze erstellen

Subpractices

- Die generellen Anforderungen/Auswahlkriterien definieren, die vom Outsourcing-Dienstleister zu erfüllen sind
  Die in der Praxis am häufigsten genannten Auswahlkriterien sind[22,23]:
    - o kundenspezifische Anpassbarkeit der Lösungen,
    - o Finanzielle Stabilität,
    - o Betriebs- und Datensicherheit,
    - o Flexible, prozessorientierte Preismodelle,
    - o Garantierte Kostenersparnis,
    - o Moderne Technologie,
    - o Referenzen,
    - o Angebot von Standardlösungen mit garantierten Service Levels,
    - o Spezialisierung in Schlüsselfunktionen,
    - o Breite des Serviceangebots,

---

[22] Elsik, W./Baumgart, K. in T-Systems: Outsourcing von HR-Prozessen in Österreich, Seite 15.
[23] Ashley, Ed: Outsourcing for Dummies, Indianapolis 2008, Seite 160 f.

○ Geographische Nähe/Sitz des Dienstleisters,
　　　○ Kulturelle Nähe,
　　　○ Multinationale Präsenz,
　　　○ Bestehende Geschäftsbeziehung,
　　　○ Größe und Marktpositionierung,
　　　○ Branchen Expertise,
　　　○ Track Record,
- Die generelle Unternehmensposition zur Frage des Single Sourcing bzw. Multi Sourcing definieren
- Festlegen inwieweit Prozesse (z.B. Entgeltabrechnung) in verschiedenen Ländern bei einem Insourcer zusammengefasst werden sollen

8.3.2 Planung und Vorbereitung des Outsourcing

Die Phase der „Planung und Vorbereitung des Outsourcing" umfasst Tabelle 8.1
Auf die Besonderheiten des Outsourcing-Prozesses wird im Folgenden eingegangen.

Ziel:	Das Outsourcing-Vorhaben wird in einem standardisierten Prozess geplant und vorbereitet.
Spezifische Prozessattribute	7.2.3 Projekte managen (1–6) 7.1.5 Changeprozesse begleiten (3) Angebote einholen (1–2) Due Diligence durchführen (3–4) Betriebsübergang vorbereiten (5)
To Do:	1. Den ‚Request for Proposal'-Prozess managen

Subpractices

- Auf Basis der Informationen (Business Case), die im Rahmen der Sourcing-Strategie zusammengestellt wurden, eine Grundsatzentscheidung

Tabelle 8.1 Teilphasen der Planung und Vorbereitung des Outsourcing

Teilphase	Anwendbare Prozessattribute und Umsetzungspraktiken
- Planung und Vorbereitung des Projektes - Planung und Vorbereitung des begleitenden Change Managements - Ausschreibung des BPO (Request for Proposal) - Prüfung der Angebote und Auswahl der Anbieter - Due Diligence Prozess - Betriebsübergang im Rahmen eines BPO vorbereiten	7.2.3 HR-Organisations-Mgmt. 7.1.5 OE- und Teamentwicklung 7.3.1 Lieferantenmanagement 7.3.1 Lieferantenmanagement

der Geschäftsleitung zum beabsichtigten Outsourcing des konkreten Geschäftsprozesses einholen
- Ein querschnittliches Expertenteam zusammenstellen (Juristen, Einkäufer, IT-Consultants, die die betroffenen Anwendungen und Prozesse kennen, Fachspezialisten des Prozesses, der im Focus ist, ggf. Revision, Rechnungswesen, externer Outsourcing-Berater)
- Einen Request for Information (RFI) konzipieren
  Ein RFI fragt typischerweise in einem allgemeinen Teil unternehmensbezogene Informationen wie Umsatz, Anzahl Kunden, Anzahl Mitarbeiter, Referenzkunden ab. In einem spezifischen Teil wird abgefragt, inwieweit der potentielle Anbieter die technischen Voraussetzungen für die Übernahme eines Prozesses erfüllt und Interesse am Erhalt eines RFP hat.
  Ziel ist es, eine möglichst hohe Rücklaufquote zu erhalten. Daher sollten die Fragen mit möglichst geringem Arbeitsaufwand beantwortet werden können (z.B. viele Fragen zum Ankreuzen).
- Die Ausschreibung (Request for Proposal/RFP) konzipieren
  Ein RFP gibt den ausgewählten Anbietern alle *Informationen*, um ein vollständiges Angebot entwickeln zu können. Gleichzeitig wird eine verbindliche *Angebots-Struktur* vorgegeben, so dass die Outsourcing-Angebote vergleichbar werden.
  Die Ausschreibung muss auf jeden Fall bereits detaillierte Aussagen zu Leistungsumfängen, gewünschten Servicequalitäten usw. machen – nur mit *konkreten Leistungsanforderungen* sind später effiziente Verhandlungen mit den Outsourcing-Anbietern möglich.
  Wesentliche Komponenten eines RFP sind[24,25]:

  o Einleitung/Allgemeines
    Unternehmensinformation, Kontaktdaten, Gegenstand der Ausschreibung, Ziel(e) des BPO,
  o Leistungsbeschreibung/Servicebeschreibung
    Detaillierte Dokumentation aller Leistungen, die der externe Dienstleister zukünftig erbringen soll,
    Beschreibung der IST-Situation: Prozesse/Abläufe, Aufgabenverteilungen für alle relevanten Services, einschließlich Prozess-Output, Schnittstellen zu anderen Prozessen und IT-Systemen, Verantwortlichkeiten, regionale Verteilung, Ausnahmen usw.
    Beschreibung, welcher Service mit welchem Ergebnis gewünscht wird, nicht wie der Service erbracht werden soll,
  o Service Levels
    Serviceziele, Mess- und Berechnungsmethoden, Berichtsinhalte und -formate,

---

[24]Clearview Consulting GmbH, Frankfurt: internationale Unternehmensberatung für alle Fragen rund um das Thema "Sourcing". http://www.outsourcing-management.de/OSInhalte.html

[25]Ashley, Ed: Outsourcing for Dummies, Indianapolis 2008, Seite 190 ff.

8.3 Der Outsourcing-Prozess

- o IT-Service-Management-Prozesse
  Problem Management, Business Continuity Management, Help Desk, Second Level Support,
- o Outsourcing Governance
  Beschreibung des generellen Ansatzes, wie die Vertrags-/ Arbeitsbeziehung gemanagt werden soll,
  die Nichteinhaltung der vereinbarten Service Levels führt zu einer abgestuften Eskalation bis hin zu Vertragsstrafen,
- o Wesentliche Vertragseckpunkte (Terms), ggf. Rahmenvertrag für outsourcing-spezifische Details, z.B. Auditrechte des Kunden, Mitspracherechte (z.B. bei Weitergabe der IT-Services an einen Dritten), Sonderkündigungsrechte,
- o Parameter
  Mengengerüste (Ist und Soll), genutzte IT-Infrastruktur, parallel laufende Schnittstellenprojekte, Personalübernahme im Rahmen eines Betriebsübergangs, Terminplanung,
- o Angebotsfrist, Angebotsform, erwartete Angebotsstruktur,
- o Optional: Prinzipien der Bieterauswahl (Zuschlagskriterien)

Es wird dringend empfohlen, für diese nicht triviale Aufgabe Spezialisten aus der IT, der Rechtsabteilung und dem Einkauf hinzuzuziehen. Ggf. sollte ein externer Outsourcing-Berater verpflichtet werden.
- Ein Markt-Screening zur Ermittlung potentieller Anbieter durchführen
- An potentielle Anbieter ein RFI/Request for Information versenden
- Aus dem Rücklauf die Anbieter selektieren, die eine Angebotsanfrage (RFP) erhalten sollten
- Vertraulichkeit mittels eines Non-Disclosure Agreements sicherstellen
- Den potentiellen Anbietern detaillierte Ausschreibungsunterlagen (RFP) übergeben
- Feedback an die Anbieter geben, die Interesse bekundet haben und in der ersten Phase aus dem Prozess ausgeschieden sind

2. Die am meisten geeigneten Angebote identifizieren

Subpractices

- Eine Auswahlmatrix für die Bewertung der relevanten Angebotskomponenten und Anforderungskriterien je Anbieter konzipieren
- Ein Bewertungsteam zusammenstellen (siehe Expertenteam unter 1.)
- Eine Angebotsbewertung und Anbieterbewertung durchführen
- Die Anbieter um eine Präsentation ihres Angebots bitten (Beauty Contest)
  Im Sinne einer vertrauensvollen Zusammenarbeit ist es bedenkenswert, ob nicht bereits zu diesem Zeitpunkt der Betriebsrat eingebunden wird und ein Vertreter an den Präsentationen teilnimmt.
- Eine Shortlist der 2 – 3 am besten geeigneten Anbieter erstellen

3. Eine Due Diligence der Outsourcing Provider durchführen

Subpractices

- Einen Fragenkatalog erstellen, mit dem die Eignung der Anbieter hinterfragt werden kann
Wesentliche Fragen sind z.B.:
    - Verfügt der Anbieter über ein ausreichendes Leistungsvolumen für Gegenwart und Zukunft?
    - Sind die Services modular und skalierbar aufgesetzt, so dass nur das bezahlt werden muss, was abgenommen wird?
    - Über welchen Erfahrungslevel verfügt das Personal des Anbieters? (z.B. Anzahl und durchschnittliche Berufserfahrung in Jahren der Senior-Level)
    - Wie ist die personelle Situation des Anbieters? (z.B. Personalkapazität, Fluktuation auch im Vergleich zum Branchendurchschnitt)
    - Welche Investments plant der Anbieter im Serviceumfeld?
    - Wie sind die Fähigkeiten des Anbieters zur kontinuierlichen Verbesserung einzuschätzen?
    - Arbeitet der Anbieter auf seinem eigenen IT-System oder nutzt er ein Fremdsystem z.B. im Wege des ASP?
    - Werden Services an einen Sub-Contractor vergeben?
    - Welche organisatorische und technische Vorsorge ist für Betriebsunterbrechungen getroffen (Notfallpläne)?
    - Verfügt der Anbieter über eine Compliance and Ethics Policy?
    - Wie ist der Umgang mit sensiblen Daten?
- Die Produktionsstätte des Dienstleisters besichtigen
- Referenzkunden des Dienstleisters befragen
- Bankauskünfte über den Anbieter einholen

4. Die Due Diligence des auszulagernden Prozesses durch die Outsourcing-Dienstleister der Shortlist vorbereiten

Subpractices

- Physisch oder virtuell (im Internet) einen Data room einrichten
Im Data room sind Dokumente/Informationen zur Prüfung durch den Dienstleister bereit zu halten:
    - Wenn Mitarbeiter übernommen werden sollen/müssen:
    Dokumente zur Mitarbeiterstruktur (Kapazität, Alter, Qualifikation), Arbeitsverträge, vertragliche Besonderheiten z.B. bei Führungskräften, kollektive Regelungen (Betriebsvereinbarungen), betriebliche Altersversorgungssysteme usw.,

8.3 Der Outsourcing-Prozess

- o Prozessdokumentationen,
- o Systemdokumentationen,
- o Informationen über zu übernehmende materielle oder immaterielle Betriebsmittel (Anschaffungswerte, Abschreibungen, Restwerte, Wiederbeschaffungswert, Verträge),
- o Weitere Unterlagen auf Anforderung des Dienstleisters.
- Einen kompetenten Ansprechpartner abstellen, der Fragen beantwortet, die sich aus den Dokumenten des Data room ergeben
- Die Mitarbeiter des Dienstleisters, die die Dokumentation im Data room prüfen, zur Vertraulichkeit und Verzicht auf Kopieren oder Mitnahme von Dokumenten verpflichten

5. Einen (Teil-) Betriebsübergang vorbereiten

Subpractices

- Einen organisatorisch abgrenzbaren Teilbetrieb für den Geschäftsprozess, der outgesourct werden soll, konzipieren
Zunächst ist festzustellen, welche Mitarbeiter welchen Beitrag zur Durchführung des Prozesses leisten. Dies können durchaus Mitarbeiter sein, die aus verschiedenen organisatorischen Einheiten (Abteilungen) an dem Prozess mitwirken (z.B. MA der Gehaltsabrechnung und MA der IT, die das Abrechnungssystem betreuen und warten). Ziel ist, alle Mitarbeiter, deren **überwiegende** Aufgabe in der Prozessdurchführung, -steuerung und –unterstützung liegt, zunächst organisatorisch zu bündeln, damit sie in einem weiteren (späteren) Schritt auf den Outsourcing-Dienstleister übertragen werden können (Betriebsübergang nach § 613a BGB), da durch die Auslagerung des Prozesses die Mitarbeiter im auslagernden Unternehmen ihre Aufgabe verlieren.
Probleme im Rahmen des Betriebsübergangs (Widerspruch der MA) sind am ehesten zu erwarten bei den Mitarbeitern, die zwar überwiegend aber nicht ausschließlich Aufgaben des auszulagernden Prozesses wahrgenommen haben. Wichtig ist, dass die Mitarbeiter, die für das spätere Outsourcing Management verantwortlich sein sollen, nicht dem Teilbetrieb zugeordnet werden.
Ggf. können einzelne Arbeitnehmer dem Dienstleister im Wege der Arbeitnehmerüberlassung zur Verfügung gestellt werden (z.B. Überlassung für kurze Zeit, da dann Vorruhestand oder ähnliches).
- Die unternehmerische Entscheidung (z.B. Vorstandsbeschluss) über diese Betriebsänderung dokumentieren
- Den Betriebsrat über diese Betriebsänderung unterrichten, insbesondere über die Gründe (Vorbereitung des Outsourcing)
- Die betroffenen Mitarbeiter vorab über das geplante Outsourcing informieren und individuelle Beratung anbieten

- Die Schlüsselmitarbeiter binden, die für einen erfolgreichen Übertragungsprozess erforderlich sind
- Den Teilbetrieb durch Versetzung der betroffenen Mitarbeiter in diese Organisationseinheit implementieren
Die formale Versetzung (mit Versetzungsschreiben und betrieblicher Mitbestimmung des Betriebsrates) erfordert nicht einen räumlichen Umzug. Aber alle Mitarbeiter, die im Rahmen des Betriebsübergangs zum Dienstleister wechseln sollen, müssen unter dem gleichen Organisationskennzeichen (Abteilungsnummer, oder –bezeichnung) erfasst sein und in den Personalsystemen verwaltet werden. Eine organisatorische Untergliederung großer Teilbetriebe ist selbstverständlich möglich.

8.3.3 Gestaltung des Outsourcing-Vertrages

Für die Gestaltung eines Outsourcing-Vertrages empfiehlt sich ein modularer Aufbau, was spätere Änderungen des Vertragswerkes wesentlich vereinfacht.
Ein Outsourcing-Vertragswerk besteht i. d. R. aus folgenden Teilen:

- Rahmenvertrag
- Leistungsvertrag (Beschreibung der zu übernehmenden Leistung/des Service)
- Vertrag über die Servicequalität (Service Level Agreement)
- Übernahmevertrag (z.B. Personalübernahme)
- Evtl. sonstige Verträge (z.B. Datenschutzkonzept, Desaster Recovery Plan)

Ziel:	Der Outsourcing-Vertrag wird in einem strukturierten Prozess gestaltet.
Spezifische Prozessattribute	Vertragswerk entwerfen Vertrag verhandeln
To Do:	1. Die erforderlichen Vertragsteile entwerfen

Subpractices

- Einen Juristen mit Outsourcing-Erfahrung mit der Erstellung eines **Outsourcing-Rahmenvertrag** (Master Service Agreement) oder der Prüfung des entsprechenden Standardvertrages des Outsourcing-Dienstleisters beauftragen

    Den Outsourcing-Vertrag zu schreiben, ist eine ungeliebte Aufgabe. Oftmals überlässt der Auftraggeber es gerne dem Dienstleister, einen Vertragsvorschlag zu formulieren und gibt damit ein mächtiges Instrument zur Vertragsgestaltung aus der Hand. Wenn der Dienstleister einen Vorschlag für einen Outsourcing-Vertrag formuliert, muss der Auftraggeber zunächst damit leben, dass dieser tendenziell günstigere Regelungen für den Dienstleister enthält. Es kostet dann viel Zeit und Mühe, eigene Vorstellungen in diesen Vertrag zu integrieren und eher ungünstige Regelungen überhaupt zu erkennen. Wer

8.3 Der Outsourcing-Prozess

für sich vorteilhafte Outsourcing-Verträge verhandeln möchte, sollte daher den Vertrag entwerfen und auch das Schreibrecht hierfür nicht aus der Hand geben.[26]

Der Rahmenvertrag beinhaltet die übergreifenden Regelungen des Outsourcing Projektes. Eine Ausweitung des Outsourcing ist jederzeit möglich, indem dem Rahmenvertrag ein weiterer Leistungsvertrag angehängt wird. Im Rahmenvertrag sollten neben den formalen Angaben (z.B. Vertragspartner, Gerichtsstand, Schlichtung/Schiedsgerichtsvereinbarung, Geltungshierarchie der Einzelteile des Vertragswerkes, Vertraulichkeit, Salvatorische Klausel) insbesondere folgende Punkte behandelt werden:

- o Arbeitnehmerüberlassung,
- o Interessenkonflikte (z.B. Abwerbeklausel),
- o Verjährung von Mängelansprüchen,
- o Haftung,
- o Change Request Verfahren,
- o Laufzeit & Kündigung,
- o Rückabwicklung.

- Mit juristischer Unterstützung einen **Leistungsvertrag** für jeden outgesourcten Service (Statement of Work) erstellen
  Die sicherlich wichtigste Vertragsgruppe innerhalb des Vertragswerkes sind die Leistungsverträge. In diesen wird der Servicebedarf des Outsourcers definiert. Dies geschieht i. d. R. durch eine Leistungsbeschreibung sowie begleitende juristische Regelungen[27]:
  - o Leistungsdefinition (Beschreibung der Leistung, die der Dienstleister erbringen soll),
  - o Leistungsort, -zeitpunkt und -übergabepunkt,
  - o Prämissen und Ausschlüsse,
  - o Mitwirkungspflichten des Kunden,
  - o Leistungsqualität (Verweis auf SLA),
  - o Preise/Preismodell,
  - o Benchmarking,
  - o Ansprechpartner,
  - o Vertragsdauer, Verweis auf Rahmenvertrag, Abweichungen vom Rahmenvertrag,
  - o Zeitpunkt des Übergangs von Verantwortung und Risiko für die Prozessdurchführung, Details werden in einem Transitionplan (Anlage) geregelt.

- Mit juristischer Unterstützung eine Vereinbarung über die Servicequalität (**Service Level Agreements**) erstellen

---

[26] Schumann, Caren: Best-Practice Gestaltung von IT-Outsourcing-Verträgen, erschienen in "IT-Management" (Ausgabe 5/04) zitiert nach http://www.plenum.de/plenum-bibliothek/645_1293.htm, Seitenabruf 21.12.2009.

[27] Söbbing, Thomas in Köhler-Frost, W./Bergweiler, U.: Outsourcing, Berlin 2005, Seite 87–91.

Die Verknüpfung der Leistungen mit gewünschten Servicequalitäten (Service Levels) und den entsprechenden Messgrößen (Service Measures) zur Überprüfung der Leistungsqualität erfolgt in den Service Level Agreements (SLA).[28] Wesentliche Vereinbarungspunkte sind:

- o Zielwerte (z.b. Durchsatzmengen innerhalb einer bestimmten Zeit, Serviceverfügbarkeit (z.B. Hotline), Zuverlässigkeit, Fehlerquoten, Reaktionszeiten, Wiederherstellung bei Systemausfällen),
- o SLA-Messverfahren und Reports,
- o Bonus-/Malusregelungen.

• Einen Juristen mit der Erstellung der erforderlichen **Übernahmeverträge** beauftragen

In einem Übernahmevertrag für Personal müssen im Wesentlichen die Rechtsfolgen des § 613a BGB abgebildet werden.[29]

Weitere Übernahmeverträge können geschlossen werden z.b. für Hardware oder Software.

2. Das Vertragswerk prüfen und die Vertragsrisiken bewerten

Gleichgültig, ob das Vertragswerk auf Musterverträgen des Dienstleisters beruht oder von Anwälten des Outsourcers aufgesetzt wurde, Sie sollten keinem dieser Verträge blind vertrauen sondern aus Ihrer Gesamtsicht des geschäftlich Verantwortlichen die Vereinbarungen bewerten, insbesondere unter dem Aspekt des Vertragsrisikos. Risiken des Outsourcing-Vertrages sollten, wenn möglich, durch geeignete Vereinbarungen reduziert oder kompensiert werden, z.B.

- o Absicherung gegen den Ausfall des Dienstleisters durch eine Patronatserklärung seiner Konzernmutter,
- o Um Qualitätsverlusten vorzubeugen ist eine vollständige und verständliche Leistungsbeschreibung incl. SLA sicherzustellen, damit sich Ausfälle frühzeitig abzeichnen.
- o Reduzierung zivil- und strafrechtlicher Folgen durch vertraglich zugesicherte Ergänzungsprüfungen der Internen Revision des auslagernden Unternehmens,
- o Absicherung gegen Abhängigkeit und Know how-Verlust für die Zeit nach Vertragsende durch Verpflichtung des Dienstleisters, die Serviceprozesse nachvollziehbar zu dokumentieren, aktuell zu halten und im Falle der Rückübertragung der Prozesse an den Outsourcer, die Dokumentation auszuhändigen.

---

[28] Acrys Consult: Outsourcing – Wichtige Aspekte und Vorgehensmodell, Seite 8, http://www.acrys.com/de/PDF/Outsourcing.pdf, Seitenabruf 21.12.2009.
[29] Söbbing, Thomas in Köhler-Frost, W./Bergweiler, U.: Outsourcing, Berlin 2005, Seite 85.

8.3 Der Outsourcing-Prozess

3. Einen Prozess zur Anpassung des Vertragswerkes an die erzielten Verhandlungsergebnisse etablieren

Bevor es zu eigentlichen Verhandlungsrunden kommt, werden erfahrungsgemäß die Vertragsentwürfe von den beteiligten Experten beider Seiten (z.B. Anwälte, IT-Experten, Prozessmanager/Funktionsspezialist) mehrmals verändert, angepasst und nachgebessert. Stellen Sie sicher, dass alle Bearbeiter in Ihrem Unternehmen immer auf die aktuellste Version zugreifen können. Richten Sie zu diesem Zweck ein zentrales Directory im Intranet ein und etablieren Sie einheitliche, verbindliche Regeln für eine Versionsführung und Änderungskennzeichnung. Etablieren Sie einen Freigabeprozess für die Änderungen. Nur Regelungen, die von dem Verantwortlichen für den auszulagernden Prozess freigegeben sind, dürfen der Gegenseite vorgelegt werden.

4. Die Vertragsentwürfe mit dem Dienstleister verhandeln

Die Verhandlungsführung sollte einer besonders erfahrenen Persönlichkeit mit juristischer Unterstützung übertragen werden. In der Verhandlungsphase ist die Einschaltung jener Personen zweckmäßig, die auch in der Implementierungsphase und späteren Kooperation zusammen arbeiten werden.

Zunächst sollten die Leistung und der juristische Rahmen beschrieben werden. Hierzu sind jeweils andere Spezialisten notwendig, so dass diese Schritte in der Regel parallelisiert durchgeführt werden können. Nach Beschreibung der Leistung sollten mit den Service Levels die Leistungsqualitäten definiert werden. Nach Beschreibung der Leistungsqualitäten werden dann diejenigen Service Level, die für den Auftraggeber besonders wichtig sind, identifiziert und als potenziell pönalerelevant gekennzeichnet. Auf Basis der juristischen Rahmenvereinbarungen, der Leistungsbeschreibung im Leistungsvertrag sowie des Service Level Agreements kann dann mit den kommerziellen Verhandlungen begonnen werden. Hierzu gehören die Festlegung von Preisen, ggf. die Entwicklung von entsprechenden Preismodellen und die Vereinbarung über die Höhe der zu zahlenden Pönalen.[30]

5. Den Vorstand über die wesentlichen Verhandlungsergebnisse informieren

Nach Abschluss der Verhandlungen und vor Signing der Verträge ist es in den meisten Unternehmen üblich, die Geschäftsleitung über die wesentlichen

---

[30] Schumann, Caren: Best-Practice Gestaltung von IT-Outsourcing-Verträgen, erschienen in "IT-Management" (Ausgabe 5/04), zitiert nach http://www.plenum.de/plenum-bibliothek/ 645_1293.htm, Seitenabruf 21.12.2009.

Vertragsinhalte zu informieren, insbesondere Kostenersparnisse gegenüber dem Base Case und strategische Optionen, die mit dem Outsourcing eröffnet werden, und die formale Zustimmung zur Vertragsunterzeichnung einzuholen.

8.3.4 Management der Übertragung

Für den Prozess der Übertragung werden in Literatur und Praxis sowohl die Begriffe ‚Migration' als auch ‚Transition' verwendet.

Unter ‚Migration' versteht man im Rahmen der Informationstechnik den Umstieg eines wesentlichen Teils der eingesetzten Software beziehungsweise den Transfer von Daten aus einer Umgebung in eine andere, sowie die Umstellung von Hardware einer bestehenden Technik auf eine neue Plattform unter weitgehender Nutzung vorhandener Infrastrukturen.

‚Transition' ist der umfassende englische Begriff für den Übergang bzw. die Überleitung der Steuerung und Kontrolle an den Dienstleister,[31] was neben dem Transfer der Informationstechnik auch die Überleitung von Mitarbeitern, Prozessen und Assets einschließt.

Ziel:	Die Übertragung des Geschäftes erfolgt in einem strukturierten Prozess
Spezifische Prozessattribute	Transition Management
To Do:	1. Die für die Prozessdurchführung erforderlichen Daten zum Dienstleister transferieren

Eine der schwierigsten Aufgaben im Rahmen des Transition Management ist der Datentransfer. Hierbei müssen historische Daten, die zukünftig noch benötigt werden, Stammdaten und Bewegungsdaten von einem (Alt-) System auf ein (Neu-) System (des Dienstleisters) übertragen werden. Darüber hinaus ist meist prozessual sicher zu stellen, dass zukünftige Änderungen der Stamm- oder Bewegungsdaten vom Outsourcer an den Dienstleister gelangen.

Es gibt in der Theorie drei verschiedene Arten, wie ein Migrationsprojekt generell durchgeführt werden kann. Hierbei wird zwischen weicher, integrativer und harter Migration unterschieden. Weiche Migrationen laufen quasi in mehreren Schritten ab, in welchen Alt- und Neusysteme teilweise parallel betrieben werden und der Umstieg ebenfalls Stück für Stück erfolgt. Noch anspruchsvoller als diese Methode ist die integrative Migration, bei welcher das neue System auf die Datenbasis des Altsystems zugreifen und mit diesen arbeiten kann. Dies erfordert erheblichen Programmieraufwand, was in der Praxis meist dazu

---

[31] Ashley, Ed: Outsourcing for Dummies, Indianapolis 2008, Seite 229.

8.3 Der Outsourcing-Prozess

führt, dass man sich für andere Optionen entscheidet, wie zum Beispiel die ‚harte Migration', den ‚Big Bang', bei welchem der Umstieg auf das neue System zu einem gewissen Stichtag erfolgt und die Daten nur einmal ‚initial' übernommen werden. [32]

Diese Aufgabe ist von IT-Spezialisten durchzuführen. Im Rahmen der Planung des Teilprojektes ‚Transition-Prozess' sind in Abhängigkeit von der gewählten Migrationsmethode die Unterstützungsleistungen durch den HR-Bereich festzulegen.

2. Das vereinbarte Personal zur Verfügung stellen

Subpractices

- Den Personaltransfer entsprechend den Vorschriften des § 613 a BGB (Betriebsübergang) managen
  Entsprechende Regelungen existieren EU-weit, da die europäische Kommission durch diverse Direktiven eine Harmonisierung nationalen Rechts initiiert hat (z.B. in Großbritannien: Transfer of Undertakings (Protection of Employment) Regulations 2006/TUPE 2006). Wesentliche Aspekte sind:
  - Formale (schriftliche) Information der überzuleitenden Mitarbeiter über Zeitpunkt, Grund und rechtliche, wirtschaftliche und soziale Folgen der Umstrukturierung für die Arbeitnehmer,
  - Information über das gesetzliche Widerspruchsrecht innerhalb eines Monats nach schriftlicher Information,
  - Information über geplante, Arbeitnehmer-bezogene Maßnahmen;
    - Vereinbarungen zwischen Outsourcer und Dienstleister, die über den § 613a hinausgehen, z.B.
      Verlängerung der 1-Jahres-Schutzfrist für Rechte aus Betriebsvereinbarungen und Tarifverträgen,
      Vereinbarung von Kündigungsschutz (betriebsbedingte Kündigung) für eine gewisse Zeit nach dem Betriebsübergang,
    - Maßnahmen bei Ausübung des gesetzlichen Widerspruchsrechtes (z.B. Sozialplanansprüche)
  - Fortgeltung kollektiver Regelungen (Betriebsvereinbarungen, Tarifverträge) und Arbeitsverträge sowie eingegangene Verpflichtungen (z.B. Zusagen für Gehaltserhöhungen, Betriebszugehörigkeit)
- Dem neuen Arbeitgeber alle Mitarbeiter-bezogenen Informationen und Dokumente zur Verfügung stellen (z.B. Personalakte, betriebliche AV- Ansprüche)

---

[32] Jung, Oliver: Datenbereinigung und Datenübernahme von Altsystemen nach mySAP ERP 2005 bei einem internationalen Automobilzulieferer, Norderstedt 2007, Seite 5.

- Dem neuen Arbeitgeber formal das Weisungsrecht über die übergeleiteten Mitarbeiter übertragen(Erfüllungsgeschäft zum Überleitungsvertrag)
- Den Mitarbeiteraustritt administrieren (siehe Abschn. 7.1.6)
- Widersprüche zum Betriebsübergang (z.b. betriebsbedingte Kündigung, Versetzung in einen anderen Aufgabenbereich, Arbeitnehmerüberlassung) managen

3. Die wegen der Überleitung erforderlichen Organisations- und Prozessanpassungen durchführen

Subpractices

- Die Prozessschnittstellen anpassen
- Die Prozessdokumentationen anpassen
- Die Funktion Service Governance/Outsourcing Management aufbauen (Zuordnung von Aufgabe, Kompetenz, Verantwortung, personelle Ausstattung, Bereitstellung der erforderlichen Infrastruktur)
- Die Infrastruktur aufgrund des Outsourcing an den verminderten Bedarf anpassen (z.B. Räume, PCs)

4. Die Kunden des Prozesses über die Konsequenzen der Überleitung informieren

Mitarbeiter und Führungskräfte müssen informiert werden, welche Services outgesourct wurden und was dies für Sie im Tagesgeschäft bedeutet (z.B. Wer kann Auskünfte erteilen? An wen sind Reklamationen zu richten? An wen müssen bestimmte Informationen geleitet werden?).

8.3.5 Service-Governance/Outsourcing Management

Nach Recherchen der Universität St. Gallen

- schlagen 58% aller Outsourcing-Verträge fehl, wobei die Ursache in 80% der Fälle in Fehlern bei der Dienstleistersteuerung und –kontrolle (Governance) liegt.
- verschwenden europäische Kunden jährlich mehr als 6 Mrd. Dollar durch mangelhaftes Management der Outsourcing-Beziehung.[33]

Dies ist alarmierend und Grund, die Aufmerksamkeit outsourcing-bereiter Manager auf die Phase nach dem Outsourcing im engeren Sinn zu lenken.

---

[33] Matthias Stutz, Institut für Wirtschaftsinformatik der Universität St. Gallen: Grundlagen und Definition – IT-Sourcing Governance, Vortrag vor der Fachgruppe Outsourcing, SwissICT, Bern 24.01.2006.

8.3 Der Outsourcing-Prozess

Im pragmatischen Sinne definiert Governance die organisatorischen Einrichtungen, Vorkehrungen und Verhaltensregeln zur Führung eines Geschäftes oder zur Steuerung einer langfristigen Geschäftsbeziehung. Vor diesem Hintergrund ist Governance gut auf strategisches Outsourcing anwendbar und umfasst drei elementare Bestandteile:

1. die gemeinsamen Steuerungsorgane und ihre Schnittstellen,
2. die gemeinsamen administrativen und technischen Prozesse,
3. das Beziehungsmanagement, das die Arbeitsbeziehung regelt.[34]

Ein unternehmensweit gültiges Governance Modell beschreibt somit, wie die Organisation die extern bezogenen Services überwacht und wie sie die Beziehungen in ihrer Outsourcing Arena managed. Entscheidend ist, dass jedes Unternehmen (Konzern) nur ein einziges Governance Modell implementiert. Ansonsten könnte es passieren, dass ein Dienstleister, der verschiedene Services für verschiedene Einheiten des Unternehmens erbringt (z.B. HR-Services und IT-Services) je nach Service unterschiedlich gemanaged wird. Dieses Modell ist natürlich auch auf interne Services anwendbar.

Ziel:	Ein standardisiertes Service-Governance Modell ist im Unternehmen institutionalisiert
Spezifische Prozessattribute	Governance Policies Governance Rollen Governance Prozesse
To Do:	1. Standardisierte Governance Policies im Unternahmen etablieren

Subpractices

- Den grundsätzlichen Ansatz der Service Governance (Governance Policy) etablieren
- Die Grundsätze beschreiben, wie Probleme im Umfeld der outgesourcten Services auf eine höhere Organisationsebene eskaliert werden, um eine Problemlösung herbeizuführen (Escalation Policy)
- Regeln für ein ereignisgetriebenes Meldeverfahren festlegen (Notification Policy)
- Mit dem Dienstleister Governance Grundsätze vereinbaren, die für beide Organisationen verbindlich sind

---

[34]Gross, Jürgen, Bordt, Jörg, Musmacher, Matias: Business Process Outsourcing, Wiesbaden 2006, Seite 162.

2. Die erforderlichen Rollen für die Wahrnehmung der Service Governance etablieren

Subpractices

- Aufgabe, Kompetenz und Verantwortung des Service Management festlegen
- Aufgabe, Kompetenz und Verantwortung des Relationship Management festlegen
- In Abhängigkeit vom Umfang (Art und Häufigkeit) der Aufgabe festlegen, welche Kapazität für die Rollenwahrnehmung erforderlich ist (Ressourcenplanung).
- Festlegen, ob die Aufgaben dezentral oder zentral wahrgenommen werden sollen.
- Die organisatorische Zuordnung/Reporting Line festlegen
- Die Rollen Personen zuordnen
- Struktur und Frequenz von Governance Meetings festlegen

3. Standardisierte Governance Prozesse etablieren

Subpractices

- Einen Prozess etablieren, mit dem Serviceanforderungen an den Dienstleister gesteuert werden (demand management)
  Ziel dieses Prozesses ist, die Servicekosten unter Kontrolle zu halten und rechtzeitig Wachstums- oder Schrumpfungstrends zu erkennen, die eine Vereinbarung mit dem Dienstleister erfordern. Organisatorische Maßnahmen des Demand Management sind z.B.
    o Prüfungs- und Freigabeprocedere für Anforderungen in der Service-Pipeline,
    o Priorisierungsgrundsätze
    o Schwellenwerte, die eine Benachrichtigung auslösen
    o Limits für Service-Abrufe
    o Regeln für das Handling von Situationen außerhalb der Norm
- Einen Wirkungsmanagement-Prozess (Impact Management) etablieren
  Impact Management ist der Prozess der Identifizierung und des Handling von Gegebenheiten, die für den einen oder anderen Partner eine beträchtliche Änderung des Geschäfts, der Ressourcen- bzw. Service-Inanspruchnahme oder neue Service-Anforderungen bzw. schleichende Verschiebungen des Service-Fokus verursachen.[35] Letztlich geht es um das rechtzeitige Erkennen von Auswirkungen auf kritische Geschäftsprozesse.
  Tritt ein derartiges Ereignis ein, müssen Outsourcer und Dienstleister gemeinsam entscheiden, wie sie damit umgehen.

---

[35] Ashley, Ed: Outsourcing for Dummies, Indianapolis 2008, Seite 264.

8.3 Der Outsourcing-Prozess

- Einen Planungs- und Prognoseprozess auf Sicht von 1 Jahr etablieren (planning and forecasting).

Dieser Prozess umfasst die gemeinsam mit dem Dienstleister durchzuführende Planung für das nächste Geschäftsjahr sowie das monatliche Update der Prognose, wie die im Vorjahr vereinbarten Volumina, Kosten usw. in Anspruch genommen werden. Die Ergebnisse sind Input für die jeweiligen Budget- und Controllingprozesse.

- Einen Prozess für die Meldung und die Lösung von Problemen bei der Durchführung des laufenden Servicevertrages etablieren (Problem Management/Issue Management)

Probleme können durch das Servicemanagement, das Relationship Management oder durch Kunden (Serviceabnehmer) festgestellt werden. Potentielle Probleme sollten per email oder mit Hilfe eines Formulars (Issue-Ticket) gemeldet und zu Kontrollzwecken in einem Issue-Log dokumentiert werden.

Der Relationship Manager entscheidet, ob das Problem durch das Service Management gelöst werden kann oder ob es als Issue klassifiziert werden muss.

Bei einem Issue ist festzulegen, wer für Problemanalyse und Lösung verantwortlich ist. Dabei sollten die Auswirkungen verschiedener Lösungsvarianten auf das Budget und die Outsourcing-Vereinbarungen mit untersucht werden.

Ggf. ist das Issue, mögliche Lösungsalternativen, deren Einfluss auf das Outsourcing-Arrangement und ein Entscheidungsvorschlag den verantwortlichen Stakeholders zur Entscheidung vorzulegen.

Die Lösung/Entscheidung und die notwendigen Aktivitäten sind im Issue-Log zu dokumentieren.

Outsourcing-Vereinbarungen und Ausgabenprognose (Forecast) sind ggf. anzupassen.

Kapitel 9
Prozessmanagement-Module für die Gestaltung und Strukturierung der HR-Prozesse

Der HR-Organisations-Management-Prozess zielt u.a. auf die Bereitstellung standardisierter Hilfsmittel für die Gestaltung von Prozessen (siehe Abschn. 3.2.2.3). Derartige Hilfsmittel oder Prozessmanagement-Module werden benötigt für die
- Prozessanalyse
- Prozessgestaltung (Regelung der Abläufe)
- Prozessimplementierung und -steuerung

Im Folgenden sollen praxiserprobte Module für die Gestaltung der Prozesse beschrieben werden. Der Anhang enthält darüber hinaus Analysemodule und Werkzeuge der Prozesssteuerung.

9.1 Policies

Als Policies werden üblicherweise Richtlinien bezeichnet, die einen politisch organisatorischen Rahmen für eine Unternehmensaktivität beschreiben. In einer hierarchischen Betrachtung können Leitlinien (Guidelines), Richtlinien (Policies) und Anweisungen (Procedures) unterschieden werden; der Detaillierungsgrad der Regelung ist ansteigend. Leitlinien beschreiben personalpolitische Grundsätze und Zielsetzungen und sind damit eine eher geringe tagesgeschäftliche Hilfe, da sie das „wie" nur sehr generalistisch regeln. Als Beispiel möge ein Auszug aus den Personalleitlinien der Solvay Österreich[1] dienen:

> Zur Harmonisierung der Personal- und Führungsarbeit hat die Geschäftsführung zwölf Leitlinien der Personalpolitik verabschiedet. Sie geben sowohl den Vorgesetzten, als auch den Mitarbeitern Orientierung für ihre gemeinsamen Aufgaben. Die Leitlinien sind Ziele, denen wir uns immer mehr nähern wollen:
>
> 1. Solvay ist bestrebt, alle Mitarbeiter gerecht zu behandeln und vermeidet alle Formen der Diskriminierung (nach Rasse, Nationalität, Geschlecht, Religion, Überzeugungen etc.).

---

[1] http://www.solvay.at/mitarbeiter/jobleitlinien/0,,5186-4-0,00.htm, Seitenabruf 21.12.2009.

2. Im Hinblick auf eine dauerhafte Zusammenarbeit stellt Solvay qualifizierte Mitarbeiter ein und nimmt der Auswahl nach strengen objektiven Kriterien vor.
3. Solvay tritt für marktgerechte Bezüge ein, die sich individuell nach der ausgeübten Funktion, dem Potential, der Erfahrung und den Leistungen entwickeln.
4. Jeder Mitarbeiter hat das Recht, regelmäßig darüber informiert zu werden, was von ihm erwartet wird, wie seine Arbeit beurteilt wird und welche absehbaren beruflichen Möglichkeiten für ihn bestehen.

HR-Policies beschreiben die Regeln, die zu einem bestimmten HR-Thema oder Prozess gelten sollten. Meist sind Policies unternehmensweit gültig, bilden also eine Niederlassungen und Töchter umfassende Klammer. Gleichzeitig werden durch die Policy die Eckpunkte des entsprechenden Prozesses festgelegt.

Anweisungen beschreiben die Regeln eines Prozesses, der nur für eine bestimmte Anwendergruppe, eine bestimmte Organisationseinheit oder für ein bestimmtes Land gelten soll bzw. erfüllt werden muss. Sie beziehen sich dabei auf die jeweils übergeordnete Policy und ist als Zusatzanweisung zu verstehen, die keinesfalls der Policy widersprechen darf. [2]

Es ist nicht nur zweckmäßig die Struktur der HR-Policies zu standardisieren (Abb. 9.1), sondern auch das Procedere von der Erstellung bis zur Implementierung festzulegen. In diesem Zusammenhang müssen folgende Punkte geregelt werden:

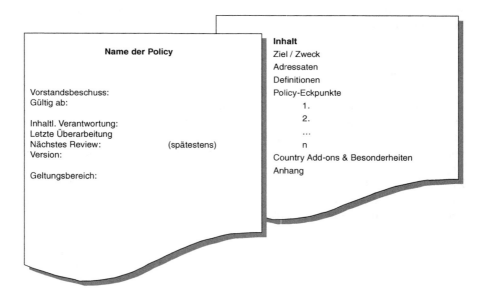

Abb. 9.1 Standardisierte Policy-Struktur

---

[2]IBM Global Business Services: Die Entwicklung von HR Policies – Ein kritischer Baustein für eine erfolgreiche Personalpolitik, Stuttgart 2007, Seite 6.

- Genehmigungsprozess und –kompetenz
- Ggf. Mitbestimmungsverfahren
- Festlegung des Geltungsbereiches und Sicherstellung des Abgleichs mit lokalen Gesetzen
- Sprache und Übersetzung
- Dokumentation, Versionsführung und Veröffentlichung
- Policy-Review zur Sicherstellung von Aktualität und Konsistenz

9.2 Funktionendiagramm/Kompetenzverteilungs-Code

Das Funktionendiagramm ist eine Tabelle zur Gliederung der Aufgaben einer Organisationseinheit und Zuweisung dieser Aufgaben zu Aufgabenträgern. Zu diesem Zweck werden in der ersten Spalte die Aufgaben strukturiert. In der Kopfzeile der Tabelle werden die möglichen Aufgabenträger/Entscheidungsträger aufgelistet. An den Schnittpunkten von Aufgaben und Aufgabenträgern wird die Art der Beteiligung der Aufgabenträger an den Aufgaben in Form eines Buchstabencodes (DEMBIZ) festgelegt. Der Buchstabencode hat folgende Bedeutung:

D = **D**urchführungsverantwortung/federführende Ausführung
E = **E**ntscheidung
M = **M**itwirkung/Unterstützung
B = **B**eratung (diese Stelle ist von D vorher zu konsultieren)
I = **I**nformationsrecht (diese Stelle ist von D über den Vorgang zu informieren)
Z = **Z**ustimmung (eine Entscheidung wird nur wirksam mit Zustimmung)

Buchstaben für weitere Formen der Beteiligung, z.B. Planung, Kontrolle, Initiative) sind nicht erforderlich, da diese als Aufgaben in die Aufgabengliederung integriert werden.

Zu den Aufgaben jeder Organisationseinheit gehören auch Führungs- und Verwaltungsaufgaben. Damit sind die in Abb. 9.2 dargestellten Aufgaben der Mitarbeiterführung und des Management der Organisationseinheit gemeint. Derartige Aufgaben werden nicht ausschließlich von Führungskräften wahrgenommen (z.B. Verwaltungsaufgaben, Organisationsaufgaben von Sekretärinnen/Bürokräften). Die von Führungskräften selbst wahrgenommenen Fachaufgaben und die Durchführung der Qualitäts- und Ergebniskontrolle von Arbeiten werden im Zusammenhang der Fachaufgaben erfasst, nicht unter Führung und Verwaltung.

Funktionendiagramme können erweitert werden, indem z.B. zusätzlich zum Buchstabencode Betragsgrenzen für Bewilligungen eingegeben werden (z.B. Sachkostenkompetenz).

Um eine Vergleichbarkeit von Funktionendiagrammen über Organisationseinheiten und Standorte hinweg zu gewährleisten, ist es erforderlich die Anwendungsregeln zu standardisieren und verbindlich vorzugeben.

Lfd. Nr.	Aufgabengliederung (Ergebniskontrolle ist Teil der Sachaufgaben)	Aufgabenträger und Art der Aufgabenbeteiligung (D = verantwortliche Durchführung, E = Entscheidung, M = Mitwirkung, B = Beratung, I = Informationsrecht gegenüber D, Z = Zustimmung)							
		Bürokraft	Sachbearbeiter	Referent	Produktmanager	Teamleiter	Abteilungsleiter	Bereichsleiter	Vorstand
1	Sachaufgabe								
1.1	Funktion								
1.2	Funktion								
1.2.1	Teilfunktion								
1.2.2	Teilfunktion								
2	Sachaufgabe								
9	Führung und Verwaltung								
9.1	Führung des Personals								
9.1.1	Zielvereinbarung & Beurteilung								
9.1.2	diszipl. Führung der MA								
9.2	Management der Organisationseinheit								
9.2.1	Arbeitsplanung & -organisation								
9.2.2	Budgetierung								
9.2.3	Vertretung der Org.-einheit in Projekten								
9.2.4	Verwaltung der Org.-einheit								
9.2.5	Jour Fixes								
9.3	Sonderfunktionen (z.B. Einarbeitung Trainees & neue MA, Sonderaufgaben, Key-User Funktion)								

Abb. 9.2 Funktionendiagramm

9.3 Prozessdarstellungen

Wenn mehrere Personen Prozesse beschreiben, werden die Ergebnisse mit hoher Wahrscheinlichkeit alle verschieden sein. Dies ist nur zu vermeiden, wenn sie eine gemeinsame Methode und Konventionen (Regeln) verwenden. Eine rein verbale Prozessbeschreibung ist genau aus diesen Gründen wenig zweckmäßig. Grafische und/oder tabellarische Darstellungen können übersichtlicher und auch für Laien lesbar sein. Wenn grafische oder tabellarische Darstellungen nicht nur mit einem Zeichentool (z.B. Powerpoint, Visio) sondern mit einem Datenbankbasierten Werkzeug (z.B. ARIS, ibo Process-Designer) erstellt werden, bietet das den Vorteil der Auswertbarkeit, Simulation und Verknüpfungsmöglichkeit mit maschinellen Steuerungsmechanismen.

9.3.1 Ereignis-gesteuerte-Prozessketten (EPK)

Eine Methode der Prozessdarstellung ist die Darstellung mittels EPK. Diese Methode benutzt definierte Symbole und Modellierungsregeln (Syntaxregeln). Dabei kann man den Prozess mit den notwendigsten Symbolen (Ereignisse, Funktionen,

9.3 Prozessdarstellungen

Begriff	Symbol	Definition
Ereignis		Zustand, der eine Funktion auslöst oder das Ergebnis einer Funktion ist
Funktion		Aktivität, die einen Eingangszustand in einen Zielzustand transformiert
Verknüpfung	(and) (or) (X)	Logische Verknüpfung von Ereignissen und Funktionen: **and**: alle Aussagen sind wahr **or**: mindestens eine Aussage ist wahr **X**: genau eine Aussage ist wahr
Funktionsfluss	→←	
Prozessschnittstelle		Verknüpfung zu einem vor- oder nachgelagerten Prozess
Organisationseinheit		Ausführende Stelle / Organisationseinheit der Funktion
Anwendungssystem		Unterstützendes Anwendungssystem
Dokument		Beleg, Checkliste, Formular

Abb. 9.3 Symbole der EPK

Verknüpfungen, Funktionsflüsse und Prozessschnittstellen) darstellen oder um Angaben zu Organisationseinheiten, Anwendungssystemen und Informationsobjekten (Dokumente, Checklisten, Belege) ergänzen (siehe Abb. 9.3)

Die wichtigsten Modellierungsregeln sind:

- Im Grundprinzip besteht eine EPK aus **Funktionen**, die etwas durchführen, und **Ereignissen**, die Aktivitäten auslösen („Bewerbung ist eingetroffen') oder das Ergebnis einer Funktion sind („Absage ist erteilt').
- Ereignisse und Funktionen werden durch Flusspfeile verbunden.
- Jede EPK beginnt mit einem Ereignis und schließt mit einem Endereignis ab.
- Funktionen können soweit unterteilt werden, bis sie einen betriebswirtschaftlich nicht weiter sinnvoll unterteilbaren Vorgang darstellen.
- Die beiden Grundelemente Ereignis und Funktion werden direkt oder über verschiedene Verknüpfungsoperatoren verbunden. Verknüpfungsoperatoren (und, oder, entweder/oder) verknüpfen mehrere auslösende Ereignisse mit einer Funktion oder eine Funktion als Ergebnis mit mehreren Ereignissen (**Ereignisverknüpfung**).
- Mehrere Funktionen werden über Verknüpfungsoperatoren mit einem Ereignis verknüpft (**Funktionsverknüpfung**).

- Alle Eingänge eines Verknüpfungsoperators sind entweder alle vom Typ Ereignis oder vom Typ Funktion. Entsprechendes gilt für die Ausgänge.
- Ereignisse und Funktionen haben immer nur einen Eingang und einen Ausgang.

Entsprechend diesen Regeln lässt sich beispielhaft der nachfolgende Bearbeitungsprozess einer Bewerbung darstellen (Abb. 9.4). Wie an diesem Beispiel deutlich wird, können Prozessdarstellungen selbst einfacher Prozesse in Abhängigkeit

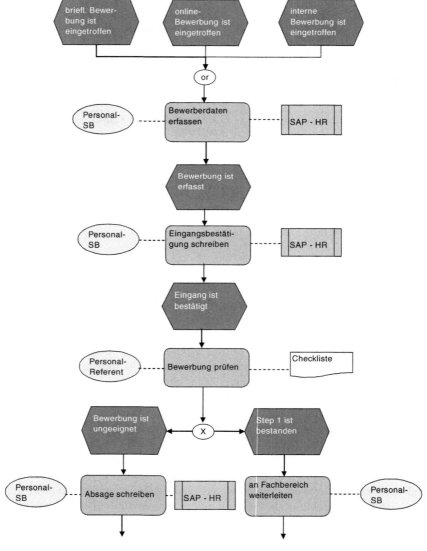

Abb. 9.4 Beispiel einer EPK

9.3 Prozessdarstellungen

von der Beschreibungstiefe sehr umfangreich werden; dadurch leidet die Übersichtlichkeit. Insbesondere die Darstellung selbstverständlicher Ereignisse wirkt oft aufgebläht. Die Darstellung komplexer Prozesse stößt relativ schnell an ihre Grenzen und ist für den nicht geübten Leser nur schwer nachzuvollziehen.

9.3.2 Folgeplan

Die Folgeplantechnik kommt grundsätzlich mit wenigen Symbolen (Abb. 9.5) aus und wirkt aufgrund der tabellarischen Anordnung deutlich übersichtlicher und komprimierter.

Begriff	Symbol	Definition
Aufgabe	 ▭	Symbol für Aufgabe/ Funktionv
Verzweigung	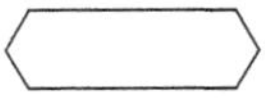 ⬡	Entscheidungssachver (z.B.ja/nein; geeignet/ungeeignet)
Quelle	 ⊤	Prozessanfang
Senke	 ⊥	Prozessende
Konnektor	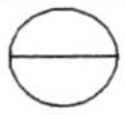 ⊖	Überbrückung von Verkettungslinien

Abb. 9.5 Symbole des einfachen Folgeplans

Der Anwender ist frei, entsprechend seinen speziellen Modellierungszwecken, Spalten innerhalb der Tabelle zu ergänzen oder weg zu lassen. Eine einfache Folgeplantabelle (Abb. 9.6) enthält eine Spalte für die Darstellung des Aufgabenflusses sowie Textspalten für die Dokumentation von Aufgabenträger und Bemerkungen.

9.3.3 Tabellarische Prozessdarstellung

Die grafische Prozessdarstellung ist für viele Prozessbeteiligte gewöhnungsbedürftig und stößt auf Ablehnung je umfangreicher die beschriebenen Prozesse/Prozessabschnitte abgegrenzt wurden und je komplexer (z.B. durch Verzweigungen und Parallelaktivitäten) der Ablauf sich darstellt. Da rein verbale Prozessbeschreibungen und Anweisungen sich aufgrund unzureichender Struktur in der Praxis nicht bewährt haben, ist die tabellarische Prozessbeschreibung eine Alternative (Abb. 9.7).

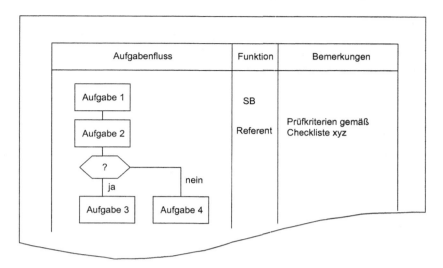

Abb. 9.6 Folgeplan (Übersicht)

Organisationseinheit:	**Version:**	**Seite:1 von 1** **Stand:** 31.08.2009

Prozess:	
Geltungsbereich:	
Prozessverantwortlich:	
Auslöser / Input:	
Output:	
Ziele:	

Nr.	**Prozessschritt/ Vorgang/ Tätigkeit**	**Beschreibung (Wie?Was?)**	**Wer? (Fußzeile beachten)**	**Schnittstelle**	**Dokumente**

Abb. 9.7 Prozesstabelle

9.4 Arbeitsanweisungen

Eine Arbeitsanweisung ist die verbindliche Anweisung für die Durchführung abgegrenzter Verfahren, Prozesse, Abläufe. Dabei wird festgelegt was, wann, wo, wie, durch wen unter Einsatz welcher Systeme, Materialien und Dokumente getan werden muss. Für die Gestaltung von Anweisungen gelten folgende Anforderungen:

- kurz, verständlich, Imperativ (Anweisungsform)
- vollständig
- in der Reihenfolge der Arbeitsschritte

9.5 Checklisten

Arbeitsanweisung „Titel"			
1) Ziel / Zweck	Erläutert wird das Ziel der auszuführenden Tätigkeit. Der Zweck der Anweisung ist, die auszuführenden Tätigkeiten nachvollziehbar zu beschreiben.		
2) Geltungsbereich	Hier werden die Organisationseinheiten / Unternehmensteile genannt, für die diese Anweisung gilt.		
3) Begriffe / Definitionen			
	Begriffe	Definitionen	
4) Zuständigkeiten			
	Aufgabenträger	Aufgabe	Art (DEMBIZ)
	Legende: D = Durchführung, E = Entscheidung, M = Mitwirkung, B=Beratung, I = Information, Z = ZUstimmung		
5) Ablaufbeschreibung a) …. b) …. c) ….. d) …..	Das „wer", „was", „wie", „womit", „bis wann" ist zu beschreiben. Grafische Darstellungen (z.B. Ablaufdiagramme) können den Text ergänzen. Bei Bedarf ist die Ablaufbeschreibung in geeigneter Art und Weise zu untergliedern.		
6) Mitgeltende Unterlagen	Hier sind die Dokumente aufzuführen, die bei dem Verfahren zu beachten sind. Das können Formulare ,Checklisten, andere Arbeitsanweisungen, Prozessbeschreibungen usw. sein.		
7) Anlagen	Für die Ausführung der Aufgaben verbindlich vorgegebene Formulare, Checkliste nsw. werden als Anhang beigefügt.		

Abb. 9.8 Arbeitsanweisung

- übersichtlich gegliedert
- ggf. ergänzt um aussagekräftige Grafiken mit Zuordnung zum Text
- Verknüpft mit dem Gesamtprozess

Arbeitsanweisungen sind gemäß Abb. 9.8 strukturiert:
Die im vorherigen Kapitel beschriebenen Prozessdarstellungen können ebenfalls den Zweck einer Arbeitsanweisung erfüllen.

9.5 Checklisten

Die Idee des Checklistenverfahrens kommt aus der Luftfahrt, wo vor, während und nach dem Flug die Cockpit-Crew alle erforderlichen Aktivitäten (auch Notfallmaßnahmen) nach Checklisten abarbeitet.

GB Personal Deutschland		Abmahnung
Version: Stand: 02.09.2009		Seite:1 von1
Checkliste Abmahnung		
Wer?	Namen der Zeugen und Beteiligten	
Wo und Wann?	genaue Orts-, Datums-und Zeitangabe	
Was?	• unmissverständliche Schilderung des Vorwurf; • keine Schlagworte, sondern konkrete Vorfälle; • keine Werturteile, sondern Tatsachen	
	Falsch:	„...in der letzten Zeit sind Sie häufig zu spät gekommen".(Werturteil)
	Richtig:	„...am Montag,den...sind Sie erst um 10.00 Uhr zur Arbeit erschienen".(Tatsache)
	Falsch:	„...haben Sie Ihre Führungskraft,Herrn...beleidigt" (Werturteil)
	Richtig:	„...haben Sie Ihre Führungskraft,Herrn...einen Idioten genannt" (Tatsache)
Hinweis für die Zukunft?	Bezeichnung / Beschreibung des künftig erwarteten Verhaltens / der Leistungen	
Aufforderung?	unmissverständlicher Hinweis zukünftig das Fehlverhalten zu unterlassen	
Konsequenzen im Wiederholungsfall?	Unmissverständliche Androhungder Kündigung	
Liegen mehrere Vorfälle vor?	nur einen Vorfall pro Abmahnungsschreiben	

Abb. 9.9 Beispiel einer Checkliste[3]

Die Checkliste beinhaltet sämtliche entscheidungsrelevanten Szenarien eines Vorgangs (z.B. Umsetzung einer Abmahnung) und die dafür erforderlichen Aktivitäten incl. notwendiger Ansprechpartner/Rufnummern und einer stichwortartigen Erläuterung. Checklisten folgen best practices und sind rechtlich geprüft. Um die gewollte Rechtssicherheit und Qualität in der Vorgangsbearbeitung zu gewährleisten, müssen sie als verbindlich für die Aufgabendurchführung erklärt werden. Checklisten sind kombinierbar mit anderen Mitteln der Organisationsgestaltung (z.B. Prozessdarstellungen gemäß Abschn. 9.3) (Abb. 9.9).

9.6 Formulare und Formatvorlagen

Eine Steuerung der Aufgabenwahrnehmung und Ergebnislenkung kann außer mit den bereits beschriebenen Organisationsmitteln auch durch den Einsatz von Formularen, elektronischen Formatvorlagen/Templates und Erfassungsmasken der Anwendungssysteme erfolgen. Mit Formularen und Templates für das

---

[3] Personalprozess gestalten und optimieren, Version 4.2.0.0 von Okt. 2006, Haufe-Index 893130.

9.6 Formulare und Formatvorlagen

HR-Kerngeschäft sind die HR-Bereiche meist professionell ausgestattet. Handlungsbedarf besteht dagegen in Bezug auf die Standardisierung von z.B. Besprechungsprotokollen, Entscheidungsvorlagen, Projektaufträgen, Projektplänen. Oft erinnern Besprechungsprotokolle und Entscheidungsvorlagen an Besinnungsaufsätze, die als Grundlage einer Auftrags- und Terminkontrolle oder Beschlussfassung der Geschäftsleitung ungeeignet sind. Daher werden nachfolgend je ein Vorschlag für ein strukturiertes Besprechungsprotokoll und eine Entscheidungsvorlage dargestellt. Formatvorlagen für das Projektgeschäft enthält das Kap. 12.

Ein Besprechungsprotokoll muss in knapper und übersichtlicher Form die relevanten Sachverhalte, Aufträge (mit Termin) und Beschlüsse dokumentieren. Im Kopfteil des Protokolls sind die formalen Angaben zur Besprechung/Sitzung festzuhalten (Abb. 9.10)

Mit einer Entscheidungsvorlage wird der zuständige Entscheidungsträger (Vorstand, Aufsichtsrat) veranlasst etwas zu beschließen und oder einen Auftrag zu erteilen. Beschlüsse, dass der Entscheidungsträger ‚etwas zur Kenntnis nimmt' oder möglicherweise sogar ‚zustimmend zur Kenntnis' nimmt, sind überflüssig und nicht zielführend. Wenn der Entscheider der Sachverhaltsdarstellung nicht folgen würde, würde er wohl kaum den vorgeschlagenen Beschluss fassen oder Auftrag erteilen.

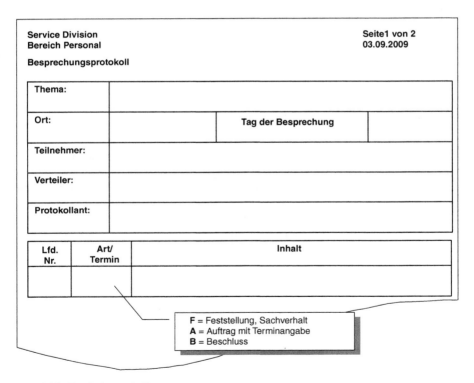

Abb. 9.10 Ergebnisprotokoll

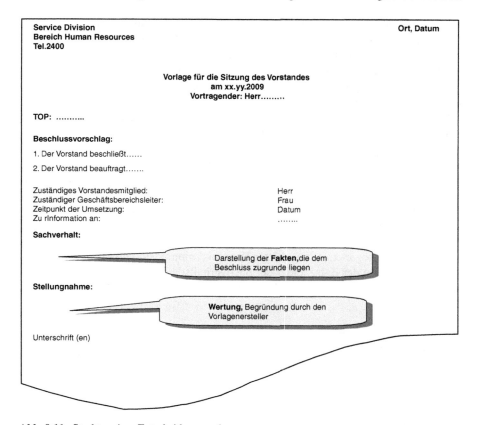

Abb. 9.11 Struktur einer Entscheidungsvorlage

Der Wortlaut des Beschlusses ist der erste Teil der Vorlage. Als Sachverhalt sind die Fakten darzulegen, die dem Beschluss zugrunde liegen. Im dritten Teil der Vorlage sind Wertungen, abweichende Meinungen oder Konflikte darzustellen, die die Entscheidung beeinflussen können (Abb. 9.11).

Es ist zwingend, für jede Beschlussvorlage einen Umsetzungsverantwortlichen und einen Umsetzungstermin zu benennen.

Kapitel 10
Vorgehensmodell für HR-Prozessprojekte

Grundsätzlich können Prozessverbesserungen auf 2 Wegen angegangen werden:
- Alle Prozesse werden analysiert und verbessert.
  Ergebnis:
  Die Analyse liefert Erkenntnisse über den Fähigkeitsgrad der Prozesse und den Reifegrad der Organisation. Die Durchführung von Maßnahmen verbessert den Fähigkeitsgrad/Reifegrad.
- Ausgewählte Prozesse (z.B. mit dem größten erwarteten Nutzen oder dem größten Handlungsdruck) werden analysiert und verbessert.
  Ergebnis:
  Der Fähigkeitsgrad der ausgewählten Prozesse wird diagnostiziert und durch die Umsetzung von Maßnahmen verbessert.

Unabhängig von der getroffenen Wahl erfordern systematische Prozessverbesserungen ein Vorgehen in 4 Phasen:

1. Phase: Initiierung, Planung und Vorbereitung
2. Phase: Prozessanalyse und Diagnose von Reifegrad/Fähigkeitsgrad
3. Phase: Maßnahmenplanung und -entwicklung
4. Phase Umsetzung

Diese Phasen werden im Folgenden näher betrachtet.

10.1 Initiierung, Planung und Vorbereitung

Veränderung braucht Initiative. Am Anfang von Veränderungen stehen immer einzelne Personen, welche die Initiative ergreifen.[1] Diese sind die ersten, die ihre Unzufriedenheit mit der bestehenden Organisation, den Strukturen, Prozessen, Prozeduren artikulieren und Vorschläge machen wie man etwas ändern könnte. Meist

---

[1] Foegen, M., Solbach, M., Raak, C.: Der Weg zur professionellen IT, Eine praktische Anleitung für das Management von Veränderungen mit CMMI, ITIL oder SPICE, Berlin 2007, Seite 15 f.

sind diese Personen nicht alleine mit ihrer Einschätzung. Der erkannte oder doch zumindest „gefühlte" Veränderungsbedarf muss zunächst einmal einem Promotor vermittelt werden, der einen Veränderungsprozess formal in Auftrag geben kann und als Sponsor dieses Vorhabens für die erforderliche Unterstützung sorgt. Aufgabe des Promotors bzw. Sponsors ist es, den in Tabelle 10.1 dargestellten Prozess zu initiieren. Dieser berücksichtigt einerseits die generellen Projektmanagementerfordernisse des Abschn. 7.2.3 (HR Organisationsmanagement) und andererseits die speziellen Erfordernisse eines Prozessverbesserungsprojektes auf der Basis des HR-Management Maturity Model. Detaillierte Vorgehenskonzepte hat das Software Engineering Institut der Carnegie Mellon University Pittsburgh für Software-Prozess-Verbesserungen entwickelt, die für Prozesse im HR-Umfeld durchaus mit einigen Änderungen adaptiert werden können.[2]

Tabelle 10.1 Prozess der Initiierung, Planung und Vorbereitung des Prozessprojektes

Nr.	Prozessschritt	Verantwortlich	Erläuterungen/Hinweise
1	Prozessteamleiter benennen	Sponsor	Auch erforderlich, wenn Projekt von einem Berater durchgeführt wird
2	Motive und Anforderungen erheben	Teamleiter mit Sponsor	Warum ist die Prozessanalyse und –verbesserung erforderlich? Welche Anforderungen haben die Stakeholder (Management, Mitarbeiter, Kunden)?
3	Projektziele abstimmen	Teamleiter mit Sponsor	
4	Untersuchungsfeld (Scope) eingrenzen	Teamleiter mit Sponsor	Was ist im Untersuchungsfokus, was nicht? Welcher Unternehmensteil? Welche Prozesse?
5	Deliverables festlegen	Teamleiter mit Sponsor	Projekt-Arbeitsergebnisse, die dem Auftraggeber zu liefern sind
6	Projektteam zusammenstellen	Teamleiter	Vorläufige Nominierung, definitive Ressourcenbereitstellung muss nach der „Go-Entscheidung" erfolgen
7	Projekt planen	Teamleiter mit Team	Phasen-orientierte Planung: • Detailliert für Analyse und Diagnose. • Grob für Maßnahmenentwicklung & Umsetzung (wird zu Beginn der Phase 3 detailliert) Inhalt: Projektstruktur, Aufgaben-, Ressourcen-, Kosten- und Zeitplan, Risiken, Maßnahmen der Risikovermeidung oder Reduzierung

---

[2] SEI, Carnegie Mellon University, Pittsburgh/Pennsylvania: IDEAL^{SM}: A User's Guide for Software Process Improvement, Pittsburgh 1996 und SCAMPI^{SM}: Standard CMMI® Appraisal Method for Process Improvement (SCAMPI^{SM} A), Version 1.2, Pittsburgh 2006.

10.1 Initiierung, Planung und Vorbereitung

Tabelle 10.1 (Fortsetzung)

Nr.	Prozessschritt	Verantwortlich	Erläuterungen/Hinweise
8	Entscheidungsvorlage erstellen	Teamleiter	Entscheidungsträger abhängig von Reichweite und Zuschnitt des Projektes; u.a. erforderlich wegen Projektunterstützung z.B. durch Ressourcenbereitstellung
9	Entscheidungsvorlage abstimmen	Teamleiter mit Sponsor	Projektsponsor muss Projektvorhaben beim Entscheider (z.b. Vorstand) vertreten
10	Go oder No Go – Entscheidung einholen	Sponsor	Go → weiter mit 11 No Go → Ende oder Durchführung von Korrekturen in den Schritten 2 bis 6 und 7 bis 9
11	Projektauftrag vom Sponsor unterschreiben lassen	Teamleiter	Dokument, das alle wesentlichen Fakten der Beauftragung und der Projektplanung zusammenfasst (Muster siehe Anhang 12.1)
12	Projektkommunikation planen	Teamleiter	Konzept, wer, wann, über was, wie informiert wird
13	Stakeholder briefen	Teamleiter mit Sponsor	Ziel: Ziele und Vorgehensweise vorstellen, Unterstützung sichern, insbesondere Bereitstellung der personellen Ressourcen sicherstellen
14	Team unterweisen	Teamleiter	Team mit dem Prozessmodell und der Vorgehensweise vertraut machen
15	Projektlogistik vorbereiten	Teamleiter mit Team	Erhebungs- und Ergebnisbögen entwickeln bzw. anpassen Projektinformation organisieren (Information sharing) Termine vereinbaren (Interviews, Workshops) Projektinfrastruktur (Räume, Technik) Sourcing (Beschaffung von Beraterkapazität, Reisebuchung, usw.)
16	Kick off Workshop durchführen	Teamleiter	Projekt den Projektbeteiligten präsentieren (Entscheider, Sponsor, Team, Gutachter usw.)

Der Erfolg des Prozessprojektes wird ganz wesentlich von der Planung und Vorbereitung des Vorhabens bestimmt. Es empfiehlt sich hier eher etwas mehr Zeit zu investieren als sofort mit der Diagnose und Maßnahmenentwicklung zu starten.

10.2 Prozessanalyse und Diagnose von Reifegrad/Fähigkeitsgrad

Gegenstand der 2. Projektphase ist es, den Status der Prozessorganisation im Untersuchungsbereich zu charakterisieren, also eine Prozess Baseline zu ermitteln. Dazu ist es erforderlich festzustellen, welche Prozesse, Verfahren, Prozeduren tatsächlich implementiert sind und (optional) welchem Fähigkeitsgrad, Professionalitätsgrad und Reifegrad des Referenzmodells (HR-3M) diese Organisation entspricht.

Implementiert ist ein Prozess immer dann, wenn die vorgegebenen Richtlinien und Prozessbeschreibungen im Tagesgeschäft ihre Spuren hinterlassen. Spuren können Dokumente sein, die durch eine Prozessbeschreibung/Arbeitsanweisung vorgegeben sind, oder indirekte Arbeitsergebnisse, die auf die Implementierung schließen lassen (z.B. Gesprächsprotokolle, bearbeitete Checklisten). In Interviews von den Prozessbeteiligten beschriebene Arbeitsabläufe können ebenfalls die Implementierung beweisen.

Es stellt sich nun die Frage, nach welchen Arbeitsspuren geforscht werden muss, da diese je nach Fähigkeitsgrad des Prozesses unterschiedlich sind. Ein Prozess, der wirklich gesteuert ist, hat mindestens den Fähigkeitsgrad 2 (gemanagter Prozess); die Mindestanforderung an eine Business-Partner-Organisation ist der Reifegrad 3. Damit sind die implementierten Prozesse mindestens zu messen gegen die Anforderungen der Level 2 und 3. In einer Gap-Analyse wird der Verbesserungsbedarf zur Erreichung des nächsten Levels ermittelt. Im Übrigen wird auf Abschn. 6.2 verwiesen (Tabelle 10.2).

Tabelle 10.2 Prozess der Analyse und Diagnose von Fähigkeitsgrad/Reifegrad

Nr.	Prozessschritt	Verantwortlich	Erläuterungen/Hinweise
1	Prozess-Regelwerk anfordern	Teamleiter	Relevante Richtlinien, Policies, Prozessbeschreibungen, Anweisungen, Checklisten
2	Prozess-Regelwerk analysieren	Team	Verantwortlichkeit gemäß Aufgabenplanung
3	Prozess-Assessment-Bogen vorbereiten	Teamleiter mit Team	Ein Prozess Assessment Bogen (Muster: Anhang 12.2) ist für jeden Prozess und jede Organisationseinheit im Scope vorzubereiten
4	Direkte und indirekte Indikatoren ermitteln	Team	Verantwortlichkeit gemäß Aufgabenplanung Indikatoren der Prozessimplementierung in der Praxis stichprobenartig und/oder durch Interviews überprüfen. Stichproben sollten in einem angemessenen Verhältnis zur Grundgesamtheit stehen
5	Indikatoren dokumentieren	Team	Gemäß Aufgabenplanung

10.2 Prozessanalyse und Diagnose von Reifegrad/Fähigkeitsgrad

Tabelle 10.2 (Fortsetzung)

Nr.	Prozessschritt	Verantwortlich	Erläuterungen/Hinweise
6	Interviews durchführen	Team mit Leitern und MA	Gemäß Aufgabenplanung Befragung der Leiter und ausgewählter Mitarbeiter in den betroffenen Org.-Einheiten, wie die Aufgaben durchgeführt werden, was funktioniert/nicht funktioniert, was man anders machen sollte
7	Interviewergebnisse dokumentieren	Team	Implementierungs-Indikatoren im Assessment Bogen dokumentieren Prozessstärken und –schwächen sowie Verbesserungsvorschläge im Interviewprotokoll (Anhang 12.3) festhalten
8	Ermittelte Ergebnisse bewerten	Teamleiter mit Team	Ermittelte Indikatoren und Interviewaussagen mit den Anforderungen des Prozessmodells vergleichen und bewerten 1 = erfüllt die Anforderungen 2 = erfüllt die Anforderungen weitgehend 3 = erfüllt die Anforderungen teilweise 4 = erfüllt die Anforderungen nicht (nicht feststellbar) Bewertungsergebnis muss im **Konsens** festgestellt werden Bewertungsergebnis dokumentieren im Bewertungsbogen (Anhang 12.4)
9	Gap-Analyse durchführen	Team	Gemäß Aufgabenplanung Implementierte Organisation mit den Modell-Anforderungen des Ziellevels vergleichen Änderungs-/Ergänzungsbedarf dokumentieren
10	Rating der implementierten Organisation durchführen	Team	Jedem Prozess einen Level (1 bis 5) zuordnen unter Berücksichtigung des Bewertungssystems gemäß Abschn. 6.2 Rating-Entscheidung im **Konsens**
11	Ergebnisse präsentieren	Teamleiter	Zielgruppe: Leiter und Mitarbeiter der betroffenen Org.-Einheiten Ggf. Feedback-Schleife mit Korrektur/Ergänzung der Ergebnisse

Tabelle 10.2 (Fortsetzung)

Nr.	Prozessschritt	Verantwortlich	Erläuterungen/Hinweise
12	Strategischen Verbesserungsplan erstellen	Team + Leitung „Personal"	Gemeinsamer Workshop Sichtung und Priorisierung der Findings Festlegung der Handlungsfelder unter strategischen Aspekten (Verknüpfung von Findings mit HR-Vision, HR-Strategie und Business Needs), Fokussierung auf strukturelle, geschäftsgetriebene Verbesserungen statt kurzfristigem „Fire-Fighting" Commitment zum „Strategic Action Plan" ist Voraussetzung für die Phase Maßnahmenplanung
13	Ergebnisreport verfassen	Teamleiter mit Team	
14	Ergebnisse abnehmen	Entscheider	Nach Abgleich mit den Deliverables gemäß Projektauftrag
15	Go oder No Go -Entscheidung einholen	Entscheider	Go → nächste Phase No Go → Ende des Projektes

10.3 Maßnahmenplanung und -entwicklung

Nachdem die Fähigkeitsgrade der Prozesse untersucht wurden und der strategische Handlungsbedarf zur Erreichung einer Business Partner-Organisation vom Entscheider abgenommen ist, kann die Phase der Maßnahmenentwicklung konkret geplant und entsprechend abgearbeitet werden. In der Phase der Maßnahmenentwicklung werden die möglichen Problemlösungen entwickelt und beschrieben. So vielfältig die Probleme und Lösungen sind, so vielfältig sind auch die Methoden und Werkzeuge für die Maßnahmenentwicklung. Worauf kommt es besonders an?

Der Maßnahmenentwurf ist ein **iterativer Prozess**, das heißt, ein mehrfaches Durchlaufen der Schritte:

Synthese: Es werden Ideen und Einfälle generiert. Es geht um Lösungsmöglichkeiten, Funktionsprinzipien, Abläufe und Zusammenhänge. Dies basiert auf Kreativität und Intuition. Erfahrungen und erfolgreiche Beispiele können hilfreich sein, können aber auch Denkblockaden sein, die zu schnell (zu) einfache Lösungen nahe legen. Empfehlenswert ist es, alternative Lösungen/Maßnahmen zu skizzieren und nach einer Bewertung die am besten geeignete (wirksamste, risikoärmste, kostengünstigste usw.) auszuwählen.

Analyse: Hier werden die einzelnen Lösungselemente auf ihre Funktionsfähigkeit hin geprüft. Es wird analysiert, ob die gewünschte Funktion erfüllt

10.3 Maßnahmenplanung und -entwicklung

wird, die Lösung technisch machbar ist, welche Kosten damit verbunden sind und allgemein: Ob die formulierten Ziele damit erreicht werden (Tabelle 10.3).

Tabelle 10.3 Prozess der Maßnahmenplanung und -entwicklung

Nr.	Prozessschritt	Verantwortlich	Erläuterungen/Hinweise
1	Projektplanung für Phase Maßnahmenplanung & -entwicklung	Teamleiter	Projektstruktur, Aufgaben-, Ressourcen-, Kosten- & Zeitplan entwickeln auf der Basis des „Strategic Action Plan"
2	Genehmigung des Phasenplans	Entscheider	Commitment des Entscheiders zur Planung, insbesondere Genehmigung der erforderlichen Ressourcen
3	Projektteam personell anpassen und ergänzend schulen	Teamleiter	
4	Entwicklung alternativer Maßnahmen/Lösungen	Team	Je konkreter die Ziele des „Strategic Action Plan" operationalisiert werden, umso zielgerichteter und fokussierter kann die Maßnahmenentwicklung erfolgen
5	Wirksamkeitsanalyse, Bewertung der Alternativen, Auswahl	Team / Entscheider	Siehe auch Ausführungen der Abschn. 4.2.4 und 4.2.5 Die favorisierten Lösungsansätze sollten dem Entscheider vorgelegt werden
6	Prozessdesign & Produktentwicklung (Nicht-IT)	Team	Grundlage für die Detailausarbeitung der Maßnahmen/Lösungen sind die • Beschreibung der generischen Prozessattribute (Abschn. 4.2) • Beschreibung der spezifischen Prozessfähigkeiten (Kap. 7), insb. HR-Organisationsmanagement (Abschn. 7.2.3) und HR-Produktentwicklung (Abschn. 7.2.4) Falls die Lösung in der Einführung oder Verbesserung einer IT-Unterstützung liegt, sind in diesem Schritt die Systemanforderungen und zu unterstützenden Funktionalitäten zu beschreiben (siehe Abschn. 7.3.2), sowie mit Unterstützung der IT-Abteilung ein Marktresearch durchzuführen. Die Entwicklung oder Beschaffung einer IT-Lösung sowie Implementierung erfolgt in der Phase ‚Umsetzung'

Tabelle 10.3 (Fortsetzung)

Nr.	Prozessschritt	Verantwortlich	Erläuterungen/Hinweise
7	Umsetzungsplanung	Teamleiter & Team	Die Planung basiert auf den vom Entscheider ausgewählten Maßnahmen (siehe 5) Projektstruktur, Aufgaben-, Ressourcen-, Kosten- & Zeitplan
8	Abnahme durch Auftraggeber	Entscheider	Abnahme der Lösungen und der Umsetzungsplanung Go → nächste Phase No Go → Ende des Projektes

10.4 Umsetzung

Der Erfolg des Prozessprojektes ist nicht nur abhängig von der Qualität der erarbeiteten Lösungen und der Güte des technisch-organisatorischen Roll out sondern vor allem von der Nachhaltigkeit der Verankerung der neuen Lösungen bei allen Betroffenen (z.B. Mitarbeiter, Sachbearbeiter). Daher sollten empfohlene und geplante Change Management Maßnahmen durchgeführt werden und nicht dem Zeit-/Kosten-Cutting zum Opfer fallen (Tabelle 10.4).

Tabelle 10.4 Prozess der Umsetzung

Nr.	Prozessschritt	Verantwortlich	Erläuterungen/Hinweise
1	Realisierung & Test IT-Support	IT-Bereich mit Team	Siehe Abschn. 7.3.2 (HR-Informationsmanagement)
2	Pilotierung		Bei umfangreichen Änderungen mit operativen Risiken
3	Change Management	Team	Siehe Abschn. 7.1.5 (Organisations-/Teamentwicklung) Bei kleineren Änderungen sind mindestens erforderlich: • Information der Betroffenen über die Änderung • Unterweisung der Mitarbeiter
4	Technisch-organisatorischer Roll out	Team	Bereitstellung der Systeme, Formulare, Handbücher, unterstützenden Infrastruktur (z.B. Helpdesk)
5	Maßnahmenverfolgung	Teamleiter	Umsetzung der Verbesserungsmaßnahmen ist zu überwachen (siehe Anhang 12.5)
6	Projektabschluss	Teamleiter	u.a. Gesamtbericht, SOLL – IST – Vergleich, Zuordnung der Pflegeverantwortung für Prozess/Produkt
		Entscheider	Ergebnisabnahme

10.5 Risiken und Nebenwirkungen

Wie jedes andere Projekt beinhalten auch Prozessprojekte der beschriebenen Art Projektrisiken, die hier nicht unerwähnt bleiben sollen.

- Das Reifegrad-Ranking verselbständigt sich und wird zum primären Ziel des Projektes. Mit einer reinen Standortbestimmung allein werden keine Verbesserungen erzielt.
  Empfehlung: Fokus des Projektes erweitern oder das Vorhaben zu den Akten legen.
- Übertriebenes Sicherheitsdenken und Festhalten an ‚Bewährtem' blockieren den Weg zu mehr Effizienz.
  Empfehlung: Projektleiter austauschen
- Die Prozessverbesserungen werden auf einen Teil des Unternehmens beschränkt; dadurch werden Effizienzvorteile in der Gruppe zu Gunsten der Eigenständigkeit von Niederlassungen oder Töchtern aufgegeben. Das ist eine strategische Entscheidung, die nur von der obersten Managementebene des Unternehmens getroffen werden sollte.
  Empfehlung: Niemals Standardisierungsmöglichkeiten ohne Not aufgeben.
- Im Rahmen der Maßnahmenentwicklung entstehen unüberschaubare Regelwerke, der Prozess wird überreglementiert. Überreglementierung ist oft ein Beweis für nicht vorhandenes Vertrauen und geringe Differenzierungsfähigkeit für wichtige und weniger wichtige Sachverhalte. Durch das Festhalten an Formalismen geht der Blick für die Inhalte und für das Wesentliche verloren.
  Empfehlung: So wenig Regelung wie möglich, so viel Regelung wie nötig. Regelungen sollten sich auf erfolgskritische Sachverhalte beschränken. Dies sind alle Sachverhalte, die steuerungsrelevant sind, der Risikobeherrschung dienen, die Prozessqualität und Effizienz sicherstellen und für die erforderliche Ergebnisqualität sorgen. Fortschrittliche Unternehmen implementieren eine risikoorientierte Regelungsdichte, d.h. je größer das Risiko von Effizienzverlusten, Fehlern usw. umso enger wird der Regelungsrahmen.

Oft werden allerdings auch die Nebenwirkungen eines derartigen Projektes unterschätzt. Der Eintritt von zwei Nebenwirkungen muss in jedem Fall berücksichtigt werden:

- Es entsteht Zusatzaufwand für Analyse, Konzeption und Umsetzung. In der Regel ist dieser ohne Ausgleichsmaßnahmen (z.B. Priorisierung, Aufschub von Aufgaben) nicht neben dem Tagesgeschäft zu bewältigen. Neben einem umfangreichen Prozessprojekt kann es kein ‚Business as usual' geben! Hinweise, dass dies alles nur eine Frage der Managementfähigkeiten sei, sind nicht hilfreich und lösen das Problem nicht.
  Empfehlung: Standhaftigkeit und Rückgrat nach oben beweisen.

- Oft ziehen Änderungen in einem Bereich andere Änderungen nach sich. Neue Prozesskennzahlen oder sogar Anpassungen der Aufbauorganisation sind hier denkbar.
Empfehlung: Derartige Folgeeffekte bereits bei der Erstellung des ‚Strategic Action Plan' einschätzen lassen und bei der Entscheidung berücksichtigen.

Kapitel 11
HR-Aufbauorganisation – ein Modell

Die bisherige funktionsorientierte und/oder objektorientierte Organisation der Personalbereiche ist in den letzten Jahren in Bewegung geraten. Traditionell ist das betriebliche Personalwesen in Funktionsbereiche wie z.B. Personalplanung, Personalverwaltung, Personalentwicklung, Entgeltrechnung, Sozialwesen gegliedert. Je nach Größe des Unternehmens wird diese Funktionsgliederung kombiniert mit einer Zielgruppendimension, z.B. Tarifangestellte, AT-Angestellte, Führungskräfte.[1] Der Kostendruck sowie der geforderte Wandel ‚vom Verwalter zum Gestalter' haben in vielen Unternehmen zu einem neuen HR-Service Delivery Modell geführt, das im Wesentlichen auf drei Säulen basiert:

- **Expertise Center** (auch Competence Center): Organisationseinheiten, in denen strategische und konzeptionelle Aufgaben mit kaum skalierbaren Problemstellungen/HR Expertenthemen bearbeitet werden
- **Service Center**: Bereitstellung von transaktionsorientierten HR-Dienstleistungen, oft durch standardisierte, automatisierte und zentralisierte Shared Service Center (SSC)
- **HR Key Accounter**: Übersetzung von Business-Problemen in HR-Lösungen durch ‚Kundenbetreuer' oder HR Business Partner ‚vor Ort'.

Nach einer Studie der Deutschen Gesellschaft für Personalführung e.V. (DGFP e.V.) aus dem Jahre 2006 lassen sich inzwischen diese Organisationselemente mehr oder weniger ausgeprägt in der Hälfte bis drei Viertel der Unternehmen identifizieren (Abb. 11.1).[2]

Meist dient diese Strukturierung auch dazu, die drei bislang oft noch allzu sehr vermischten HR-Rollen, die zusätzlich um eine technologische Komponente ergänzt werden, zu sortieren und auch nach regionalen Gesichtspunkten zu bündeln.

Die derzeitige State-of-the-Art Organisation von HR beruht letztlich auf folgendem Delivery Grundmodell (Abb. 11.2):

---

[1] Jung, Hans: Personalwirtschaft, München 2008, Seite 37 ff.
[2] Ergebnisse einer Tendenzbefragung der DGFP e.V. zum Thema „Organisation des Personalmanagements", Düsseldorf 2006, Seite 8.

Wie ist der Personalbereich organisiert?

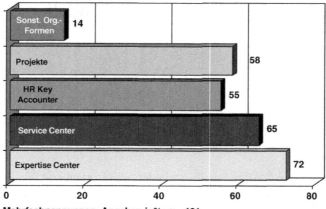

Abb. 11.1 Organisationsformen des Personalmanagement

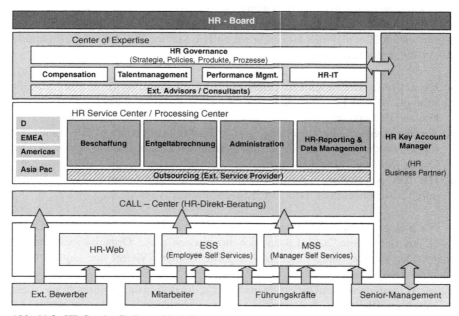

Abb. 11.2 HR Service Delivery Modell

Ziel dieses Delivery Modells ist,

- die Kontakte mit Bewerbern, Mitarbeitern und Führungskräften neu zu kanalisieren,
- das HR Processing unter Berücksichtigung regionaler Aspekte intern (Shared Service Center) oder extern (Outsourcing) zu bündeln,
- eine unternehmensweit weitgehend einheitliche HR Governance sicherzustellen.

11 HR-Aufbauorganisation – ein Modell

Statt Personalbetreuer mit einer Vielzahl von Standardangelegenheiten zu beschäftigen, werden Mitarbeiter und Führungskräfte angehalten, derartige Sachverhalte über das Intranet mit den dort bereitgestellten Systemen ESS und MSS abzuwickeln. Ist dies nicht oder nicht zufriedenstellend möglich, stehen für die Beantwortung von Fragen und die Klärung von Problemen Berater in einem Call Center zur Verfügung. Sollten dort Spezialfragen nicht beantwortet werden können, werden diese zur Klärung an die jeweiligen Experten des Center of Expertise weitergeleitet. Dem Senior Management (Vorstand, Divisions Management) stehen zur Klärung grundsätzlicher, strategischer Fragen HR Key Account Manager zur Verfügung.

Dieses Service Delivery Modell ist ein Modell für die Organisation der Personalmanagementfunktion im Unternehmen. Vielfach wird das verwechselt mit einem Organisationsmodell für die Personalabteilung. Die allumfassend zuständige, zentrale Personalabteilung mit ggf. regionalen Ablegern in Niederlassungen oder Tochtergesellschaften dürfte mehr und mehr der Vergangenheit angehören. Die Entwicklung geht in Richtung einer virtuellen Personalabteilung. Die Zukunftsvision der virtuellen Personalabteilung von Christian Scholz[3] scheint mit diesem Modell real werden zu können. Die Personalabteilung der Zukunft

- sorgt für eine professionelle Erfüllung der verschiedenen Personalmanagementaufgaben, ohne diese zwingend alle alleine durchzuführen.
- kümmert sich um den Aufbau von Personalmanagement-Kompetenz in der Personalabteilung selbst und in der Linie.
- stellt geeignete Kommunikationskanäle und eindeutig lokalisierbare Ansprechpartner für Personalservices zur Verfügung.
- schafft eine strategische Grundausrichtung des Personalmanagements und befasst sich mit der Kultur des Unternehmens.
- verzichtet auf räumliche Verbundenheit und unmittelbare Zuordnung der Mitarbeiter der Personalabteilung zu einem Personalverantwortlichen.
- agiert als integrative Klammer, die eine effiziente Zusammenarbeit der Mitarbeiter der virtuellen Personalabteilung auch bei räumlicher Trennung ermöglicht.

Dies wird jedoch nur in Unternehmen funktionieren, die einer Vertrauenskultur näher stehen als einer Kultur des ‚Command and Control'. Hilfreich bei der Umsetzung eines virtuellen Personalmanagement ist ein charismatischer, überzeugender Personalverantwortlicher und eine fachliche Anbindung der dezentralen Akteure für die Übergangszeit.

---

[3] Scholz, Christian: Innovative Personalorganisation, Neuwied 1999, S 233–253.

Kapitel 12
Anhang

In diesem Kapitel werden exemplarisch Hilfsmittel für die Durchführung von Prozessprojekten zur Verfügung gestellt.

12.1 Projektauftrag

Bezeichnung des Projektes:				Projekt-Nr.		
Ziele:				Projektteam		
				Name	Bereich / Abt.	Anzahl PT
Auftraggeber		Entscheidungsträger				
Teilprojekte		Starttermin	Endtermin			
	Meilensteine		Termin			
					Summe PT	
				Sachkosten (EUR):		
				Beraterkosten (EUR):		
				Interne Personalkosten (EUR):		
				Gesamtkosten (EUR):		
				Kostenstelle		
Unterschrift:		Unterschrift:		Unterschrift:		
(Auftraggeber)		(Auftragnehmer)		(Projektleiter/Verantwortlicher)		

Bezeichnung des Projektes:	Projekt-Nr.

Strategisches Ziel:

Operative Ziele:	Projektergebnisse (Deliverables)

Lfd. Nr.	Aufgabenkomplex / Teilprojekt (TP)	Tätigkeiten	Durchführung				Beginn des Teilprojekt ist abhängig von	Fertigstellung des TP ist Voraussetzung für lfd. Nr.
			Name	Aufwand (PT)	Start	Ende		

Kritische Erfolgsfaktoren / Risiken Welche kritischer Erfolgsfaktoren / Risiken können zu Problemen führen?	Konsequenzen Welche Konsequenzen ergeben sich aus dem Eintritt der kritischen Erfolgsfaktoren / Risiken?	Maßnahmen des Risikomanagements Mit welchen Maßnahmen kann den Risiken begegnet werden?

12.1 Projektauftrag

Projektgremien	Name	Bereichs-/Abt.-Bezeichnung
1. Entscheidungsgremien / Lenkungskreis		
2. Gutachterkreis		
3. Berater/Ansprechpartner		

12.2 Prozess Assessment

Prozess:	Rekrutierung und Einsatz	Regelwerk:		Geltungsbereich:		Status:
Org.-einheit:		Erhebungsbasis:		Anzahl Arbeitsstichproben	Anzahl Interviews	

Prozessattribute

generisch

Level 2
- 2.1 Organisationsrichtlinie
  - veröffentlicht
  - aktuell
  - zugänglich
- 2.2 Prozess geplant
- 2.3 Ressourcen bereitgestellt
- 2.4 Kompetenz & Verantwortung zugeordnet
- 2.5 Mitarbeiter geschult
- 2.6 Stakeholder einbezogen
- 2.7 Qualitätssicherung durchgeführt
- 2.8 Prozessmonitoring durchgeführt
- 2.9 Soll - Ist Vergleiche durchgeführt
- 2.10 Management informiert

Level 3
- 3.1 Standardprozess definiert
- 3.2 Standard in der Gesamtorganisation etabliert

Level 4
- 4.1 Informationsbedarf festgestellt
- 4.2 Prozesskennzahlen definiert
- 4.3 Quantitative Prozessziele festgelegt
- 4.4 Performance gemessen
- 4.5 Performance stabilisiert

Level 5
- 5.1 Innovationsziele festgelegt
- 5.2 Kontinuierliche Prozessverbesserung durchgeführt
- 5.3 Problemursachen werden gemanagt

spezifisch

Level 2
- Unternehmen als "attraktiven Arbeitgeber" etabliert
- Mitarbeitereinsatz wird gemanagt

Level 3
- Policy und Prozess für Beschaffung, Auswahl und Einsatz etabliert
- Policy für Auslandsentsendungen etabliert
- Schnittstellen mit angrenzenden Prozessen werden gemanagt

Identifizierte Implementierungsindikatoren
(woran ist erkennbar, dass die Prozessattribute implementiert sind?)

Erforderliche Angaben:
- Indikatorbezeichnung
- Quelle (z.B. Datei, Datensatz, Dokument, Interview)
- Häufigkeit der Feststellung

(x% der Stichproben)

Vergleich und Bewertung der Indikatoren mit den Anforderungen:
1 = erfüllt die Anforderungen
2 = erfüllt die Anforderungen weitgehend
3 = erfüllt die Anforderungen teilweise
4 = erfüllt die Anforderungen nicht
    (nicht feststellbar)

12.2 Prozess Assessment

12.3 Interviewprotokoll

Prozess:		Interviewer:	Tag / Zeit:
Org.-einheit:		Interviewter:	Zuständigkeit:

Fragenkomplexe	Antworten
Generische Fragen: 1. Auf welchen Regelungen basiert der Prozess? 2. Ist der Ablauf geregelt? Gibt es messbare Prozessziele? Ist er als Standard in der Organisation etabliert? 3. Sind die Schnittstellen eindeutig geklärt? 4. Stehen ausreichende Ressourcen für die Durchführung zur Verfügung? 5. Sind Aufgaben, Kompetenzen, Verantwortlichkeiten der Prozessbeteiligten klar geregelt? 6. Wie werden MA mit dem Prozess / Prozessänderungen vertraut gemacht? 7. Wie werden Auftraggeber, Abnehmer, Management, Betriebsrat in den Prozess einbezogen? 8. Werden die Arbeitsergebnisse qualitätsgesichert? Wie? 9. Wird der Prozessablauf im Hinblick auf die Zielerreichung und die Einhaltung der Schritte überwacht? Welche Performancemessungen werden durchgeführt? 10. Werden nachträgliche Prozessaudits durchgeführt? 11. Wird das Management über das Prozessaudit informiert? 12. Wie wird für eine kontinuierliche Prozessverbesserung gesorgt? 13. Welche Probleme im Prozess gibt es? Wie werden diese gemanagt? 14. Welche Änderungs- / Verbesserungsvorschläge gibt es? **Prozessspezifische Fragen:** 15. 16. 17. 18. 18. 20.	

12.4 Prozess-Bewertung

12.4 Prozess	Level 2			Level 3			Level 4			Level 5			Prozess-Rating Level 2-5
	Prozess-durchführung managen	Arbeitsprodukt managen	Spezifische Prozessattribute	Bewertung spez. Attrib.	Prozess-definition als Standard-prozess	Prozessanwendung in der Gesamtorganisation	Spezifische Prozessattribute	Bewertung spez. Attrib.	Prozess-messung	Prozess-steuerung	Spezifische Prozessattribute	Bewertung spez. Attrib.	Prozess-innovation	Prozess-optimierung	Spezifische Prozessattribute	Bewertung spez. Attrib.	

Managementprozesse

Prozess	Spez. Attr. L2	L3 spez.	L4 spez.	L5 spez.
HR-Strategie und Governance	Strategie-entwicklung; Strategie-umsetzung			
HR-Controlling		Contr.-prozess managen; Pers.-bedarf planen	Verifizierung / Evaluierung	Pers.-risiken managen
HR-Organisationsmanagement		Projekte managen; Prozessmgmt. entwickeln		
HR-Produktentwicklung		Proz.-reviews durchführen; Produktent-wicklung; Produkt-einführung		
Labour Relations Management	Beziehung zu Mitbes.-org. managen; Kommunikation managen			

Bewertungsskala für Prozessattribute (Abschn. 5.2):

F = 86 – 100%   L = 51 – 85%   P = 16 – 50%   N = 0 – 15%

12.4 Prozess-Bewertung

12.4 Prozess	Level 2			Level 3				Level 4				Level 5				Prozess-Rating Level 2-5
	Prozessdurchführung managen	Arbeitsprodukt managen	Spezifische Prozessattribute	Bewertung spez. Attrib.	Prozess-definition als Standard-prozess	Prozessanwendung in der Gesamtorganisation	Spezifische Prozessattribute	Bewertung spez. Attrib.	Prozess-messung	Prozess-steuerung	Spezifische Prozessattribute	Bewertung spez. Attrib.	Prozess-Innovation	Prozess-optimierung	Spezifische Prozessattribute	Bewertung spez. Attrib.	
HR-Kernprozesse																	
Rekrutierung und Einsatz			MA-Einsatz managen														
Beurteilung und Honorierung										Leistungs-management / Vergütungs-management							
Training und Entwicklung			Berufsausb. Managen / MA weiter-entwickeln														
Talentmanagement										Führungsnach-folge managen							
Organisations- / Teamentwickl.						Wertesystem etablieren / Change Mgmt. Kompetenz fördern / Change-prozesse begleiten											
Trennungsmanagement						Beendigung von Arb.-verh. managen											

Bewertungsskala für Prozessattribute (Abschn. 5.2):

F = 86 – 100%   L = 51 – 85%   P = 16 – 50%   N = 0 – 15%

12.4

Infrastruktur- & Serviceprozesse

Prozess	Level 2				Level 3					Level 4				Level 5				Prozess-Rating Level 2-5
	Prozessdurchführung managen	Arbeitsprodukt managen	Spezifische Prozessattribute	Bewertung spez. Attrb.	Prozess-definition als Standard-prozess	Prozessanwendung in der Gesamtorganisation	Spezifische Prozessattribute		Bewertung spez. Attrb.	Prozess-messung	Prozess-steuerung	Spezifische Prozessattribute	Bewertung spez. Attrb.	Prozess-innovation	Prozess-optimierung	Spezifische Prozessattribute	Bewertung spez. Attrb.	
Lieferantenmanagement				▓			Beschaffung von Produkten und Dienstleistungen managen						▓				▓	
HR-Informationsmanagement							Sourcing von IT-Leistungen	Dokumentenmanagement								Fachliche Anwendungsberatung	Datenmanagement	
HR-Administration							Sonstige Administrationsprozesse managen									Entgeltabrechnung managen		

Bewertungsskala für Prozessattribute (Abschn. 5.2):

F = 86 – 100%   L = 51 – 85%   P = 16 – 50%   N = 0 – 15%

12.4 Prozess-Bewertung

12.5 Maßnahmenverfolgung

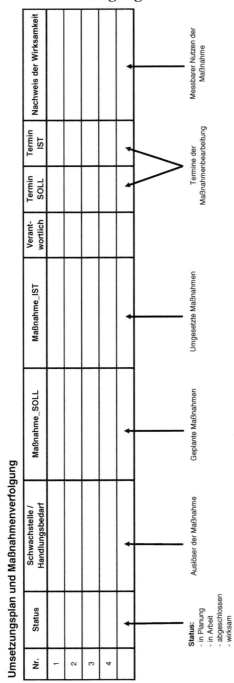

Literaturverzeichnis

Bücher

Ashley, Ed: Outsourcing for Dummies, Indianapolis 2008
BITKOM: Business Process Outsourcing, Leitfaden, Stand 20.09.2005
Bogaschewsky, Ronald / Rollberg, Roland: Prozessorientiertes Management, Berlin 1998
Carnegie Mellon University, SEI: IDEAL^{SM}: A User's Guide for Software Process Improvement, Pittsburgh 1996
Carnegie Mellon University, SEI: SCAMPI^{SM}: Standard CMMI® Appraisal Method for Process Improvement (SCAMPI^{SM} A), Version 1.2, Pittsburgh 2006
Collins, Jim: Der Weg zu den Besten, Die sieben Management-Prinzipien für dauerhaften Unternehmenserfolg, München 2005
DGFP (Hrsg.): Personalcontrolling in der Praxis, Stuttgart 2001
DGFP: Ergebnisse einer Tendenzbefragung der DGFP e.V. zum Thema „Organisation des Personalmanagements", Düsseldorf 2006
Dittrich, Jörg / Braun, Mark: Business Process Outsourcing, Entscheidungsleitfaden für das Out- und Insourcing von Geschäftsprozessen, Stuttgart 2004, zitiert nach Elsik, Wolfgang / Baumgart, Kurt: Outsourcing von HR-Prozessen in Österreich, T-Systems Austria GesmbH
EFQM: Grundkonzepte der Excellence, 1999–2003
Fischermanns, Guido: Praxishandbuch Prozessmanagement, Gießen 2009
Foegen, Malte / Solbach, Mareike / Raak Claudia: Der Weg zur professionellen IT. Eine praktische Anleitung für das Management von Veränderungen mit CMMI, ITIL oder SPiCE, Berlin 2008
Gaitanides, Michael / Scholz, Rainer / Vrohlings, Alwin / Raster, Max: Prozessmanagement, München 1994
Gallos, Joan V.: Organization Development, San Francisco, CA 2006
Gucanin, Ane: Total Quality Management mit dem EFQM-Modell, Berlin 2003
Gross, Jürgen, Bordt, Jörg, Musmacher, Matias: Business Process Outsourcing, Wiesbaden 2006
Hammer, Michael / Champy, James: Business Reengineering, Die Radikalkur für das Unternehmen, Frankfurt 1994
International Group of Controlling (IGC): Controlling-Wörterbuch, Stuttgart 2001
Jung, Hans: Personalwirtschaft, München 2008,
Jung, Oliver: Datenbereinigung und Datenübernahme von Altsystemen nach mySAP ERP 2005 bei einem internationalen Automobilzulieferer, Norderstedt 2007
Kaplan, R.S. / Norton, D.P.: Balanced Scorecard, Strategien erfolgreich umsetzen, 1997
Köhler-Frost, W. / Bergweiler, U.: Outsourcing, Berlin 2005
Krüger, Wilfried: Excellence in Change, Wege zur strategischen Erneuerung, Wiesbaden 2000

Kruppke, Helmut / Otto, Manfred / Gontard, Maximilian: Human Capital Management, Personalprozesse erfolgreich managen, Berlin 2006
Kütz, Martin: Kennzahlen in der IT, Werkzeuge für Controlling und Management, Heidelberg 2003
Magnusson, Kjell, u.a.: Six Sigma umsetzen, München 2001
Meiffert, Matthias (Hrsg): Strategische Personalentwicklung, Berlin 2008
Micheals, Ed / Handfield-Jones, Helen / Axelrod, Beth: The War for Talent, New York, NY 2001
Müller, Armin: Strategisches Management mit der Balanced Scorecard, Stuttgart 2000
Osterhold, Gisela: Veränderungsmanagement, Wege zum langfristigen Unternehmenserfolg, Wiesbaden 2002
Schewe, Gerhard / Kett, Ingo: Business Process Outsourcing, Geschäftsprozesse kontextorientiert auslagern, Berlin 2007
Scholz, Christian: Personalmanagement, Informationsorientierte und verhaltenstheoretische Grundlagen, München 1994
Scholz, Christian: Innovative Personalorganisation, Neuwied 1999
Staehle, Wolfgang H.: Management, Eine verhaltenswissenschaftliche Perspektive, München 1989
The Hay Group, Flannery/Hofrichter/Platten: People, Performance & Pay, New York, NY 1996
Thorpe, Richard / Homan, Gil: Strategic Reward Systems, Harlow 2000
Ulrich, Dave: Human Resource Champions, 1997
Wagner Karl W. / Dürr, Walter: Reifegrad nach ISO/IEC 15504 (SPiCE) ermitteln, München 2007
Wagner, Karl W. / Käfer, Roman: PQM Prozessorientiertes Qualitätsmanagement, Leitfaden zur Umsetzung der neuen ISO 9001, München 2008
Wildemann, Horst: Produktivitätsmanagement, München 1997, Seite 69
Wilhelm, Rudolf: Prozessorganisation, München 2007
Wunderer, Rolf: Personalmanagement als Wertschöpfungscenter, Wiesbaden 1999
Wunderer, Rolf / Jaritz, André: Unternehmerisches Personalcontrolling, Neuwied 2002
Wunderer, R. / Dick, P.: Personalmanagement – Quo vadis? Analysen und Prognosen zu Entwicklungstrends bis 2010, Neuwied 2001

Zeitschriften

Computerwoche 11.10.2006: HR-Outsourcing: Payroll ist erst der Anfang
Computerwoche 28.06.2007: HR-Outsourcing: Es geht nicht nur um Kostensenkung
Computerwoche 19.03.2007: Schaffry, Andreas: Zwischen Theorie und Praxis des HR-Outsourcing klafft eine Lücke
DQS im Dialog, Kundenzeitschrift der DQS-Gruppe: Beiträge zur ISO 9000:2000 ff.
Harvard Business Review, May–June 1990, Prahalad, C.K., Hamel, Gary: The Core Competence of the Corporation
HR Today 12/2008: Outsourcing von Talentmanagement spart Zeit und steigert die Effizienz
HR Today 04/2005, Müller, Alex: Auslagern oder nicht auslagern – das ist hier die Frage
Information Management & Consulting 18 (2003) 3: Nettesheim / Grebe / Kottmann: Business Process Outsourcing – aber richtig
Journal of Management 17 (1991): Barney, Jay: Firm resources and sustained competitive advantage
Personalmagazin / Droege & Comp: HR-Kompetenzbarometer 2008, Personalmanagement 360° Feedback und Herausforderungen
Risiko Manager 4-2008: Baumgart / Falk / Fandrey / Lautenbach: Outsourcing Governance – Wert- und risikoorientiertes Outsourcing-Management
Wirtschaftswoche Nr. 18 vom 27.04.2009: Pure Panik

Internetquellen

Acrys Consult: Outsourcing – Wichtige Aspekte und Vorgehensmodell, http://www.acrys.com/de/PDF/Outsourcing.pdf, Seitenabruf 21.12.09

Capgemini: HR-Barometer 2007 und 2009, veröffentlicht unter http://www.de.capgemini.com/studien_referenzen/studien/dienstleistungen/tc/, Seitenabruf 21.12.09

Capgemini Consulting: Change Management Studie 2008, veröffentlicht unter http://www.de.capgemini.com/studien_referenzen/studien/dienstleistungen/tc/, Seitenabruf 18.12.09

Carnegie Mellon University, SEI: CMMI® for Development, Capabilty Maturity Model Integration for Development, Version 1.2 von 2006, veröffentlicht unter http://www.sei.cmu.edu/reports/06tr008.pdf, Seitenabruf 18.12.09

Carnegie Mellon University, SEI: P-CMM®, People Capability Maturity Model, Version 2.0 von 2001, veröffentlicht unter http://www.sei.cmu.edu/reports/09tr003.pdf, Seitenabruf 18.12.09

Clearview Consulting GmbH, Frankfurt: Internationale Unternehmensberatung für alle Fragen rund um das Thema "Sourcing". http://www.outsourcing-management.de/OSInhalte.html, Seitenabruf 21.12.09

Detecon International GmbH: HR Maturity, The Progression of HR Capabilities: Findings and Recommendations for Telco Industry Executives, 2007, veröffentlicht unter http://www.detecon.com/de/publikationen/studien/studien.html?unique_id=12382, Seitenabruf 21.12.09

Elsik, W. / Baumgart, K. in T-Systems: Outsourcing von HR-Prozessen in Österreich, veröffentlicht unter http://download.sczm.t-systems.de/t-systems.at/de/StaticPage/20/61/12/206112_2007-05-31-HR-BPO-Broschuere-ps.pdf, Seitenabruf 21.12.09

Gesellschaft für Organisationsentwicklung: Leitlinien der Gesellschaft für Organisationsentwicklung (GOE) http://www.goe.org/ueber_uns_allgemein.htm, Seitenabruf 21.12.09

Hewitt Associates & European Club for human resources: 3rd European HR-Barometer, veröffentlicht unter http://www.hewittassociates.com/Lib/assets/EU/en-EU/pdfs/echr_third_european_barometer.pdf, Seitenabruf 18.12.09

HROA Europe / SharedXpertise Forums / TPI: HR-Transformation – Myth or Reality, Report 01/2007, veröffentlicht unter http://www.hroaeurope.com/file/3778/hr-transformation---myth-or-reality.html, Seitenabruf 21.12.09

IBM Global Business Services: Die Entwicklung von HR Policies – Ein kritischer Baustein für eine erfolgreiche Personalpolitik, Stuttgart 2007, veröffentlicht unter http://www-935.ibm.com/services/de/bcs/pdf/2007/entwicklung_hr_policies.pdf, Seitenabruf 21.12.09

Kienbaum: HR-Trendstudie 2008, veröffentlicht unter http://www.kienbaum.de/Portaldata/3/Resources/documents/downloadcenter/studien/andere_studien/Auswertung_HR_Trendstudie_2008_final.pdf, Seitenabruf 18.12.09

Mercer: HR Transformation in Europe 2006, veröffentlicht unter http://www.mercer.com/globalhrtransformation, Seitenabruf 18.12.09

Personaler Online: http://www.personaler-online.de/typo3/hauptbereich/personaler-comic/comic-hr-business-partner.html, Seitenabruf 18.12.09

Picot, Arnold: Sourcing: Strategische Entscheidungen zur optimalen Wertschöpfungstiefe, Präsentation zur Vorlesung an der Ludwig-Maximilian-Universität, München, veröffentlicht unter www.iom.bwl.uni-muenchen.de/lehre/veranstaltungen/hs_sourcing/kickoff.pdf, Seitenabruf 21.12.09

Schumann, Caren: Best-Practice Gestaltung von IT-Outsourcing-Verträgen, erschienen in "IT-Management" (Ausgabe 5/04) zitiert nach http://www.plenum.de/plenum-bibliothek/645_1293.htm, Seitenabruf 21.12.09

Solvay Österreich: Personalleitlinien, veröffentlicht unter http://www.solvay.at/mitarbeiter/jobleitlinien/0„5186-4-0,00.htm, Seitenabruf 21.12.09

Stutz, Matthias, Institut für Wirtschaftsinformatik der Universität St. Gallen: Grundlagen und Definition – IT-Sourcing Governance, Vortrag vor der Fachgruppe Outsourcing, SwissICT, Bern 24.01.2006 veröffentlicht unter http://web.iwi.unisg.ch/org/iwi/iwi_pub.nsf/wwwPublYearGer/ CC749D5C06366765C12572F800467C18/$file/Stutz,%20Matthias%20-%20IT-Sourcing%20 Governance.pdf, Seitenabruf 21.12.09

Sachverzeichnis

A
Anpassungsrichtlinie, 59
Arbeitgebermarke
    Employer Branding, 88
Arbeitsanweisung, 160
Auslandsentsendungen
    Policy, 89

B
Beraterrollen, 34
Besprechungsprotokoll, 163
betriebliche Wertschöpfungskette, 19
Betriebsübergang, 147
Betriebsübergang vorbereiten, 141
Beurteilung und Honorierung
    spezifische Prozessattribute, 90
    Teilprozesse/Aufgaben, 23
Beziehungsmanagement
    Mitbestimmungsorgane, 115

C
Change Management, 99
Change-Programm, 33
Changeprozess, 99
Checkliste, 168
CMMI® forDevelopment, 16

D
Datenmanagement, 121
Datenpflegeprozess, 121
Dienstleistersteuerung, 117

E
EFQM-Modell für Excellence, 13
Entscheidungsvorlage, 167
ERP-System
    Referenzprozess, 60
Etablierung eines Prozesses, 61

F
Fähigkeitsgrad, 83, 85
Fähigkeitslevel
    Fähigkeitsgrade, 48
FMEA, 72
Formatvorlagen, 162–163
Formulare, 162–163
Funktionendiagramm, 155

G
Geschäftsprozesse
    Auslagerbar, 23
Governance Prozesse, 149–150

H
HR Business Partner
    HR Business Partner-Konzept, 2
HR-3Mm, 5, 83
    HRManagement Maturity Model, 15–17
HR-Administration
    spezifische Prozessattribute, 137
    Teilprozesse/Aufgaben, 43
HR-Controlling, 105
    spezifische Prozessattribute, 105
    Teilprozesse/Aufgaben, 23
HR-Data-Management, 45
HR-Informationsmanagement, 120
    spezifische Prozessattribute, 137
    Teilprozesse/Aufgaben, 52
HR-Organisationsmanagement
    spezifische Prozessattribute, 137
    Teilprozesse und Aufgaben, 52
HR-Produktentwicklung
    spezifische Prozessattribute, 137
    Teilprozesse/Aufgaben, 23
HR-Projektmanagement, 109
HR-Prozessmodell, 21
HR-Rolle, 87
HR-Rolle im Rekrutierungsprozess, 87

HR-Service Delivery Modell, 175
HR-Strategie/Governance
   spezifische Prozessattribute, 122
   Teilprozesse/Aufgaben, 23

I
IKS (Internes Kontrollsystem), 58
Infrastruktur- und Serviceprozesse
   Unterstützungsprozesse, 23
Input, 45
Institutionalisierung der Standardprozesse, 62
Interne Optimierung, 131

K
Kennzahlen-Steckbrief, 67
Kennzeichen(Check ms_) exzellenter'
   Prozesse, 7
Kernprozesse
   HR-Kernprozesse, 21
Kosten Baseline, 136
Kundenzufriedenheit, 48, 55, 64, 66

L
Labour Relations Management
   spezifische Prozessattribute, 114
   Teilprozesse/Aufgaben, 52
Leistungsvertrag, 143
Lieferantenmanagement
   spezifische Prozessattribute, 117
   Teilprozesse/Aufgaben, 52

M
Managementprozesse, 20
Migration, 146

O
OE-Projekte, 97
Organisations/Teamentwicklung
   spezifische Prozessattribute, 97
   Teilprozesse/Aufgaben, 23
Organisationsentwicklung, 97
Organisationsrichtlinie, 51
Output, 43
Outsourcing
   Ausschreibung, 138
   Eignungskriterien, 133
   Governance, 148
   maximaler Servicepreis, 129
   Planung und Vorbereitung, 137
   Vollkosten, 129
Outsourcing Provider
   Due Diligence, 140
Outsourcing Roadmap, 136
Outsourcinggrundsätze, 136
Outsourcing-Prozess, 131
Outsourcing-Rahmenvertrag, 142
Outsourcing-Risiken, 135
Outsourcing-Strategie, 131

P
People Capability Maturity Model, 15
Performance Management, 91
Performance-Ziele, 57
Personalbeschaffung
   Policy, 117
Personalmanagement
   Abgrenzung, 21
   Schwerpunktaufgaben, 2
Personalrisikomanagement, 107
PE-System, 92
Policies, 153
Positionierung des Personalbereiches, 77
Produktanforderungen managen, 113
Produktentwicklung, 113
Professionalitätsgrad, 84
Professionalitätsstufen, 79
Prozessattribute, 59
Prozessaudit, 57
Prozessbeschreibung, 168
Prozesse
   Exzellenzmerkmale, 7
   optimierte, 49
   quantitativ gesteuerte, 49
   standardisierte, 49
   strukturierte, 49
   unvollständige, 51
Prozesseffizienz, 65
Prozessinnovation, 70–71
Prozesskennzahlen, 50, 70
Prozess-Leistungstransparenz, 48
Prozess-Management-Module, 112
Prozessmonitoring, 57
Prozessoptimierung
   kontinuierliche Verbesserung, 71
   vorbeugende Fehlervermeidung, 72
Prozessplanung, 57
Prozessqualität
   Definition, 47
Prozesssteuerung
   Informationsbedarf, 65
Prozessstruktur-Transparenz, 47
Prozesstransparenz, 47
Prozessverantwortliche
   Prozessverantwortung, 54
Prozessverbesserung
   Vorgehensmodell, 165
Prozessziele, 71

Sachverzeichnis

Q
Qualitätsmanagementsystem, 12
Qualitätssicherung, 57

R
Referenzprozess, 60
Reifegrad, 83
Reifegrad-Modelle, 12
Rekrutierung & Einsatz
    spezifische Prozessattribute, 96
    Teilprozesse/Aufgaben, 23
Ressourcen, 53
Risiken des Outsourcing-Vertrages, 144
Risikosteuerungsstrategien, 72
Rollenattribute, 79

S
Service Governance, 148
Service Level Agreement, 145
Shared Service
    Center, 133
Stakeholder, 55
standardisierbarer
    Prozess
        Auswahlkriterien, 59
Standardisierung, 62
Strategieentwicklung, 103

T
Talentmanagement, 97
    spezifische Prozessattribute, 97
    Teilprozesse/Aufgaben, 23
Training und Entwicklung
    spezifische Prozessattribute, 92–93
    Teilprozesse/Aufgaben, 23
Transition Management, 146
Transition, 147
Trennungsmanagement, 100
    spezifische prozessattribute, 100
    Teilprozesse/Aufgaben, 23

U
Umsetzungsmaßnahmen der HR-Strategie, 104
Umsetzungspraktiken, 51

V
Verantwortlichkeiten und Befugnisse, 52
Vergütungsprozess, 91

W
Wertesystem etablieren, 98
Wertschöpfung, 133

Z
Zielniveau
    Zielfähigkeit, 74

Der Autor

Ulrich Schönenberg, Jahrgang 1949, ist freiberuflicher Berater für Personal und Organisation. Sein Spezialgebiet sind die Durchführung von Prozess- und Effizienzanalysen sowie Reifegrad-Diagnosen in Personalbereichen. In diesem Zusammenhang berät er über die
- Konzeption und Umsetzung von Personalstrategien,
- Professionalisierung von Personalprozessen,
- Konzeption und Einführung personalwirtschaftlicher Instrumente.

Vor dem Schritt in die Selbständigkeit war Schönenberg mehr als 3 Jahrzehnte für eine international operierende Bank tätig. Als Managing Director Human Resources verantwortete er die weltweite Steuerung der Personalabteilungen im Konzern. Als Managing Director Konzernorganisation sorgte er für eine strategieadäquate Organisation der Bank insbesondere durch Aufbau neuer bzw. Schließung unrentabler Geschäftsfelder, In- und Outsourcing-Maßnahmen, Anpassung der Strukturen an veränderte Rahmenbedingungen und vielfältige Maßnahmen zur Effizienzverbesserung und Kostensenkung.

Seine Berufslaufbahn begann Schönenberg nach einer Ausbildung zum Bankkaufmann und einem BWL-Studium in der Personalentwicklung. Nach einigen Jahren als Trainer leitete er mehrere Jahre zunächst den Bereich Berufsausbildung und später den Bereich Führungskräfteentwicklung.

bringing together strategy and people

eurosysteam // osterhold, ellebracht, lenz + partner
www.eurosysteam.com

Printed by Books on Demand, Germany